古典文獻研究輯刊

二七編

潘美月・杜潔祥 主編

第 14 冊

明末清初女性作品總集編刊研究（上）

傅 湘 龍 著

國家圖書館出版品預行編目資料

明末清初女性作品總集編刊研究（上）／傅湘龍 著 — 初版
— 新北市：花木蘭文化事業有限公司，2018〔民 107〕
目 2+190 面；19×26 公分
（古典文獻研究輯刊 二七編；第 14 冊）
ISBN 978-986-485-572-8（精裝）
1. 女性文學 2. 明清文學 3. 文學評論
011.08   107012294

ISBN-978-986-485-572-8

9 789864 855728

古典文獻研究輯刊
二七編　第十四冊   ISBN：978-986-485-572-8

明末清初女性作品總集編刊研究（上）

作　　　者　傅湘龍
主　　　編　潘美月　杜潔祥
總 編 輯　杜潔祥
副總編輯　楊嘉樂
編　　　輯　許郁翎、王筑　美術編輯　陳逸婷
出　　　版　花木蘭文化事業有限公司
發 行 人　高小娟
聯絡地址　235 新北市中和區中安街七二號十三樓
　　　　　　電話：02-2923-1455 ／傳眞：02-2923-1452
網　　　址　http://www.huamulan.tw 信箱 hml 810518@gmail.com
印　　　刷　普羅文化出版廣告事業
初　　　版　2018 年 9 月
全書字數　334635 字
定　　　價　二七編 24 冊（精裝）新台幣 46,000 元　　版權所有·請勿翻印

明末清初女性作品總集編刊研究（上）

傅湘龍 著

作者簡介

傅湘龍，湖南岳陽人，副教授，本科與碩士均畢業於湖南師範大學，2012 年畢業於北京大學中文系，獲文學博士學位，同年進入湖南大學文學院工作。先後赴美國哈佛大學東亞系、臺灣中研院中國文哲研究所、日本東京大學短期訪學。迄今已在《漢學研究》（臺灣）、《國學研究》、《中國文化研究》、《民族文學研究》等刊物發表論文十餘篇。主持國家社會基金青年項目一項（立項編號：13CZW049），中國博士後第 61 批面上基金一等資助。

提　　要

　　本書旨在挖掘諸多隱而不彰的總集，爲學界呈現出了一個清晰的、特定時段的女性作品總集編刊面貌；細微釐清各刊本輯錄的時序先後、版本優劣，爲深化女性作家主體研究提供可靠的文獻支撐；考察明末清初女性作品總集編刊，卻也同時關照到其時與之相關的各個文化層面。所論涉及文教推揚、故國之思、文士雅集、商業操作等，不但鉤稽出各部重要總集之間的前後傳承關係，亦揭示出影響編刊的各種文士社會風氣，拓展了研究領域。

國家社科基金青年項目成果（立項號：13CZW049）

導　論

一、文學傳統的裂痕

　　論及傳統中國社會中的才女，僅就群體而言，莫不以明清爲盛。自明代中後期始，在各種都市文化因素影響下，女性文學呈現出以往不曾有過的風貌：才女創作意願得到有效伸張，家居或公眾式結社不絕如縷，編刊女性總集更是蔚然成風，……諸如此類，不一而足〔註1〕。有清一代，此等風習未曾消歇，反而臻於極致。

　　縱觀綿亙明清數百年的女性文學創作盛況，繁花似錦的光景下，卻是暗潮浮動。比如，恰值才女輩出之際，「女子無才便是德」一說因晚明著名山人陳繼儒首次筆錄〔註2〕，爾後經沈佳胤《翰海》、萬時華《詩經偶箋》、曹臣《舌華錄》不斷援引，引起軒然大波，數樁辯難公案至今令人感慨唏噓。又如，晚明才女文化，閨閣與青樓的登臺表演，似乎後者更勝一籌，爲當時文人士大夫津津樂道，且多被後世著述所關注。而清代則閨閣文學創作逐漸躍居上風，傳統閨秀唯我獨尊，青樓女子則退居邊緣，處於近乎「失語」狀態，直

〔註1〕　參閱高彥頤著，李志生譯：《閨塾師——明末清初江南的才女文化》，南京：
　　　　江蘇人民出版社，2006年。俞士玲：《論明代中後期女性文學的興起和發展》，
　　　　張宏生編：《明清文學與性別研究》，上海古籍出版社，2002年，第164頁。
　　　　學界有關明清才女的討論，也多以此時段爲論述起點。

〔註2〕　陳繼儒：《安得長者言》「男子有德」，《四庫全書存目叢書》「子部」，第94
　　　　冊，濟南：齊魯書社，1997年，第467頁。據陳繼儒識語，《安得長者言》是
　　　　其少時從四方名賢與遊，有聞輒掌錄，故難以考究「女子無才便是德」一語
　　　　最早的提出者。章學誠《婦學》等清人著作便模糊其作者，冠以「前人」、「古
　　　　人」。

到道光年間才開始鬆動。就中創作主體身份的此消彼長，轉捩點即是清廷入主中原後，嚴厲清算公眾場所的聲伎娛樂，強化女性道德消費：旌表貞女烈婦制度及各類圖文本訓誡讀物，經朝野士子的強力推行，無遠弗屆，閨秀亦沉醉其中而不以爲苦，故儼然以儒家衛道者自居。正如美國學者曼素恩（Susan Mann）所說：

> 我研究的盛清時期的女性作者，與高彥頤的那些 17 世紀的女性作者之間，的確判然有別。這些區別中的大多數，就像我在本書第二章將要闡明的那樣，可以溯因於清軍入關。固然，中華帝國後期的王朝更迭並沒有衝擊到女性問學的軌跡。這種軌跡出現於明朝後期並且一直在穩定地發展，並未受到明清易代的任何影響。然而，如果把問題集中於社會性別上，就會發現清軍入關標誌著一種文化的混亂，隨著清朝掌握政權，社會性別關係也發生了轉變。〔註3〕

據其研究，朝代更迭，對女性社會身份的重構有著至爲關鍵的影響。才女群體是如此，文人士大夫傳統又何嘗不然？余英時在《士與中國文化》自序中說：

> 「傳統」一詞本身便涵蘊著連續不斷的意思。然則所謂「斷裂」，相對於「士」的傳統而言，究竟居於何種地位呢？我可以毫不遲疑地說，這裡所謂「斷裂」都是指「傳統」內部的「斷裂」，因此是局部的而不是全面的。事實上，每經過一次「斷裂」，「士」的傳統也隨之推陳出新，進入一個不同的歷史階段。而連續性則貫穿在它的不斷的內部「斷裂」之中。〔註4〕

明末清初，「華夷之辨」根深蒂固的漢族士子，遭遇異族新主，如何在滿族強權下黽勉維持漢文化正統，是擺在他們面前的新課題。楊念群探究清初滿漢之間如何在「地人關係」基礎上建立起歷史意識的聯繫，指出清朝君主入關後需要處理好兩大關係：其一是如何建立起一個能容納各民族文化的多元政治體制，因無前朝經驗可循，多少具有「斷裂性」的特點；其二是爲減少過度時期遭遇的諸種難題，有效治理漢族地區，需要消化和模倣漢人文化，

〔註3〕 曼素恩著，定宜莊、顏宜葳譯：《綴珍錄——十八世紀及其前後的中國婦女》第一章「引言」，南京：江蘇人民出版社，2005 年，第 7 頁。

〔註4〕 余英時：《士與中國文化》「自序」，上海人民出版社，2009 年。

制度安排在某種程度上延續以往王朝的統治機制和風格，故多少又帶有「連續性」的特點〔註5〕。本論題不擬專注於如何釐清才女群體或文人士大夫淵源有自的文學創作脈絡，而是著眼於明末清初才女群體風貌及其女性文學創作傳統重新歸整之際所形成的張力，並藉以觀照文人士大夫與之交往過程中折射出來的暗含裂痕的傳統文學圖景。

二、文學性別圖景

　　事實上，關注才女群體，貼近其生活的原生態，不能斷然與文士社會區隔開來：一方面，文人士大夫為之提供較為豐實的物質基礎，教授一定水準的文藝技能，激發其參與各類文化活動。正是沒有「無米之炊」的經濟憂慮，才女群體才得以優游自在，結伴酬唱。而對於遭逢變故，依賴出售詩畫、針繡以維持生計的閨秀來說，更需要有欣賞其作品的買家。另一方面，文人士大夫不遺餘力輯錄刊行才女的文學作品，為傳揚其聲譽而不惜自我貶抑。雖然一些出版行為也滲透了商業射利目的，但正是文化市場上那些隨處可見的女性作品刊本的大量存在，客觀上壯大了與清初文士非議才女相抗衡的力量。

　　反之，才女群體亦豐富了文士社會生活的圖景。囿守「女子無才便是德」信條的文士，視此類「行跡乖張」的才女如同洪水猛獸，無不痛恨聲討之。而眾多文人士大夫又頻頻追述年幼時母輩（或家族中其他女性長輩）課讀時的情景〔註6〕，日後踐行儒家傳統，無不對早年所受教育銘感不已；同樣被稱述的還有神仙眷侶般的夫妻生活，如果妻子的文藝修養不錯，自然會增添更多樂趣，西窗共剪燭、煮酒論英雄自不待論，也讓迢迢「與妻書」真正有了知音之感。至於「身有八男，不易一女」的高調，才高八斗的女兒儘管可能遭遇才高命薄之「夙命」，也不會妨礙父輩炫耀於外，甚至以之為籌碼，通過門當戶對的婚姻維繫自身的精英地位。不僅如此，高素質才女群體的出現也為傳統社會增添了新成份，文士之間的互動形態因此較之先前更為豐富複雜：男性招收女弟子，已是層出不窮；文士雅集宴遊，亦邀請才女步韻唱和。此類不同於單一男性文人群體的文士社會，又提供了解析文學事件和作

〔註5〕　楊念群：《何處是江南？清朝正統觀的確立與士林精神世界的變異》，北京：三聯書店，2011年。

〔註6〕　參閱徐雁平《課讀圖與文學傳承中的母教》，程章燦主編：《古典文獻研究》第十一輯，南京：鳳凰出版社，2008年，第247頁。

品的新視角。才女積極參與文學評論、學術撰著，亦使當時的文化活動生氣盎然。

上述例舉的文學性別圖景，借助於女性作者總集之編刊，得到了有效的呈現。文人士大夫別集乃作者或編者刪汰而成，以爲後世提供素潔的精神自畫像，其中零星刊載的與才女詩詞唱和、或爲之撰寫序跋等作品，即使時空回溯，也難以全然重現當時往來甚密的交遊場景。女性作家的文學創作久藏篋笥，隱而不彰，甚至在臨終前拉雜摧燒之，以致什不存一。就此而言，女性作品總集編刊作爲一個頗具規模、複雜持久的文化工程，涉及編選過程、作家主體、流通傳播等層面〔註7〕，諸多文士互相提供信息，才女亦以投寄作品、參與選評等不同形式誠心配合，故不啻爲一場性別文學盛宴。即使是女性作家掷管操觚選編女性作品，其背後默默協助的文士群體亦不容忽視：

> 透過閱讀及使用這些被隔離的——即被隔離於男性作家之外的——選集，我們才能看到「總體歷史」以及眞正體會到男性和女性的文學活動的密切關連及相互依存。〔註8〕

歷史證明，明清眾多女性作家正是借助於女性作品總集之輯刊，獲得了遠較個人別集更爲龐大的閱讀群，並得以享譽後世。

三、先行研究與基本文獻

有關明清才女文學的專題研究，謝无量《中國婦女文學史》（初刊於 1916 年）肇其端，以九章篇幅分述明代宮廷、閨閣、娼妓文學及諸如沈宜修、方維儀、許景樊等個案，首創之功，殊堪嘉許。繼而梁乙眞撰寫《清代婦女文學史》（1927 年初版），搜羅極富，眼光精準。例如，第一章「遺民文學」再現明清易代之際女性文學蟬蛻面貌；第二編第一章以「王漁洋與婦女文學」爲目，論述清初婦女文學盛況，皆中肯綮。考量清初文人士大夫對女性文學發展之貢獻，雖有錢謙益、毛奇齡等文人熱心扶助，然以營造女性文學聲勢而言，當推高居顯位的王士禛（詳第三章論述）。此後的研究，雖有譚正璧《中國女性的文學生活》（1930 年初刊，其後屢經修訂）及梁乙眞《中國婦女文學史綱》（1932 年初刊）等女性文學專史，卻因國內「特殊」時期的影響而

〔註7〕 肖鵬：《群體的選擇——唐宋人詞選與詞人群通論》，南京：鳳凰出版社，2009年。

〔註8〕 孫康宜：《陳子龍柳如是詩詞情緣》，西安：陝西師範大學出版社，1998年，第215頁。

趨於停滯。迨至七、八十年代，國外尤其是英美學界受女性主義、新歷史主義等理論啓發，就明清才女在諸多領域之成就展開研究，成績斐然。國內學者自九十年代起，也開始重新關注才女文化，依據本土的文獻優勢，亦取得了豐碩成果。而以明清才女爲議題，學界曾舉辦過數次大型國際會議，並有論文集刊印〔註9〕。

　　不過，與本選題所關注的明末清初女性作品總集編刊緊密相關的研究成果並不多見，復旦大學陳啓明的博士論文《清代女性詩歌總集研究》〔註10〕，在梳理清代女性詩歌總集的基礎上，從三個不同時期選擇典型個案，著力挖掘各總集的詩學價值與文獻意義。論文第一章所涉女性作品總集季嫻《閨秀集》、王端淑《名媛詩緯初編》、王士祿《燃脂集》，以具體選文實踐爲中心，輔之以序跋、凡例及評點，呈現三部選本的各自特點與價值，其思路與本選題頗爲相近，具有重要的參考價值。專題碩士論文有兩篇：一是臺灣政治大學陳建男的論文《清初女性詞選集研究》〔註11〕，首次較爲系統細密地梳理了清初女性詞選集概況，並分列專章探究《名媛詩緯初編》（卷三十五、三十六刊「詩餘」）、《林下詞選》、《眾香詞》、《古今名媛百花詩餘》四種女性詞選之版本、宗旨、體例諸面向，創獲甚多。論文第二章釐清了《蘭皋明詞匯選》、《西陵詞選》、《今詞初集》、《詞綜》、《瑤華集》、《御選歷代詩餘》、《古今詞選》等七種清詞選集所刊女性作家作品，並探析了《柳洲詞選》、《倚聲初集》、《松陵絕妙詞選》、《東白堂詞選初集》四種詞選緣何未刊女性作品之成因，論證穩妥貼切，爲本選題提供了新穎的思考進路及紮實的文獻儲備。二是上海師範大學王豔紅的論文《明代女性作品總集研究》〔註12〕。主體凡三章，以第一章「明代女性作品總集敍錄」較爲突出，依據《中國古籍善本書目》及其他已有研究成果，補充胡文楷《歷代婦女著作考》未收之總集

〔註 9〕 1993 年耶魯大學孫康宜教授舉辦「明清中國的女性和文學」會議；2000 年南京大學張宏生教授等舉辦「明清文學與性別研究」國際學術研討會；2001 年臺灣「漢學研究中心」與中央研究院明清研究會、中國近代史學會聯合舉辦「中國歷史文化中的『私』與『情』」國際學術研討會等。

〔註10〕 陳啓明：《清代女性詩歌總集研究》，復旦大學 2012 年博士論文，指導教師鄭利華教授。

〔註11〕 陳建男：《清初女性詞選集研究》，臺灣政治大學 2006 年碩士論文，指導教師林玫儀教授。

〔註12〕 王豔紅：《明代女性作品總集研究》，上海師範大學 2006 年碩士論文，指導教師朱易安教授。

五種：竹溪主人《丰韻情書》、周公輔《古今青樓集》、馬嘉松《花鏡雋聲》、張嘉和《名姝文璨》、歸淑芬等編《名閨詩選》等。惜乎第三章僅擇取《青樓韻語》、《名媛詩歸》、《明代婦人散曲集》三種選本進行解讀，個案選擇欠佳，論述亦嫌單薄，不足以再現明代中後期如雨後春筍般湧現的女性作品總集風貌。

雖然學位論文屈指可數，然而，部分學者撰寫的單篇論文卻頗有分量，高屋建瓴，對本選題尤具指導意義。耶魯大學孫康宜的《明清女詩人選集及其采輯策略》堪稱發軔之作。其寫作初衷，擬糾偏傳統中國文學研究過程中因長期漠視數量驚人的女性作品集而形成的有違事實的文學史書寫。作者如是說：

> 既然女性詩人在傳統選集中之代表性不足，而一向對女性詩作的保存也欠妥善的安排，許多明清時代具前瞻性的女士及其男性朋友或贊助人就為選集設法尋求新的選詩策略。明清時代女性的作品有足夠的多元性——類似男性作品中的變化多端——使得獨立選集的編撰有其必要。〔註13〕

作者自謙僅「概述」了十餘種選集，卻很敏銳地察覺到鄧漢儀《天下名家詩觀初集》提供了極為重要的有關十七世紀江南一帶女性作家的史料。論文通過類比《眾香詞》、《古今名媛百花詩餘》、《林下詞選》等女性作品選本頗具匠心的編排方式，乃至與《瑤華集》、《清平詞選》等男性詞人選集的參觀對照，細繹編刊者試圖建立的旨在認可或評價名媛作品的詮釋策略，進而提出「性別與經典論」觀點，即諸多明清文人為了使女性詩歌經典化，不約而同地追溯至《詩經》、《離騷》，以建立女性創作由來已久的譜系，或強調女性與生俱來具有男性文人日漸褪落的「清」之特質〔註14〕。此論點對日後明清女性文學研究影響深遠，誠如臺灣中研院胡曉真所說：

> 從孫康宜對明清女性詩詞選集之編選策略的解讀開始，乃至曼素恩對惲珠徵選婦女作品事件的研究，以及魏愛蓮對 20 世紀初婦

〔註13〕 見孫康宜：《陳子龍柳如是詩詞情緣》「附錄二」，第 215 頁。據作者所述，本文為修改補充本，原題 "Ming-Qing Anthologies of Women's Poetry and Their Selection Strategies"，發表於 The Gest Library Journal 5.2 (1992): 119~160。中譯本刊於《中外文學》（1994 年 7 月）。

〔註14〕 孫康宜：《明清文人的經典論與女性觀》、《婦女詩歌的經典化》，氏著：《文學經典的挑戰》，南昌：百花洲文藝出版社，2002 年。

女文學史的檢討，都在此一解釋框架內。至於當代學者所進行的選集編纂（包括翻譯），更可視爲新的女性文學經典化工作。〔註15〕當學者致力於女性作品經典化的學術志業時，加拿大麥吉爾大學方秀潔適時撰寫了《性別與經典化的失敗——晚明時期女性詩集的編纂》〔註16〕提請注意明清文人企圖建構女性文學經典所潛藏的危險性：爲保護歷來被忽視的資料而面面俱到、包羅萬象的編纂女性詩集新潮流，以及當時普遍的對婦女詩歌實踐的日常性理解和闡釋，均極大地阻礙了女性詩人經典的形成，其論說發人深省。

許多稀見本明清女性作品總集重刊於世，爲學界討論「經典化」議題提供了更多的文獻來源。同樣關注中晚明女性作品之輯刊，復旦大學陳廣宏《中晚明女性詩歌總集編刊宗旨及選錄標準的文化解讀》首先略述明代以前數量有限的女性詩文總集隸屬於儒家政教詩學闡釋之特質，進而指出：自明代嘉靖年間以來，女性詩歌總集之所以層出不窮，固然是由於商業出版的蓬勃發展與大眾閱讀趣味的悄然轉換，更爲緊要的原因則是男性編刊者具有嚴肅的史官使命與迫切的詩人訴求所致。論述層層推進，鞭闢入裏〔註17〕。

以上所述論文，基本上是圍繞明代中後期以來女性作品總集作宏觀整體論述。以總集之微觀研究成果而言，亦能擷拾數種。例如，臺灣大學蔡瑜詳細甄辨爭論不休的《名媛詩歸》作者問題，並將該選本置諸鍾惺詩學體系下觀照，討論其呈現出的多方面價值：回歸自我性靈的不同進路、鍾惺詩學觀念的進展，以及女性詩選漸趨成熟之意義〔註18〕。臺灣東吳大學連文萍以明代江盈科《閨秀詩評》與方維儀《宮閨詩評》（系出《宮閨詩史》）爲例，探討因著述者身份背景、閱讀方式的不同，而給予女性在詩史上的位置判然有別〔註19〕。研究者聚焦最集中的則是王端淑《名媛詩緯初編》。臺灣中研院

〔註15〕胡曉眞：《藝文生命與身體政治——清代婦女文學史研究趨勢與展望》，《近代中國婦女史研究》第 13 期。作者詳細梳理了國內外研究清代婦女文學之現狀，對筆者撰寫「先行研究」多有借鑑意義。

〔註16〕見張紅主編：《葉嘉瑩教授八十華誕暨國際詞學研討會紀念文集》，天津：南開大學出版社，2005 年。

〔註17〕刊於《中國典籍與文化》，2007 年第 1 期。

〔註18〕蔡瑜：《試論〈名媛詩歸〉的選評觀》，羅久蓉、呂妙芬主編：《無聲之聲（三）——近代中國的婦女與文化（1600～1950）》，臺北：中央研究院近代史研究所，2003 年。

〔註19〕連文萍：《詩史可有女性的位置？——以兩部明代詩話爲論述中心》，《漢學研

林玫儀及美國衛斯理大學魏愛蓮（Ellen Widmer）分別考察《名媛詩緯》的詩學主旨與選詩來源。另外兩篇題爲《王端淑研究》的碩士論文，各列專章討論《名媛詩緯》的編選過程，搭建經由選本、別集而浮現出來的王端淑交遊場景〔註20〕。浙江大學段晗胭的碩士論文《〈林下詞選〉研究》〔註21〕，釐清編者周銘的生平交遊及編刊此選本的相關文獻問題，並分別從性別、地域的角度探討與王端淑《名媛詩緯初編》〈餘集〉、周銘《松陵絕妙詞選》之異同。

　　與專題研究王端淑的碩士論文相類似，其他一些論文雖未明確標舉女性作品選本研究，但均有專章篇幅予以關注。北京大學郭蓁博士論文《清代女詩人研究》，在考察女詩人成長的文化機制基礎上，著重從創作態度、閨秀詩話和女性詩歌總集等三方面展現清代女性詩壇之新質，並對她們的文學活動作相關考述〔註22〕。北京大學張逸臨碩士論文《清代女性寫作爭議初探》切入角度頗佳〔註23〕，第四章「清代女性作品的刊印傳播及爭議」第三節，擇取清初《翠樓集》、《香奩詩泐》、《本朝名媛詩鈔》、《眾香詞》以討論女性詩詞總集刊印的商業面向，雖論述失之過簡，但作者卻準確把握了清代女性刊本之重要特點及支撐個案。頗爲巧合的是，這些個案無一例外均初刊於清康熙年間，與本選題第四章之討論時段暗合。此外，胡曉眞《才女徹夜未眠——近代中國女性敘事文學的興起》以彈詞爲視角，建構女性自有的敘事文學書寫傳統。其中述及彈詞女作家「開始與出版商往來，聲稱要教誨婦女，先後修訂、改編、創作多種彈詞小說，並且親自介入出版，甚至不無與以牟利爲先的出版商周旋折衝的情況」〔註24〕，儘管與本文所涉時限及文體相去甚遠，但關注女性作家與出版之關聯的話題，卻不無相通之處。

　　　究》，1999 年第 1 期。

〔註20〕張敏：《王端淑研究》，南京師範大學 2007 年碩士論文，指導教師馬珏玶教授；郭玲：《王端淑研究》，中南大學 2009 年碩士論文，指導教師晏選軍教授。

〔註21〕段晗胭：《〈林下詞選〉研究》，浙江大學 2014 年碩士論文，指導教師葉曄教授。

〔註22〕郭蓁：《清代女詩人研究》，北京大學 2001 年博士論文，指導教師周先愼教授。

〔註23〕張逸臨：《清代女性寫作爭議初探》，北京大學 2008 年碩士論文，指導教師漆永祥教授。

〔註24〕胡曉眞：《才女徹夜未眠——近代中國女性敘事文學的興起》，北京大學出版社，2008 年，第 6 頁。

　　不以文類爲限，關涉明末清初女作家的研究成果指不勝僂，茲舉其犖犖大者分述於次：

　　香港浸會大學劉詠聰早在二十世紀八十年代即撰文探討清初關於才女之論爭〔註 25〕。香港中文大學華瑋近年撰寫的《從私生活到公眾表演：清初女子吳宗愛的構成記憶與（重新）書寫》等論文〔註 26〕，精細呈現了才女典範確立的過程。哈佛大學李惠儀研究明清動亂之際時人替薄命女子或紅顏禍水翻案，呼喚英雄魂兮歸來。北京大學趙雪沛博士論文《明末清初女詞人研究》細緻梳理了當時女詞人的文學趣味與唱和交遊，以及在題材、詞風等方面對傳統女性之詞的繼承與突破。論文下編「詞家論」，專章分述吳江沈氏母女、徐燦、朱中楣、顧貞立、柳如是〔註 27〕，分析細膩，材料宏富，考訂精審。諸如此類，所涉作家主體研究，俱爲本文重要的參閱文獻。然最爲關切者，則屬學界公認的典範之作高彥頤《閨塾師》與曼素恩《綴珍錄》。

　　針對傳統中國社會中婦女是受壓迫者的史觀，高彥頤借助「社會性別」的歷史分析範疇，充分還原了明末清初才女生活的「文本」和「語境」。通過細微觀察，高氏驚奇地發現，當時女性利用有限然而具體的資源，在日常生活中苦心經營自在的生活空間，繪製出一部充滿爭執和通融，而非反抗或沉默的明清婦女生活史。作者將儒家意識形態區分爲「官方意識形態」、「應用意識形態」、「意識形態實踐」，認爲意識形態實踐即「由受過如上兩種意識形態訓練的士大夫和男性文人的個人觀點表達出來，從他們的書信、日記和序跋中得以顯示，比官方的規定更具體和切實」〔註 28〕，而當時有關女子特性的新話語，在這一範圍內也表現得最爲明顯。又時値官方意識形態如陽明心學的重大調整，諸多女性以擬男聲音進行文學藝術創作，或重新建構傳統女性由來已久的系譜，更有人一力肩負女性職責，重振儒家道德倫理。這種將傳統女性放置在儒家體系中的論述策略，令筆者大爲受益。戴維斯加州大學

〔註 25〕　劉詠聰：《清代前期關於女性應否有「才」討論》，《中華文史論叢》1989 年第 2 期；《中國傳統才德觀及清代前期女性才德論》，氏著：《德才色權：論中國古代女性》，臺北：麥田出版公司，1998 年。

〔註 26〕　見方秀潔、魏愛蓮編：《內闈與超越：從明至清的女性作家》，待出版。轉引自方秀潔爲《美國哈佛大學哈佛燕京圖書館藏明清婦女著述彙刊》撰寫的序言《欣賞與研究的文學寶庫：哈佛燕京圖書館藏明清婦女著述》。

〔註 27〕　趙雪沛：《明末清初女詞人研究》，北京大學 2005 年博士論文，指導教師程郁綴教授。

〔註 28〕　高彥頤著，李志生譯：《閨塾師——明末清初江南的才女文化》，第 19 頁。

的曼素恩緊隨其後，論著《綴珍錄——十八世紀及其前後的中國婦女》在確證高彥頤部分觀點的同時，也提出不少疑義。作者充分運用詩文、傳記碑文、地方史志等各種史料，全方位地考察清代女性的人生歷程、寫作、娛樂、勞作、宗教信仰，呈現出一幅幅活色生香的生活圖景，令人歎服。

此外，鍾慧玲、段繼紅、石旻汪洋恣肆縱論清代女詩人〔註29〕，李匯群、張雁精細處理特定時段女性交遊場景〔註30〕，無不俱有一定的參考意義。

女性文學才藝在作品輯刊中得到充分展示，也相應地獲得了學者的密切關注。與此同時，其繪畫技能借助於總集之傳記欄，亦引起研究者的興趣。李湜較早關注該領域，論著《明清閨閣繪畫研究》〔註31〕是在數年前與陶詠白合作撰寫通史《失落的歷史——中國女性繪畫史》基礎上，厚積薄發，再作探賾鉤沉，以其中央美院科班出身之修養，恰如其分地評品明清女性繪畫，令筆者獲益良多。中國文化遺產研究院（原中國文物研究所）郝俊紅的博士論文《丹青奇葩——晚明清初的女性繪畫》〔註32〕，充分挖掘諸如文人別集、筆記、方志等文獻著錄，可彌補李湜撰著史料上的不足。作者從創作、鑒藏等角度，深入剖析馬守真、李因、文俶、陳書等才女精湛的繪畫水準，各項數據統計一目了然。其中第一章「晚明清初文人視野中的女性畫家」與第二章「明清鑒藏家對女畫家藝術的鑒賞」，與筆者關注的話題相合。上海大學張長虹的專著《品鑒與經營——明末清初徽商藝術贊助研究》〔註33〕，

〔註29〕 鍾慧玲《清代女詩人研究》，臺灣政治大學1981年博士論文，指導教師王夢鷗教授與羅宗濤教授。該論文於2000年由臺北里仁書局出版；段繼紅《清代女詩人研究》，蘇州大學2005年博士論文，指導教師羅時進教授、嚴明教授。論文經作者修訂，改名《清代閨閣文學研究》，2007年由天津南開大學出版社刊行；石旻《清代婦女的文學空間》，南京大學博士論文，指導教師張宏生教授。

〔註30〕 張雁《晚明女性的文學活動》，南京大學2003年博士論文，指導教師張宏生教授；李匯群《閨閣與畫舫：清代嘉慶道光年間江南文人和女性研究》，北京大學2005年博士論文，指導教師劉勇強教授。論文於2009年由中國傳媒大學出版社刊行。

〔註31〕 李湜：《明清閨閣繪畫研究》，北京：紫禁城出版社，2008年。據《後記》可知，作者於1988年即開始關注女性畫家的課題，相繼撰寫了《李湜談中國古代女性繪畫》專著及《明清時期閨閣畫家人物畫題材取向》、《慈禧款繪畫及宮掖女畫家》等論文，後結集為《明清閨閣繪畫研究》，「三年的寫作，呈現的是十八年的探研與感悟。」

〔註32〕 郝俊紅：《丹青奇葩——晚明清初的女性繪畫》，北京：文物出版社，2008年。

〔註33〕 張長虹：《品鑒與經營——明末清初徽商藝術贊助研究》，北京大學出版社，

與本書第五章關於晚明儒商汪然明之討論殊途同歸。近年，南京師範大學李
垚的博士論文《〈玉臺畫史〉研究》〔註34〕，專題討論清代閨秀湯漱玉所著女
性繪畫專史，既有《玉臺畫史》之文本研究，又有對書中所涉人物的拓展研
究，勾連內外，別開生面。

　　上述先行研究中，孫康宜撰寫明清女詩人選集敘錄，其中一些選本因條
件限制未能獲見，僅據胡文楷《歷代婦女著作考》迻錄。方秀潔談論經典化
的失敗，正是由於其細微比對了所見眾多中晚明時期女性詩總集。可見，文
本文獻的全面獲取與否，將直接影響著學術研究的開展和討論。

　　值得慶幸的是，隨著「四庫系列」（包括《四庫全書》、《續修四庫全書》、
《四庫存目叢書》、《四庫禁燬書叢刊》、《四庫未收書輯刊》等），以及近年國
家清史編纂委員會籌謀已久的《清代詩文集彙編》等大型文獻叢刊的陸續印
行以及電子數據化，諸多庋藏於秘閣的明清女性作品總集亦變得唾手可取，
極大地推動了文獻的有效利用和研究的縱深發展。此外，許多學者戮力影印
或整理了一批女性別集，如方秀潔與伊維德主編《美國哈佛大學哈佛燕京圖
書館藏明清婦女著述彙刊》、彭國忠與胡曉明主編《江南女性別集》（初集、
二集）、華瑋編校《明清婦女戲曲集》、冀勤輯校《午夢堂集》、周書田校點《柳
如是集》、《竹笑軒吟草》，無疑會深化女性文學在個案、文類各方面的研究。
令人蕭然起敬的是，麥吉爾大學與哈佛燕京圖書館合作推行「明清婦女著作」
數字計劃，爲學界提供了哈佛燕京圖書館所藏明清婦女詩文集的在線鏈接。
該網站彙集了從 1368 年至 1923 年間的九十餘種女性著作〔註35〕，並設有各
種關鍵詞等多種搜索模式，能準確檢索到某作家作品，查閱極爲便利。可惜
草創之初，收錄僅限一隅。不過，假以時日，集備世界各地人員力量，廣泛
搜羅，此網站必將成爲女性文學研究領域不可或缺的資料集散地。

　　二十世紀八十年代，美國學者魏瑪莎（Marsha Weidner）、梁莊愛倫（Ellen
Johnston Laing）合作在美國印第安納波利斯藝術博物館舉辦了以中國女性繪

2010 年。
〔註34〕李垚：《〈玉臺畫史〉研究》，南京師範大學博士論文 2008 年，指導教師範揚
　　教授。
〔註35〕"The database has been designed especially for Chinese women's writings of the
　　past several hundred years, and contains information on about 5,000 woman poets
　　and other writers, more than ten thousand poems mainly written by women,
　　several hundred historical regions, approximately 20,000 scanned images of
　　original works, and other useful reference information."

畫爲主題的展覽，並刊印了論文集《玉臺新姿：中國女性藝術家，1300～1912》
（Views from Jade Terrace: Chinese Women Artists, 1300～1912）〔註36〕。書中
「Catalogue」一節選刊四十餘位女性書畫家的作品，彌足珍貴。其他相關目
錄著作，如《秘殿珠林　石渠寶笈》、《臺北故宮書畫圖錄》、《中國古代書畫
圖目》、《故宮博物院藏明清扇面書畫集》、《上海博物館藏明清摺扇書畫集》
等，亦輯錄甚多，不失爲一種有益的補充。

四、思考進路與各章主旨

　　有關明末清初女性作家主體之研究，集聚了相當豐富的研究成果。然而，
因許多女性作家別集亡佚不存，研究者則倚重林林總總的女性作品總集，但
由此而帶來諸多缺陷。例如，胡文楷《歷代婦女著作考》輯錄明末清初女性
作家詩集，習焉不察地引據劉雲份所編《翠樓集》，而此書乃急功近利地抄自
鄒漪《詩媛名家紅蕉集》。與之相似，坊刻本《圖繪寶鑑續纂》亦幾乎照搬王
端淑《名媛詩緯》。諸如此類，則需要細微釐清各刊本之間輯錄時序先後、版
本優劣。

　　就目前有關明末清初女性著述刊本的研究而言，著重探究的是選本所呈
現出來的作者意旨，而很少涉及編刊的其他環節。比如，編者如何搜集數量
可觀的作品、怎樣刊行頗具規模的選本。在典型個案王端淑《名媛詩緯》之
外，學界鮮有對其他刊本的具體編刊過程以及所折射出來的文化現象，進行
深入的專題論述。

　　實際上，明末清初女性作品總集，既是研究女性作家主體的寶貴資料，
亦充分展現了當時女性文學、文藝活動的方方面面：從時代大變遷的感觸
到與文人才士的交往，從商業文化的薰染到藝術激情的勃發。本選題所探
討的四個面向，即由女性總集的角度切入，同時各面向本身又反作用於著作
編刊。

　　論文主體凡四章。第一章：文教推揚與女性作品編刊之衡定。康熙年

〔註36〕　該展覽主要匯聚大陸之外世界各地的三十四家公私收藏，共計四十三位女畫
　　　　家的八十餘件作品，於 1988～1989 年分別在美國的印第安納波利斯藝術博物
　　　　館、弗吉尼亞美術館、舊金山亞洲藝術博物館、華盛頓國家婦女藝術博物館、
　　　　中國香港藝術博物館展出。《玉臺新姿：中國女性藝術家，1300～1912》（Views
　　　　from Jade Terrace: Chinese Women Artists, 1300～1912），印第安納波利斯：印
　　　　第安納波利斯藝術博物館；紐約：瑞佐利（Rizzoli），1988 年。北京故宮博物
　　　　院於 1995 年亦舉辦了「明清女性畫展」。

間，康熙皇帝極力推行文教之治。繼《全唐詩》刊行之後，張豫章等奉敕編次《御選宋金元明四朝詩》，「明朝卷」中女性詩歌多達七卷，爲歷朝所未見。日講起居注官納蘭揆敘亦奉旨編選《歷朝閨雅》，借助於權威機構的認可及刊行，明代才女之盛根植人心。

第二章：家國想像與女性著作編刊之宗旨。明清鼎革，諸多遺民通過各自著撰，如實存錄有明一代文學作品或歷史，藉以建構對逝去王朝的記憶。王端淑《名媛詩緯初編》即是典型個案，本節從兩方面闡述：其一，先世記憶與亂世情懷：遺民（節烈）群體的詩歌選錄；其二，王氏的詩學批評，乃與以陳子龍爲首的雲間派詩學主張遙相呼應。

作爲書坊主鄒漪，一生以眞實記錄明季動亂事實爲職志，爲此而迭遭不幸，卻至死不休。其輯刊《詩媛八名家集》、《詩媛十名家集》、《詩媛名家紅蕉集》，志在闡揚當時心繫故國的著名才女，而編者之心志亦昭然若揭。

第三章：文士雅集與女性著作編刊之推助。作爲明末清初的著名文士冒襄，其水繪園集聚了眾多友朋，故友之子陳維崧是其主賓。客居期間，陳氏借助於水繪園的，撰寫了《婦人集》，冒褒爲之補注，冒丹書增選條目。其後，王士禛司理揚州，通過紅橋修禊等活動，進一步奠定了其文壇盟主的地位。而積極參與文學盛宴的陳維崧，經王士禛引介，結識初來揚州的王士祿。至此，陳維崧、王士祿、鄧漢儀相互匡扶，提供關於女性作品的信息，《婦人集》得以迅速告捷，鄧漢儀著重輯錄能彰顯選本《天下名家詩觀》意旨的閨秀詩，而王士祿亦增補《燃脂集》許多內容。

第四章：「士商」出現與女性著作編刊的傳播。誠如許多學者指出，女性作品總集的編刊帶有商業出版色彩。然限於材料限制，目前研究僅止於浮光掠影式的描述。本章從三方面討論：一是明萬曆以來，以商業盈利爲導向的類書、叢書相繼刊行，書中刊載不少女性作品，尤其是其有意無意設立了女性作品專欄，爲後來王士祿等輯刊女性作品提供了便捷的文獻儲備；二是諸多書坊主眼見自晚明以來女性作品刊本紙貴洛陽，不斷地刊行續編，如周之標的《女子七才子蘭咳集》及續集；更有甚者則是罔顧讀者的閱讀期待，逕自抄襲，濫竽充數，如劉雲份所編《翠樓集》與《唐宮閨詩》，這種以商業盈利爲導向的選本，擾亂了市場。

附錄「書畫鑒藏與女性著作編刊的新變」，談到明代中後期以來，眾多才女不僅具有優異的詩文才能，亦有不俗的書畫表現。適逢文士書畫鑒藏之風

始盛，儒商汪然明在文士與才女之間往復牽線搭橋，爲才女的盛名創造了良好的條件。各種書畫專書也關注這批才女，專章篇幅逐漸擴展。而女性作品總集對此等才藝自然不會漠視，王端淑本人擅長繪畫，《名媛詩緯》因此專設「繪集」加以著錄，其他卷次中對才女書畫技能的強調亦俯拾即是。這種導向，終於成就了女性書畫著錄史上的雙璧──厲鶚的《玉臺書史》及湯漱玉的《玉臺畫史》。

本選題所涉概念，在此略作說明。其一，「明末清初」與諸如「晚明」、「明季」、「明末清初」、「清初」等概念涵括的時段一樣，都頗具彈性，互有重疊。東村八十一老人《明季甲乙彙編》（1644～1645）、顧炎武《明季實錄》（1644～1646）述甲申、乙酉之變，鄒漪《明季遺聞》（1631～1650）記明季流寇及南明史事，計六奇《明季北略》則追溯至萬曆四十四年（1616）清朝建元，可見當時一些史學著作對「明季」並未作出嚴格的限定，各自依據關注重心而擇取。當代學者謝國楨裒輯晚明史籍而成《（增訂）晚明史籍考》，「由明季萬曆至崇禎，以迄清康熙間平定三藩事件時爲止」〔註37〕；趙園研究明末清初士大夫，考察範圍大致框定在崇禎末年至康熙前期；何冠彪討論明末清初士大夫對明季殉國者的評論，將「明季」限定爲崇禎、南明時期，「明末清初」則泛指崇禎至清康熙年間〔註38〕。學界目前普遍認爲「清初」指順、康兩朝八十年〔註39〕。至於「明末清初」，高彥頤研究江南閨塾師，集中於萬曆至康熙（1570～1720）年間產生的最有利於才女文化發展的社會經濟和文化條件，藉以強調社會性別關係在此時段的內在邏輯和連貫性。

本選題所謂「明末清初」，擇取崇禎朝爲上限，意在彰顯女性編者在男性文人協助下編刊女性作品總集的始創意義。此前田藝蘅《詩女史》、鄭文昂《名媛匯詩》、鍾惺《名媛詩歸》等，無一例外均爲男性文人獨自操持，未見有才女染指。始自崇禎九年（1636），葉紹袁一方面刊行妻子沈宜修編輯的堪稱現存最早的女性自編選本《伊人思》，另一方面，踵其此前撰寫的扶乩之作《竊聞》而成《續竊聞》，尋索亡女葉紈紈、葉小鸞的前世因緣。無獨有偶，

〔註37〕 謝國楨：《晚明史籍考》「凡例」，上海：華東師範大學出版社，2011 年。

〔註38〕 何冠彪：《生與死：明季士大夫的抉擇》第一章「導論」，臺北：聯經出版事業公司，1997 年。

〔註39〕 陳祖武：《清初學術思辨錄》「前言」，北京：中國社會科學出版社，1992 年。孔定芳：《清初遺民社會──滿漢異質文化整合視野下的歷史考察》「序說」，武漢：湖北人民出版社，2009 年。

茅元儀亦於同年撰寫《西玄青鳥記》，通過敘說其與陶楚生的歷世因緣，抒發一己情懷。才女歸淑芬、黃德貞、申蕙三人則於崇禎年間共同輯選《名閨詩選》；王端淑在崇禎十二年（1639）開始了長達廿餘年的學術工程——《名媛詩緯初編》。繼明代萬曆之後，清康熙年間無疑是又一個女性作品輯刊鼎盛期，《翠樓集》、《古今名媛詩餘》、《眾香詞》等次第行世，王士祿《燃脂集》二百餘卷的輯錄規模更是絕響。此後，雍正至乾隆初年卻成為女性作品總集編刊史上的時空盲區（原因詳第二章論述）。直到乾隆三十八年（1773），汪啓淑選編《擷芳集》達八十卷，方重燃女性作品輯刊星火。

其二，女性作品與總集、合刻。胡文楷《歷代婦女著作考》依據傳統四部分類，以「合刻」、「總集」兩目著錄。明末清初，合刻書目計有葉紹袁編《午夢堂全集》、周之標編《女中七才子蘭咳集》與《女中七才子蘭咳二集》、鄒漪編《詩媛八名家集》與《詩媛十名家集》等，其餘則屬於「總集」類。《四庫全書總目》釋「總集」云：

> 文籍日興，散無統紀，於是總集作焉。一則網羅放佚，使零章殘什，並有所歸；一則刪汰繁蕪，使莠稗咸除，菁華畢出。是固文章之衡鑒，著作之淵藪矣。《三百篇》既列為經，王逸所裒又僅《楚辭》一家，故體例所成，以摯虞《流別》為始。〔註40〕

自《隋書・經籍志》著錄摯虞《文章流別論》為總集之端，「採摘孔翠，芟剪繁蕪，自詩賦下，各為條貫」〔註41〕，意在為後來摹習者提供文字雅潔、體例明晰的坻本。四庫館臣強調總集兼具「精選」與「求全」兩種職能，是一種廣義上的「總集」概念。本選題涵括範圍更廣，大要有三類女性作品：女性著述總集；合刻書；其他詩詞總集、書畫著撰所附「閨秀」卷。

〔註40〕永瑢：《四庫全書總目》，第 1685 頁。
〔註41〕魏徵等撰：《隋書》卷三十五，「志」第三十，「經籍」四，北京：中華書局，1973 年，第 1090 頁。

第一章　稽古右文與女性作品總集之推揚

　　層出不窮的各類女教讀本，重在女性德言容功之闡釋與教化，個中所涉女性文學教育與著撰的訴求，卻引起了明末清初宮廷內外曠日持久的討論，清順治年間《御定內則衍義》標舉「好學著書」之綱目，在某種程度上宣告了宮廷（官方）對於女性文學書寫的認可。與此立場類似的是，康熙年間，張豫章等領銜纂修四朝詩歌總集，眾多女性作家及作品藉以入刊；納蘭揆敘則奉旨編選《歷朝閨雅》，確立了女性文學訴求的合法性與典範性。

第一節　宮廷內外的交互激蕩：女子教育與文學書寫

　　　　二十二日癸亥，上御文華殿講讀。上諭輔臣：「今宮中宮女、內官，俱令讀書，別無所事。」輔臣張居正對言：「讀書最是好事，人能通古今、知義理，則自然不越於規矩。但此中須有激勵之方。其平日肯讀書、學好者，遇有差遣，或各衙門有管事缺，即拔而用之，則人知奮勵，他日人才亦自此出矣。」上曰：「然。」〔註1〕
　　　　　　　　　　　　　　　　——萬曆二年（1574）十月二十二日

　　明神宗執政不久，便諭令近臣，要加強宮廷婦學教育，首輔大臣張居正遂接續君王的話題，闡發女子接受教育後通古今、知義理、不逾矩的重大意義，並建言宮廷女子亦可學而優則「仕」。君臣之間的共識以及由此推行的相

〔註1〕　南炳文、吳彥玲：《輯校萬曆起居注》，天津古籍出版社，2010年，第72頁。

關政策，內監劉若愚詳細記曰：

> 選二十四衙門多讀書、善楷書、有德行、無勢力者任之。三四
> 員、五六員不拘。……所教宮女讀《百家姓》、《千字文》、《孝經》、
> 《女訓》、《女誡》、《內則》、《詩》、《大學》、《中庸》、《論語》等書。
> 學規最嚴，能通者升女秀才，升女史，或升宮正司六局掌印。凡聖
> 母及后妃禮儀等事，則女秀才爲禮引禮讚禮官也。〔註2〕

宮女所學內容，既有《百家姓》《千字文》之類的蒙學教材，亦涉及儒家典籍
《詩》《大學》《中庸》《論語》，至於《女訓》《內則》《女誡》則屬於朝夕講
誦、浸陶漸染，以成其德性的必修讀本。授課教員主要由三至六名太監負責
教習。學有所成者，可晉升爲女秀才、女史官、六局掌印，在許多重要場合
享受各種尊榮〔註3〕。

一、政統與詩教

　　早在明代建制之初，太祖朱元璋立綱陳紀，首嚴內教，諭令翰林學士朱
升纂修《女誡》，輯錄古來賢妃的典範事蹟，以備後世子孫持守。永樂元年
（1403），明成祖亦命儒臣解縉匯輯古今后妃以及諸侯、大夫、士、庶人妻之
事，編次《古今列女傳》，並親製序文，頒之六宮，行之天下。後世帝王恪守
太祖訓令：「治天下者，修身爲本，正家爲先。正家之道，始於謹夫婦」〔註4〕，
高度重視宮廷女教。據劉若愚記載，明內府庋藏女教讀本有《列女傳》、《仁
孝皇后勸善書》、《高皇后傳》、《女訓》、《內訓》、《鄭氏女孝經》、《曹大家女
訓》、《女誡直解》、《內則詩》、《內令》、《慈聖皇太后女鑒》〔註5〕，其中不少
是太后與皇后的撰著。《明史》〈藝文志〉著錄明太祖孝慈高皇后馬氏撰《內
訓》一卷（現佚），現存本《內訓》則是明成祖仁孝文皇后徐氏所著。有感於
女教素來取資於劉向《列女傳》、班昭《女誡》而顯得偏狹簡略，《女憲》、《女

〔註2〕　劉若愚：《酌中志》卷十六，北京古籍出版社，1994年，第130頁。

〔註3〕　有明一代女官的地位頗爲顯貴，洪武三十五年（1402），舉行冊封皇后禮儀，
　　　　「俟皇后具服升座，引禮引詣皇后前行八拜禮，次引六尚等女官行禮如之，
　　　　次引四品以上外命婦行四拜禮。」（《太宗實錄》卷十四）嘉靖九年（1530）
　　　　舉行皇后親蠶禮，內賜酒宴，以夫人、女秀才爲第一等，亦位列供事命婦之
　　　　上（《明史》〈禮志〉）。

〔註4〕　《太祖實錄》卷三十一，「洪武元年三月辛未」，臺灣中研院歷史語言研究所，
　　　　1962年校印本，以下凡援引《明實錄》，均據此版本。

〔註5〕　劉若愚：《酌中志》卷十八〈內板經書紀略〉，第157頁。

則》因亡佚不傳而未能產生實際效應，通行的各類女教讀本僅摘錄《曲禮》、《內則》之言以及《周南》、《召南》之小序而成，缺乏訓詁釋讀，徐氏又常年侍奉高皇后馬氏，「知其教訓之言，卓越往昔，足以垂法萬世」，遂以高皇后馬氏平日訓教之言爲基礎，廣而述之成書。《內訓》凡二十篇，關涉女性德性、修身、勤勵、崇聖訓、景賢範各面向。永樂三年（1405）讀本編就之後，並未直接遞呈明成祖，至永樂五年（1407）才由皇太子進獻。成祖御覽後，爲之愴然，下令刊刻，並遍賜群臣。萬曆八年（1580），明神宗命將《內訓》與班昭《女誡》合刊，頒示天下，再次闡揚該書的教化之功：

> 聖母恐母儀之教未闡，乃取曹大家《女誡》一書，俾儒臣注解，以弘內範。蓋以此書簡要明肅，足爲萬世女則之規。凤經聖慈服膺誦法，是以亟爲表章。暨《仁孝文皇后內訓》二書，俾諸保傅姆朝夕進講於宮闈，爰以毓成淑德，用尊坤維，共襄乾治，則是書之功莫大焉。〔註6〕

迨及清代順治初年，帝王後宮亦高度重視內治內教，認爲《內則》乃修身齊家治國之根基，而歷代流傳的女教讀本諸如《后妃紀》、《列女傳》、《家範》、《內訓》，沒有圍繞最核心的典籍《禮記》〈內則〉加以闡釋與生發，故於順治十三年（1656）敕諭近臣傅以漸闡明本旨，詮釋微言。《御定內則衍義》凡十六卷，分爲孝、敬、教、禮、讓、慈、勤、學八綱目，三十二子目，對女性之德、言、容、功的規範論列頗爲詳盡。

琅琊儒士王相〔註7〕匯輯班昭《女誡》、宋若昭《女論語》、仁孝文皇后

〔註6〕陳夢雷編纂：《古今圖書集成》〈明倫彙編・閨媛典〉，中華書局、巴蜀書社，1987年，第47570頁。

〔註7〕王相，字晉升，號訒庵，江西臨川人，生卒年不詳，活躍於明末清初，曾編選《尺牘嚶鳴集》、《三字經訓詁》、《增補重訂千家詩注解》、《奎壁齋增訂評注廣日記故事》、《新選韜略元機象棋譜》。《閨閣女四書集注》題爲「琅琊王相晉升箋注，莆陽鄭漢濯之校梓」。王相所撰《〈百家姓〉考略》講述其著手箋注的原因，「隨口叶韻，掛漏實多，識者訾之。然傳播至今，童蒙誦習，奉爲典冊。」染指訓詁《三字經》，亦在於此書有益於稚習之助，「言簡義長，詞明理晰，淹貫三才，出入經史，誠蒙求之津逮，大學之濫觴也。」經由王相加以闡釋，《三字經訓詁》成爲流傳最爲廣泛的版本。雖其如此，關於這位頗爲知名的編選者的傳記資料甚爲少見，筆者檢閱張自烈《芑山集》，其所撰《王漢升五十序》提供了重要線索：張自烈（1597～1673），字爾公，號芑山，江西宜春人，明末監生，入清隱居著述。爲人處世，必持守「嚴氣正性」。張氏自述與王相交往最爲熟稔，受其委託，爲其兄張漢升撰寫壽序。王相的祖

《內訓》，合之其母劉氏《女範捷錄》，詳加箋注，題爲《閨閣女四書集注》，迻借朱熹《四書集注》的書名，提升讀本在閨閣群體中的影響力，亦藉以彰表母親守節撫孤的操守以及著書立說的文才：

> 先慈劉氏，江寧人，幼善屬文，先嚴集敬公職元配也。三十而先嚴卒，苦節六十年，壽九十歲。南宗伯王光復、大中丞鄭潛庵兩先生，皆旌其門。所著有《古今女鑒》及《女範捷錄》行世〔註8〕。

不可否認，相較於班昭、宋若昭、仁孝文皇后，劉氏其人以及撰述《女範捷錄》《古今女鑒》無法望其項背，但經由南宗伯王光復（按：疑爲王鐸）、大中丞鄭二陽（字潛庵）旌表以及《女四書》的刊刻流傳，聲名逐漸知著。《閨閣女四書集》於明天啓四年（1624）多文堂初次刊行，清乾隆六十年（1795）書業堂依據四部著作的時代先後順序編排刊刻，題爲《女四書集注》，光緒六年（1880）李光明莊冠之《狀元閣女四書集注》，光緒二十六年（1900）寶文堂又改題爲《校訂女四書集注》，光緒三十四年（1908）上海圖書學社刊刻沈朱坤注解《繪圖女四書白話解》〔註9〕，諸如此類，可謂名目繁多，流傳甚廣。

　　《女四書》所收著作中，明神宗生母慈聖皇太后李氏已命儒臣注解班昭《女誡》，而仁孝文皇后《女訓》各篇章亦係之小注，「注文或文皇后自注，

籍臨川，祖父嘉前公遷居金陵，父親集敬公以博學聞名於世，命運多舛，三位兒子先後夭折，晚年始有王漢升與晉升。未幾，集敬公去世，母親劉氏遂親授句讀，後典賣家財，供使王漢升隨當時宿儒李贊廷從遊。科舉失利後，王漢升常奔走齊魯、吳越、楚豫等地區，以販賣書籍爲生，讀書爲樂，友孝俠義，「一時名碩乃心識漢升非鬻書者流，往往折節相友善」。由此可推測，王相編選諸多時人所需、市場暢銷的啓蒙讀物，有相助兄長書肆之義。而王相此舉，乃報答兄長曲成其志之情，「兄不幸終老於賈，仲也才，光大先續，賴有仲勯游」。據張自烈所述，王氏兄弟均失配偶，但王漢升有子嗣承歡，遂省吃儉用爲仲弟續弦。「今仲氏（按：指王相）與母孺人保聚一隅，滫瀡畢具，漢升力爲多。」

〔註8〕 王相箋注：《校訂女四書集注》，清光緒二十六年（1900）寶文堂刊本。
〔註9〕 《女四書集注》另有金陵奎壁齋刻本、光緒三年（1877）蘇州崇德書院刻本；《狀元閣女四書集注》另有光緒十一年（1885）文成堂刻本、光緒十三年（1887）上海江左書林刻本、光緒十四年（1888）共賞書局刻本、光緒十八年（1892）善成堂刻本、光緒二十一年（1895）務本堂刻本、光緒二十五年（1899）廣陵湯氏文樞堂刻本；明代九經堂將《閨閣女四書集注》之《女誡》與《內訓》合爲一卷刊行，清光緒十九年（1893）滬上熙記書莊重刻，可見《女四書》在晚清流傳甚廣。該書在日本及朝鮮等域外亦有諸多版本，參閱孫新梅《〈女四書〉的編纂與流傳》，《蘭臺世界》，2013 年 11 月。

或當時女史所注，皆未可知。其訓釋俱各純正，可使天下後世女子易曉。」〔註10〕宋若昭《女論語》本就採用韻文體式，句式齊整，語言淺顯易懂。得益於前人紮實可靠的文獻論證，王相箋注《女四書》當能事倍功半。

　　與宮廷宣講女教及編撰讀本相隨的是，知識分子群體圍繞著名諺俗語「女子無才便是德」展開了激烈的討論。該言論典出陳繼儒《安得長者言》，其實非陳氏自家之語，而是源於從四方名賢遊學聽聞於「長者」名言，或延招吳越地區窮儒老宿，採擷瑣言僻事而來。因陳繼儒聲名遠揚，達官顯貴爭與交

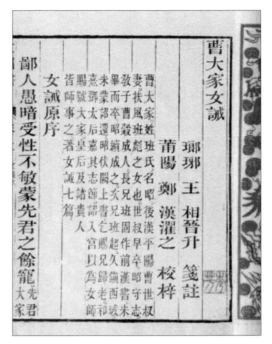

上圖為王相箋注《狀元閣女四書集注》，清光緒六年（1880）李光明莊刻本。

遊，天下山人競相學習，此語既然出自其著述，又無法細究是否轉引以及引自何人，遂「不明就裏」甚或有意歸為陳氏所倡導。曹臣《舌華錄》記述「陳眉公曰：『男子有德便是才，女子無才便是德』」〔註11〕，萬時華箋注《詩經》「無非無儀，唯酒食是議，無父母詒罹」，強調「正陳眉公『女子無才便是德』之意」〔註12〕。

　　女性之才與德是否相得益彰，傳統中國社會流行著兩種截然相反的觀念，明清時期至為鮮明。一種觀點是為了培育女德，防微杜漸，主張女性不能讀書識字，將「女子無才便是德」的觀念推向極端，「女子勿使之學書，勿使之觀史」〔註13〕，「嚴禁女子不得識文字」〔註14〕，鄉閭民間奉行最為嚴苛。相形之下，獲得文人士大夫普遍認可且頗具操作性的是，「假如刺繡餘

〔註10〕《世宗實錄》卷一百一十七，「嘉靖九年九月」。《四庫全書總目》卷九十三云：「各章之下，繫以小注，多涉頌揚，當為儒臣所加。」第 790 頁。
〔註11〕曹臣：《舌華錄》卷一「名語第二」，黃山書社，1999 年，第 25 頁。
〔註12〕萬時華：《詩經偶箋》卷七，明崇禎刻本。
〔註13〕艮齋主人輯：《尋樂堂家規》，竇克勤：《竇靜庵遺書》，清康熙刻本。
〔註14〕陳兆崙：《紫竹山房詩文集》卷十四〈湯母路太恭人傳〉，清乾隆刻本。

閒，有架上圖書，可以寓目。他日到人家，知書知禮，父母光輝。」〔註 15〕
女性識字讀書，接受教育有益於明智家法，鞏固儒家體系的社會秩序，但堅
決反對吟詩作賦、顯露與炫耀文才，例如，揚州文人石成金《家訓鈔》援引
《靳河臺庭訓》，曰：

> 女子通文識字，而能明大義者，固爲賢德，然不可多得：其他
> 便喜看曲本小說，挑動邪心，甚至舞文弄法，做出無恥醜事，反不
> 如不識字、守拙安分之爲愈也。陳眉公云：「女子無才便是德」可謂
> 至言。〔註 16〕

論者在家訓中鼓吹「女子無才便是德」，其敘說背景是女性讀書識字，於聖賢
典籍棄之不顧，轉而迷戀曲本小說，吟花弄月，甚至藐視道德倫理，有蕩檢
逾閑之舉。類似的觀點亦有周亮工父親所言：「《列女》、《閨範》諸書，近日
罕見；淫詞麗語，觸目而是。故寧可使人稱其無才，不可使人稱其無德。至
世家大族，一二詩章，不幸流傳，必列於釋子之後，娼妓之前，豈不可恥」，
女性摒棄關乎自身修身養德的重要讀本《列女傳》、《閨範》，沉溺於「淫詞麗
語」，或罔顧世家大族的身份，使自身的文學作品混雜於僧道、娼妓文學之
列，故周氏強調「婦人不垂簾觀劇，婦女不識字」〔註 17〕。理學名儒孫奇逢
講述「近來婦人結社，拜客、作詩，至男子爲其婦才，持其詩獻當道，求爲

〔註 15〕 湯顯祖：《牡丹亭》第三齣「訓女」，人民文學出版社，1982 年，第 8 頁。

〔註 16〕 石成金：《傳家寶二集》卷四「家訓鈔第十五」，清乾隆四年（1739）刻本。《傳家寶初集》卷五「知世事第四十」亦有類似的表述：「人家婦女只要老誠儉樸，凡女工中饋俱要用心勤謹，且不可令其識字。要知識字讀書原是好事，但而今婦女若能識字，凡聖賢書文偏不喜看，只喜看淫詞小說，雖貞烈者尚且學壞，何況水性易惑？反不如愚拙婦女之安分守己。所以說『男子有德便是才，女子無才便是德。』」

〔註 17〕 周亮工：《書影》，上海古籍出版社，1981 年，第 1 頁。參閱郭英德：《明清時期女子文學教育的文化生態述論》，《中山大學學報》（社會科學版），2008 年第 5 期。關於「女子無才便是德」，學界已有較爲豐碩的成果，如劉詠聰《清代前期關於女性應否有「才」之討論》，《中華文史論叢》，1989 年第 2 期；劉麗娟《「女子無才便是德」考述》，《婦女研究論叢》，2009 年第 5 期；孫彥貞《「女子無才便是德」再探》，刊載於《中國國家博物館館藏文物叢書（歷史圖片卷）》，上海古籍出版社，2007 年，第 94 頁；劉曉麗《「女子無才便是德」探源》，《晉陽學刊》，1997 年第 6 期。另有西南大學鍾軍的專題碩士論文《「女子無才便是德」？——清前期文人之女性才德觀辨析》（指導教師陳寶良，2011 年）。類似孫康宜《文學經典的挑戰》在專著中討論「女子無才便是德」，所在多有，茲不贅述。

刻傳，大家稱述，以爲韻事」，感喟這種風習大行其道，「豈世終無陽剛大人，一洗此陰靡者乎？」〔註 18〕可見，諸多衛道者痛心疾首呼籲與強化「女子無才便是德」觀念，是耳聞目睹晚明以來男女大防鬆弛，女子適情逞才，大膽跨越閨門，嚴重危及到他們的倫理道德底線，或深刻感受到日漸興盛的才女文化所帶來的危機感，是以清初查琪語重心長地釋疑：「女子無才便是德」的最終要旨是「非欲其狀如土偶，一事不爲也。有好而矜，有才而炫，所傷婦德實多。」〔註 19〕

　　不同於上述觀念，反對「女子無才便是德」的言論，鼓勵女性染指文學創作的文士亦所在多有。天啓初年，馮夢龍撰《智囊全集》，言：「語有之：『男子有德便是才，婦人無才便是德。』其然，豈其然乎？……無才而可以爲德，則天下之懵婦人毋乃皆德類也乎？」申明女子之才學乃德性之基，兩者並不相妨，即如梁小玉《古今女史》自序所言：「夫無才便是德，似矯枉之言；有德不妨才，眞平等之論。」〔註 20〕李漁更振振有詞地批駁曰：

　　　　「女子無才便是德」，言雖近理，卻非無故而云然。因聰明女子失節者多，不若無才之爲貴。蓋前人憤激之詞，與男子因官得禍，遂以讀書作官爲畏途，遺言戒子孫，使之勿讀書勿作官者等也。此皆見噎廢食之說，究竟書可競棄，仕可盡廢乎？吾謂才德二字，原不相妨，有才之女，未必人人敗行，貪淫之婦，何嘗歷歷知書？〔註 21〕

　　衛道者將聰慧女子失節行爲歸爲才學惹出的禍端，遂宣稱「女子無才便是德」，這種因噎廢食的行爲，無異於文士身處「學而優則仕」的儒學社會，在春風得意或如履薄冰的仕途中遭遇禍事，遂以此爲戒，視讀書與仕宦爲畏途，故李漁認爲，「以閨秀自命者，書畫琴棋四藝，均不可少」，而且女子「入門之後，其聰明必過於男子」〔註 22〕。與馮夢龍、李漁的立論相近者又如王相母親劉氏：「『男子有德便是才』，斯言猶可；『女子無才便是德』，此語殊非」，「古者后妃夫人，以逮庶妾匹婦，莫不知詩，豈皆無德者歟？末世妒婦

〔註 18〕張顯清主編：《孫奇逢集》（下），中州古籍出版社，2003 年，第 521 頁。
〔註 19〕查琪：《新婦譜補》，張潮編《檀几叢書》本，上海古籍出版社，1992 年，第 139 頁。
〔註 20〕胡文楷：《歷代婦女著作考》（增訂本），上海古籍出版社，2008 年，第 162 頁。
〔註 21〕李漁：《閒情偶寄》卷三，《李漁全集》第 11 冊，浙江古籍出版社，1991 年，第 141～142 頁。
〔註 22〕同上書，第 143、146 頁。

淫女，及乎悍婦潑嫗，大悖於禮，豈盡有才者耶？」〔註23〕其認爲，古來眾多后妃夫人、庶妾匹婦才德兼備，且長於詩文歌賦，而現實生活中普遍存在的妒婦淫女、悍婦潑嫗，無視傳統禮教家法，毫無才智與學識可言。事實上，諸多蒙學或經史教育，不僅止於識文斷句與倫理教化，亦包孕著文學啓蒙與審美，是培育文學興趣的重要途徑。嘉靖九年（1530），禮部上奏宮中應行事宜：

> 一、聖諭欲令翰林院撮諸書關女教者撰爲詩言進呈，以備宮中誦詠；合行翰林院作速撰造，仍令明白易曉；一、仁孝文皇后《內訓》、聖母章聖慈仁皇太后《女訓》合行，翰林院講讀官每月撰成「直解」各三章，仍引經傳及《高皇后傳》內事實，引證每章不得過百餘字，以便女官記誦。初六日，皇后率妃、夫人詣聖母前聽講；十六日、二十六日，皇后率妃、夫人於坤寧宮令女官進講，仍起立拱聽。講畢，女官仍歌翰林院新撰詩一章〔註24〕。

翰林院儒臣旁徵博引，逐一疏解《女訓》《內則》各女教讀本的文句，闡釋核心要義，女官細細領悟記誦之後，每逢十六、二十六日，轉而在坤寧宮向後宮皇后、嬪妃宣講，又領銜誦詠翰林院所撰與女教有關的明白曉暢的歌詩，長此以往的自我研習、聆聽受教乃至登臺講解，後宮女性的文學才藝得到大幅提升。廣東南海女子黃惟德入宮數年，夙夜勤勞，任尙服局局正，授五品誥命，宣德初年乞假南歸時，皇太后賦詩話別曰：「諮爾惟德女中士，自少從容知禮義。一從應召入皇宮，夙夜孜孜勤乃事。昔時黑髮今如霜，歲月悠悠老將至。……喜爾富貴歸故鄉，我心念爾恒不忘。彩筆題詩意難盡，目極天南去雁翔」〔註25〕，表達依依不捨之情。明熹宗張皇后常常遴選聰慧的宮女，羅侍左右，課授唐宋小詞。

國家文化政策、教育內容與形式的新變，又有推波助瀾之效。以明代爲例，徵選女性入宮擔任女秀才、女官時，素來注重考察文史涵養之優劣，據陳啓榮《明初瑣記》：「洪武三年，詔選天下女子之秀者入宮。」經過身體素質的篩選後，「翌日，乃試文史」。「次年，又詔選淑女善文藝者朱象眞等六十人，定六局處之，各有官秩。宮女之才慧者，亦遴選入局任事。」〔註26〕民

〔註23〕劉氏：《女範捷錄》，王相箋注《校訂女四書集注》本。
〔註24〕《世宗實錄》卷一百一十八。
〔註25〕談遷：《棗林雜俎》「義集」，中華書局，2006年，第269頁。
〔註26〕轉引自常景宗：《明代女官制度》，《北平晨報》，民國二十四年（1935）7月

間一些才優學邃或在宮廷學有所成的女性，委以重任或享受各種殊榮，被尊為「女丈夫」、「女君子」、「女太史」、「女秀才」。廣州府番禺縣陳仲裕之女陳二妹，潛心研讀《列女傳》《內則》《女誡》各書，善書數，知文義，洪武二十一年（1388）入宮，後宮多師事之；浙江嘉興府女子黃婉，「幼敏慧，通詩禮，善文詞」，明初入宮任宮正司女史〔註27〕；永樂二年（1404），番禺王氏被選入宮，能詩擅文，所作宮詞「瓊花移入大明宮，旖旎濃香韻晚風。贏得君王留步輦，玉簫寥亮月明中」〔註28〕，常為宮女所歌詠，朱彝尊《明詩綜》、陸昶《歷朝名媛詩詞》、揆敘《歷朝閨雅》紛紛載錄；浙江烏程縣舉人沈安之女沈瓊蓮，「生聰慧絕人，經史三四過，成誦如對卷。八歲，口占協聲律」〔註29〕，弘治初年，選入掖庭：

> 泰陵試以《守宮論》，發題云：「甚矣，秦之無道也，宮豈必守哉？」泰陵大悅，擢居第一，給事禁中，授女學士。吳興人至今呼為「女閣老」。瑩中在大內，暇飼白鸚鵡，教之誦《尚書·無逸篇》。此宜載之彤管者也〔註30〕。

王端淑《名媛詩緯》讚譽其以仕籍女子備受皇宮尊寵，堪稱閨閣紅粉中一段奇事，詩歌創作有「天廟瑚璉之色，直以女學士呼之亦可」〔註31〕。清代雖已取消徵召「女秀才」的制度，亦未從官階品秩方面提供晉升渠道，但帝王對才女的賞識與恩賜並未停歇。例如，王端淑博學多識，工詩詞書畫，順治年間，朝廷欲援引古代班昭之例，延請其入宮教授宮妃，心繫故國頗具遺民情懷的王端淑力辭不就；桑靜庵工詩善畫，以授女徒為生，詩冊曾獲得進呈，沉鐘《挽桑夫人靜庵兼慰德其》詩句有言：「輦下新詩傳詠絮，閨中細楷羨簪花。牙籤空秘圖書府，絳帳長懸仕女家。」〔註32〕黃媛介詩作，常由公

1、3 日。

〔註27〕沈季友：《檇李詩繫》卷三十四，文淵閣《四庫全書》本。另，可參閱邱仲麟：《明代宮人的榮與辱——從職業婦女與社會流動的角度切入》，《故宮學刊》，2014 年總第 12 輯。

〔註28〕屈大均：《女官傳》，《屈大均全集》第 3 冊，人民文學出版社，1996 年，第 107 頁。

〔註29〕劉沂春等纂修：《（崇禎）烏程縣志》卷七〈宮壼〉，書目文獻出版社，1991 年，第 360 頁。

〔註30〕朱彝尊：《靜志居詩話》卷一，人民文學出版社，1990 年，第 23 頁。

〔註31〕王端淑：《名媛詩緯》卷一，清康熙清音堂刻本。

〔註32〕錢仲聯主編：《清詩紀事》「康熙朝卷」，江蘇古籍出版社，1989 年，第 3614 頁。

卿內子「假其詩以達宮禁，名重天下」〔註 33〕，出身顯赫家世的朱中楣早負詩名，與夫婿李元鼎的合刻詩集《石園全集》由其子李振裕獻呈康熙帝，太子胤礽亦點名索閱詩集：

> 陳元龍捧到毓慶宮手諭：「大司農李振裕曩曾進其父梅公詩集，昨皇父深贊其詩，品為當代第一流。因命閱看，甚為快心。」又諭：「其母亦工詩，有『婦解吟詩子讀書』之句，急欲得其專集一讀，可即向司農覓寄塞外，倘以閨詩不便相示，即以此意諭及無妨也。」臣李振裕謹遵諭旨，將《石園詩集》裝潢具摺，授元龍轉進〔註 34〕。

二、女教讀本與文學訴求

後宮皇太后、皇后、嬪妃及女官研讀儒家典籍與女教讀本，文學藝術素養與日俱增，藝文訴求亦獲得合理伸張。其實，淵源有自的女教讀本並不排斥女性表現才學。劉向《列女傳》以「存往事，垂鑒戒」為宗旨，採擷典籍所載興國安邦的可效法的賢妃貞婦，依次敘述其婦行婦德。其中，入選「賢明」女性的標準是「廉正以方。動作有節，言成文章。咸曉事理，知世紀綱。」「辯通」女性的標準是「文辭可從。連類引譬，以投禍凶。推摧一切，後不複重。」〔註 35〕范曄撰《後漢書》〈列女傳〉，延續其例，「搜次才行尤高秀者，不必專在一操而已」〔註 36〕，收錄文采斐然的女性班昭、曹豐生、馬芝、皇甫規、荀采、蔡琰以及有辯才的馬倫。

《女誡》的編撰者班昭頗具多方面才能，永元四年（92），其受詔進入東觀續補兄長班固未竟之書《漢書》〈八表〉〈天文志〉。製「表」必須詳考前漢宮廷檔案與宰輔記錄，志「天文」又須通曉占星、讖緯諸術，班昭耗時十餘年撰寫《漢書》「八表」。同時，又擔任後宮女師，教授經書、天文及算數，皇后與貴人多師事之，號曰「大家」。關於其文學創作，《隋書·經籍志》著錄《班昭集》三卷，涉及賦、頌、銘、誄、哀辭、書、論、上疏、遺令諸體，有《東征賦》、《針縷賦》、《大雀賦》、《蟬賦》、《為兄超求代疏》、《上鄧太后疏》、《欹器頌》傳世，儘管多為佚餘篇什，但從見存文本來看，班昭運用典故信手拈來，講述史實如數家珍。而其為婦四十餘年，「夙夜劬心，勤不告勞」

〔註 33〕 徐樹敏、錢岳：《眾香詞》「樂集」，上海大東書局，1934 年。
〔註 34〕 鄧之誠：《清詩紀事初編》，第 450 頁。
〔註 35〕 劉向：《古列女傳》，中華書局，1985 年，第 8 頁。
〔註 36〕 范曄：《後漢書》卷八十四〈列女傳〉，中華書局，2006 年，第 2781 頁。

相夫教子的心得《女誡》，學術思想除取資於基本典籍《詩》《書》《禮》《易》《論語》《孟子》外，尚有董仲舒《春秋繁露》、班固《白虎通義》、陸賈《新語》、劉向《列女傳》。

　　《女論語》假託曹大家班昭所撰，作者實係出身儒士之家的宋氏姐妹，「五女皆聰慧，庭芬始教以經藝，既而課為詩賦，年未及笄，皆能屬文。長女若莘、次女若昭文尤淡麗。」自幼接受儒學及文學教育，詩賦創作清雅淡麗，因以才顯，德宗貞元四年（788），宋氏姐妹受詔入宮，「試以詩賦，兼問經史中大義，深加歎賞。德宗能詩，與侍臣唱和，亦令五人應制，每進御，無不稱善。嘉其節概不群，不以宮妾遇之，呼為學士先生。」〔註 37〕宮廷應制，口出成章；策試經史，亦援筆立就，如宋若昭《奉和御製臨麟德殿宴百僚應制》、宋若憲《奉和御製麟德殿宴百官》，明代鍾惺贊有古肅之氣，無纖弱與香豔之風。飽學詩書的宋若莘入宮後參掌機密、著述詞章，卒後贈河內郡臣；宋若昭官拜尚宮，晉封梁國夫人。《女論語》作為入宮前之撰著，「其言模倣《論語》，以韋逞母宣文君宋氏代孔子，以曹大家等代顏、閔，其間問答，悉以婦道所尚。若昭注解，皆有理致。」〔註 38〕宋若莘、宋若昭針對平民女子而編撰的女教讀本，以通俗韻文形式，深入淺出講述女性應遵守的儀禮規則。

　　仁孝文皇后博學好文，「幼承父母之教，誦詩書之典」〔註 39〕，《內訓》〈景賢範章〉要求女性熟讀經史，視歷代賢媛為榜樣，以成美德：

　　　　詩書所載賢妃貞女，德懿行備，師表後世，皆可法也。夫女無姆教，則婉娩何從？不親書史，則往行奚考？稽往行，質前言，模

〔註37〕劉昫：《舊唐書》卷五十二〈后妃傳下〉，中華書局，1975 年，第 2198 頁。

〔註38〕劉昫：《舊唐書》卷五十二〈后妃傳下〉，第 2199 頁。

〔註39〕仁孝文皇后《〈內訓〉序》。王士祿《宮閨氏籍藝文考略》卷五曰：「（仁孝徐后）賢明博學，所著有《內訓》一卷，《善書》二十卷。焦《志》（按：指焦竑《國史經籍志》）〈中宮御製〉內又載有詩集一卷，《貞烈事實》二卷。董穀《碧里雜存》云：『后精通內典，嘗夢白衣大士授以經一卷，夢中誦之一遍，覺而書之，凡數千言，不遺一字，遂命之曰《觀音夢感經》，自製序文，宣入《大藏》。』考《大藏》，此經實名《夢感佛說第一希有大功德經》。董雲《觀音夢感經》，非也。《玉鏡陽秋》云：『文皇后詩一卷，自見焦《志》，是副在秘府矣。虞山宗伯身居館閣，網羅舊聞，撰為《列朝詩集》，可謂詳且備矣。乃於后詩不錄一篇，何哉？后所為文章，原本經傳，不作雕鏤語。乃序《夢感經》中遠覽太空，浩無端倪，俯凌倒景，群山在下四句，又絕似酈善長。信矣睿聖之資，無所不兼也。』」

而則之，則德行成焉。夫明鏡可以鑒妍媸，權衡可以擬輕重，尺度
可以測長短，往轍可以軌新跡。希聖者昌，踵弊者亡。〔註40〕
仁孝文皇后例舉娥皇女英之恭儉、太任之端莊、太姒之孝敬，其德醇懿，其
行全備，進而倡導女性稽考典籍，取閱而效法。

　　王相母親劉氏「幼善屬文」〔註41〕，前已述及其斥責「女子無才便是德」
的不合理性，轉而稱引諸多才德兼備者，如「齊妃有雞鳴之詩，鄭女有雁弋
之警」，「敬姜紡績而教子，言標左史之章；蘇蕙織字以致夫，詩製迴文之錦」
〔註42〕，這些女性知書識字，通經達禮，聲名遠播。

　　清順治年間《御定內則衍義》卷十六旗幟鮮明地標舉一綱目曰「好學著
書」：「惟學則隨所好而皆有益，無損尊卑上下，無人而不可學也，朝夕老幼
無時而不可學也。」〔註43〕讀書有益
於身心，有功於家國。女子歸適，無
論皇后貴嬪，抑或匹庶妻妾，「所奉愈
大，其學之所關，益屬有用」。例如，
讀《易》則知曉盈虛消息、勤儉持家
之理，治《春秋》則明白賞罰是非之
權，誦《楚辭》則樹立憂讒抱忠、仁
民愛物之志，考《周官》則有崇賢好
禮之心。而立言以明德、賦詩以見志
的傳統源遠流長，未曾中斷，「惟詩自
周太姒，以至列國夫人，卿大夫士庶
之婦女，所作篇章，莫不發乎情、止
乎禮義。洎漢而下，后妃及婦女之賢
者，大則續史，小則屬文，莫不有裨
治化。」〔註44〕《女誡》《女訓》《女
孝經》《女論語》等有益於人倫女教
的著述自不待言，漢代班婕妤的賦作

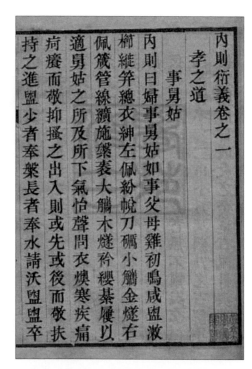

上圖為（清世祖）福臨纂《內則衍義》，清順
治十三年（1656）刻本，北京大學圖書館藏。

〔註40〕仁孝文皇后：《內訓》，王相箋注《校訂女四書集注》本。
〔註41〕劉氏：《女範捷錄》，王相箋注《校訂女四書集注》本。
〔註42〕劉氏：《女範捷錄》，王相箋注《校訂女四書集注》本。
〔註43〕《御定內則衍義》卷十六，文淵閣《四庫全書》本。
〔註44〕《御定內則衍義》卷十六。

「溫柔忠厚，有愛君之心」，晉代左芬的賦作「懇至悽惻，多思親之意」，辭雅理懿，足以感發情志，洵為宮闈翰墨之冠。其餘如劉臻女陳氏、王凝妻謝道韞之詞雅正可觀，竇滔妻蘇蕙之織錦迴文「有超人意想之表」，耶律常格的時政文「治平之道備焉」，諸如此類的才學兼備者，「其書不朽，其人亦當不朽矣。」〔註45〕

三、才女創作與朝野著錄

上述宮廷內外才女創作的作品，明末清初眾多女性作品總集從各種史料中予以鉤稽、排列與整理，呈現出蔚為大觀的才女文化圖景，其中錢謙益《列朝詩集》、張豫章等編纂《御定宋金元明四朝詩》（以下簡稱《四朝詩》）「明代卷」等晚出而有集大成之實的選本尤值得重視，不僅選錄詩人及作品數量最豐，而且前者出自一流學者文人，選詩論人皆非凡俗手眼，代表其時主流的史家觀念與女性文學批評趣尚；後者出自帝王欽定官員，選詩論人皆是官方推行的典範，代表了朝廷的聲音、立場與範式。後世著錄才女事蹟、校讎作品訛誤，紛紛援引《四朝詩》為據。例如，厲鶚《宋詩紀事》著錄朱逸仙、崖州女子；《玉臺書史》《南宋雜事詩》講述錢塘才女韓玉父年幼時跟隨李清照學詩，後歸嫁閩人林子建。林氏中舉後返閩，韓玉父前往尋夫不遇，遂題詩於壁，譴責負心薄倖行為；黃丕烈記述為沈恕兄弟校刊典籍云：

> 往年沈君綺雲有《唐宋婦人集》之刻，皆借本於余家，而余為之校讎付梓者也。復欲刻《斷腸集》以儷之，一時苦無善本，遂不果行。及余購得元刊注本，而綺雲已歸道山，未竟此事，人咸惜之。頃其令弟十峰訪余，以《綠窗遺稿》屬為付梓，云是鈔自平湖錢夢廬家藏本。余以《元詩選》校正誤字入刻，刻垂成，十峰又從《四朝詩選》及《宋元詩會》校一過，七言絕句內「隔簾風亂海棠絲」，「亂」作「斷」；「小窗今夕繡針閒」，「夕」作「日」。錄其異字示余，余謂前據《元詩選》校正者，實係訛舛之處，至於各本異字，可附存而不必據改也。因為小跋，存其校字，並著顛末，俾人知沈氏昆仲皆好風雅，留傳昔賢著述，藝林佳話，永垂不朽云。〔註46〕

松江文士沈恕（字綺雲）喜好收藏，借用黃丕烈所藏魚玄機、薛濤及楊太后詩集底本，並請代為刊梓。其弟沈慈（字十峰）鈔錄錢夢廬家藏本孫淑《綠

〔註45〕 《御定內則衍義》卷十六。
〔註46〕 黃丕烈：《黃丕烈藏書題跋集》，上海古籍出版社，2015年，第709頁。

窗遺稿》，對勘《四朝詩》《宋元詩會》所錄詩作，輯錄異字。黃丕烈復爲之
精心校定，合之前刻三位女性詩集，最終出刊寫刻本《唐宋四婦人集》。

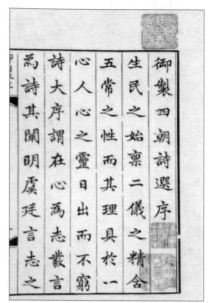

圖爲《御製宋金元明四朝詩》，清康熙四十八年（1709）內府刻本。

《四朝詩》博採宋金元明各體詩，共計 304 卷，其中宋詩 78 卷、金詩 25
卷、元詩 81 卷、明詩 120 卷，收錄作者達 5800 餘人。以選錄才女而言，宋
代 87 人，元代 40 人，金代 3 人，明代 178 人。作者姓名、爵里冠一代之首，
次則分以帝制、四言、樂府歌行、古體、律詩、絕句、六言和雜言。是書刊
刻精良，裝訂大雅，全書用開化紙刷印，潔白如玉，觸手如新，堪稱清代內
府刻書的典範。陶湘《武英殿造辦處寫刻刷印工價》考訂《四朝詩》的裝幀
細則，言：「每套錦、絹、綾俱行一尺二寸，布行二尺四寸，裏縫綾、絹二寸，
每三套用六十層合背二塊。每本綾、絹俱行五寸，每十四頁用紙一張。連四
紙副頁每六頁用紙一張，竹紙副頁每二頁用紙一張。每簽十條絹、綾俱行五
寸，每八十條用紙一張。」〔註 47〕詩學造詣頗高的顧嗣立（1665～1722）經
宋犖薦舉，應選至京師，受命分纂典籍。據其述曰：

> 康熙四十四年十月十二日，內侍李玉傳旨：《御選宋金元明四朝
> 詩》，命翰林吳昺、陳至言、陳璋、魏學誠纂選，其南邊考取舉貢生

〔註 47〕 陶湘：《書目叢刊》，遼寧教育出版社，2000 年，第 222 頁。

童人等已到者十三人（顧嗣立、錢榮世、田廣運、鄒弘志、丁圖南、江弘文、莊楷、陳王謨、董永、高位、談汝龍、陸淹顧、沈經），未到者九人（張大受、吳士玉、汪泰來、潘秉鈞、沈寅、錢金聲、劉上駒、鄭韻、范聖文）。錄選各翰林，令在家纂選書，陸續送南書房啟奏。次日入朝，進午門，起居注館宣旨，與《廣群芳譜》、《歷代詩餘》同日被命。先是武英殿開局，纂輯《佩文韻府》，派欽取王敬銘等八人鈔寫，五月，又於南薰殿開局，編纂《欽定方輿路程考略》，派楊開沅等十二人纂錄，至是三館俱令在外開局。庶吉士王景曾自請修書效力，上命入四朝詩館，設局怡園，自十二月一日始。〔註48〕

康熙四十四年（1705），《四朝詩》最初欽定的領銜纂修官是翰林院吳暻、陳至言、陳璋、魏學誠，各自選定基本文獻（按：是否每人負責一個朝代，存疑），經由南書房轉奏康熙帝裁奪。其後，王景曾主動請纓，亦被委以領銜纂選與校刊。顧嗣立、錢榮世、田廣運等十三名錄選官先行就緒，後又增補張大受、吳士玉、汪泰來等九位。編選事宜於十二月一日開始，地點設在怡園。次年五月，陳鵬年自江寧入館；十一月，吳暻外出視察學政，十二月二十一日，張豫章受詔至館〔註49〕。康熙四十六年（1707）四月，《四朝詩》歷經一年半告成。可以說，張豫章並未起到實質性作用，主導纂修者實為陳至言、陳璋與魏學誠。醉心於存錄史料的顧嗣立受到了纂選官的重用：

總裁吳頣山（暻）、陳芝泉、陳鍾庭（璋）諸先生皆以余鳳負詩名，每事虛心下問，其發凡起例、分門別類編纂之事，悉以相委。

余亦晨入暮歸，攤書滿案，丹黃甲乙，寒暑不暇，於同事諸公，才長者進之，不及者容之，故皆諒余樸誠，同心並力，交好無間。

顧嗣立辛勤搜集，專精畢力，《四朝詩》快速告成，顧氏可謂厥功甚偉，而且業已告竣的《元詩選》「初集」與「二集」，成為《御選元詩》的重要史料來源。以選錄明詩而言，錢謙益《列朝詩集》與朱彝尊《明詩綜》成為取資的兩種最重要的文獻。在翰林官員看來，朱彝尊以糾繆訂補《列朝詩集》為務，後出轉精，四庫館臣贊曰：「每人皆略述始末，不橫牽他事巧肆譏彈。里貫之

〔註48〕顧嗣立：《閭邱先生自訂年譜》，《北京圖書館藏珍本年譜叢刊》本，第89冊，第81頁。

〔註49〕同上書，第84頁。

下，各備載諸家評論」，「其所評品，亦頗持平。於舊人私憎私愛之談，往往多所匡正。」〔註50〕梁章鉅亦言：「元詩以顧俠君《元詩選》爲善本，明詩以朱竹垞《明詩綜》爲善本。顧本前具小傳，朱本前綴詩話，網羅繁富，議論平正。兩代之詩，以此兩本爲巨觀，他本可束之高閣矣。」〔註51〕《四朝詩》選錄明代才女，主要採擷於朱彝尊《明詩綜》，茲有如下例證：

其一，確考之作。對於確有其人、傳世史料豐富，而《列朝詩集》與《明詩綜》記述有異，《四朝詩》取資於後者。例如，才女王司綵，《列朝詩集》記曰：「宣德中女官也，傳宮詞一首，專詠太宗朝高麗權賢妃之事」〔註52〕，《四朝詩》則引據《明詩綜》，曰：「司綵王氏，南海人，宣德中女官。」〔註53〕麻城女子毛鈺龍，雖有《列朝詩集》頗爲詳細的記載：「侍御鳳韶之女，適劉莊襄公之蔭孫守蒙。嫁十一年而守蒙死，忍死事姑，居一小樓，誓不踰閾。……零丁孤苦自誓六十餘年，鄉人以文貞稱之。」〔註54〕《四朝詩》大體依從《明詩綜》，言：「雲南按察僉事鳳韶女，歸少保劉天和孫守蒙。夫亡誓不踰閾，鄉人稱曰文貞。」〔註55〕又，邠州三水才女文氏，《明詩綜》《四朝詩》記曰「長沙通判在中女」，不同於《列朝詩集》「少白先生之女」〔註56〕的記載。其他如沈憲英、黃幼藻、景翩翩、張回、薛素素、羽孺、楊宛，凡屬字號、里籍或表述相異者，《四朝詩》均據《明詩綜》著錄。

其二，缺漏之作。《列朝詩集》未載而《四朝詩》著錄者，比如李因，「字是庵，會稽人，一云杭州人，光祿卿葛徵奇妾，有《竹笑軒吟草續稿》。」〔註57〕徐翩翩，「字飛卿，一字驚鴻，南院妓，有集。」〔註58〕其他如曹靜照、商景蘭、祁德淵、張德蕙、朱德蓉、顧若璞、倪仁吉、桑貞白、沈瓊蓮、袁

〔註50〕 紀昀等撰：《四庫全書總目》卷一百九十，中華書局，1965 年，第 1730～1731 頁。
〔註51〕 郭紹虞：《清詩話續編》，上海古籍出版社，1983 年，第 1982 頁。
〔註52〕 錢謙益：《列朝詩集小傳》，上海古籍出版社，第 724 頁。
〔註53〕 張豫章等撰：《御定宋金元明四朝詩》「姓名爵里·宮閨」，文淵閣《四庫全書》本。
〔註54〕 錢謙益：《列朝詩集小傳》，第 731 頁。
〔註55〕 張豫章等撰：《御定宋金元明四朝詩》「姓名爵里·宮閨」。
〔註56〕 錢謙益：《列朝詩集小傳》，第 734 頁。
〔註57〕 張豫章等撰：《御定宋金元明四朝詩》「姓名爵里·宮閨」，文淵閣《四庫全書》本。
〔註58〕 張豫章等撰：《御定宋金元明四朝詩》「姓名爵里·宮閨」，文淵閣《四庫全書》本。

形芳、章有渭、盛韞貞、項珮，均引自《明詩綜》。

其三，辨偽之作。南寧伯毛舜臣留守南都，灑掃舊宮，見別院牆壁刻有許多舊宮人的題詠，年久脫落，不可辨識，僅見媚蘭仙子的詩句「寒氣逼人眠不得，鐘聲催月下斜廊」〔註59〕，朱彝尊辨之為王佐宮詞，詩備於曹學佺《石倉詩選》。又，嘉靖年間，王莊妃初入宮廷，因未獲寵幸，題詩自歎，有「風吹金鎖夜聲多」之句，帝御覽而心生憐憫，冊封為貴妃。錢謙益認為郭子章《豫章詩話》誤將莊妃記為宮人張氏，然朱彝尊考之實為翰林羅璟詩作〔註60〕。至於《列朝詩集》《明詩綜》一致認定的偽作，如「今日相逢白司馬」為吳中范昌朝之作，非鐵氏二女詩句；「泉流不歸山」為羅倫之作，非甄節婦詩；「誰言妾有夫」為高啟之作，非章綸母詩；「忽聞天外玉簫聲」為寧獻王朱權之作，非權貴妃詩。諸如此類，《四朝詩》棄置不錄，或據此校改。

其四，稀見之作。衡州人行徹，劉善長之女，嫁陳氏而寡，中歲出家，寓居嘉興福國禪院，其偈語多近於詩，有孟郊、賈島之風骨，《明詩綜》錄其詩作《秋日懷母》。另一女尼行剛，號祇園，嘉興人，處士胡日華女，諸生常振妻，中年出家，為詩僧通乘弟子，法號行剛，居住梅會里伏獅院。朱彝尊曰：「石車乘禪師以如意付祇園，此崇禎丁丑年事。先伯祖母趙淑人嘗師事祇園，疑義必質，故余少日曾見之，威儀醇樸。毋論空門行業，即以節婦論，亦宜存其片言，以當《鳳樓新戒》也。」〔註61〕此為《明詩綜》僻秘之記載，《四朝詩》據以採錄。

以上從四個方面例證《四朝詩》倚重《明詩綜》著錄明代才女的情形〔註62〕。究其因，一是緣於朱彝尊的學術聲望及其與《四朝詩》纂修官之交遊。朱氏博識多聞，根柢龐固，文辭淵雅，遠出並世諸儒。康熙十八年（1679），應試博學鴻詞科，頗受康熙帝眷顧，親拔擢為一等，以布衣身份進入翰林院，充明史纂修官。顧嗣立於康熙二十年（1681）參加江寧鄉試，正

〔註59〕錢謙益：《列朝詩集小傳》，第725頁。
〔註60〕朱彝尊：《明詩綜》卷九十五，中華書局，2007年，第4472頁。
〔註61〕同上書，第4394頁。另外，沈季友《檇李詩繫》卷三十五亦載有女尼行剛，然記述較《明詩綜》要簡略些，疑為朱彝尊在康熙四十八（1709）與陸奎勳為之訂補，俟考。
〔註62〕王元文《讀吳延州先生詩題後》（《北溪詩集》卷十二，嘉慶十七年（1812）隨喜齋刻本）自注提及：「刻本係鍾伯敬所選，《歷朝詩》據此錄之，《明詩綜》又據《歷朝詩》錄之，其上駟皆不在。」朱彝尊訂補《明詩綜》，是否亦援引《四朝詩》，俟考。

考官是朱彝尊與馮雲驪；康熙三十七年（1698），顧嗣立登門拜訪，朱氏以家藏諸多珍本元人遺稿相借，始爲訂交〔註63〕，其後，兩人頗多往還，《元詩選》「二集」能在短期內編就，朱彝尊功莫大焉。朱氏與文壇鉅子王士禎商訂《明詩綜》的編刊緣起、流派演變與作家作品，顧嗣立以及朱氏授業弟子、《四朝詩》纂選官張大受常相爲之轉達。例如，康熙四十一年（1702），朱彝尊邀請王士禎爲《經義考》撰序，並將《明詩綜》樣本託張大受轉贈；次年正月十五、十六日，王士禎接連致信朱彝尊，託顧嗣立轉交〔註64〕。基於師友之間的密切交往及對編刊動態的掌握，他們奉詔纂修《四朝詩》，自然頗爲倚重《明詩綜》。二是康熙帝重視詩歌涵泳性情而爲道德之助的化育作用，《御選唐詩》所選，「雖風格不一，而皆以溫柔敦厚爲宗。其憂思感憤、倩麗纖巧之作，雖工不錄，使覽者得宣志達情，以範於和平。」〔註65〕命儒臣纂修《四朝詩》，亦意在「措之禮陶樂淑之中，被以溫柔敦厚之教」〔註66〕，統歸於「思無邪」的詩教。朱彝尊《明詩綜》選詩論人，辭旨和平，溫柔敦厚，不巧肆譏彈，符合御選詩旨趣。

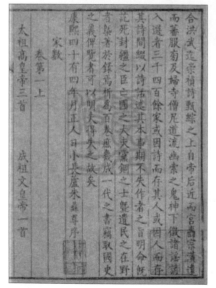

圖爲朱彝尊輯刻《明詩綜》，清康熙四十四年（1705）秀水朱氏刻本，北京大學圖書館藏。

〔註63〕 參閱張宗友：《朱彝尊年譜》，鳳凰出版社，2014年，第426頁。
〔註64〕 張宗友：《朱彝尊年譜》，第484、496頁。
〔註65〕 《聖祖仁皇帝御製文集》，文淵閣《四庫全書》本。
〔註66〕 《聖祖仁皇帝御製文集》三集卷二十一，文淵閣《四庫全書》本。

　　需要注意的是，《明詩綜》所錄才女，宮掖 6 人，閨門 79 人，女冠尼 5 人，妓女 23 人，神鬼 6 人，「屬國」朝鮮女子 5 人，另選錄昭皇后、潯州士女、盱眙女郎、湘中女子，共計 128 人，與《四朝詩》所錄相差 49 人，如安福郡主、夏雲英、武定橋烈婦、江西婦女、金文貞、齊景雲、周潔、邢慈靜、李大純、全少光、朱德琬、袁九淑、黃淑德、李玉英、梁小玉、劉苑華、劉雲瓊、馬如玉、沙宛在等等，未見《明詩綜》〔註67〕；又，《四朝詩》所選吳令儀（2 首）、倪仁吉（4 首）、桑貞白（5 首）、沈瓊蓮（10 首）、鄒賽貞（2 首）、張紅橋（7 首）等女性作家的作品數量均超過《明詩綜》，凡此又見諸錢謙益《列朝詩集》。進言之，《四朝詩》選錄明代女性作家，主要採錄朱彝尊《明詩綜》，次以錢謙益《列朝詩集》爲輔。

　　《御選宋金元明四朝詩》作爲清初諸多「御製」、「御選」、「欽定」文學總集的重要組成部分，一方面通過行懷柔羈縻之術，延攬才優學贍者入館纂修，在生活待遇、工作環境、仕宦前途各方面給予優渥，藉以籠絡江南文士；另一方面，系統組織編選歷代詩歌總集，「自名篇鉅集，以及斷簡殘章，罔有闕遺。稍擇而錄之，付之剞劂，用以標詩人之極致，擴後進之見聞。」〔註68〕歷代女性作家雖被措置於釋道仙鬼之列而論其爵里，然而女性文學尤其是明代才女文化之勝景卻頗爲醒目。明代中後期學術思潮湧動、都市文化勃興、男性文人激賞與才女寫作訴求的有效伸張，促成了女性文學的繁榮發展，進而得以在御定總集中得到集中展示；與此相隨，女性文學書寫獲得宮廷的認可與彰表，在一定程度上宣告了女性的道德教育與著書屬文能相融相和、相得益彰，其書寫趣旨與風格又成爲後世才女借鑒摹擬的案頭文本。

〔註67〕《四朝詩》未採錄王士祿《燃脂集》、王端淑《名媛詩緯》，茲以如下數例爲證：《四朝詩》著錄邢慈靜詩集爲《芝蘭室非非草》，而王士祿《燃脂集》則著錄爲《非非草》、《蘭雪齋稿》，王端淑《名媛詩緯》側重讚譽邢氏善畫白描大士，書法頗似其兄邢侗，而未著錄其詩集；《四朝詩》著錄黃淑德，「承昊從妹」，《名媛詩緯》則載其爲黃洪憲侄女，士子屠耀孫妻；《四朝詩》著錄全少光、李玉英、劉雲瓊、馬如玉以及記載金文貞「封太淑人」，均未見於《燃脂集》。

〔註68〕《聖祖仁皇帝御製文集》三集卷二十一。

第二節　政治語境與文化生態：納蘭揆敘《歷朝閨雅》述考

> 翰林院學士甚屬緊要，自揆敘沒後，朕再四思維，並不得稱此
> 職之人。必須學問優長，善於鈐束，不畏人之人方好。……揆敘學
> 問甚好，爲人甚是謹愼敦厚，殊屬可惜。朕因伊年少，並未當面嘉
> 獎。不特朕惜之，即諸人無有不惜之者。〔註69〕
>
> ——康熙五十六年（1717）正月二十五日，康熙追念揆敘之辭

揆敘生前榮爲康熙皇帝倚重的股肱之臣，謝世不久依然得到如許褒獎，
卒諡文端，以譽其「道德博聞」、「勤學好問」、「守禮執義」〔註70〕。作爲大
學士明珠次子，洵無負於乃父之殷殷寄望。揆敘（1674～1717），字愷功，號
惟實居士，滿洲正黃旗人，納蘭性德弟，妻耿氏。著有《雞肋集》一卷〔註71〕、
《益戒堂集》十六卷、《隙光亭雜識》及《隙光亭後識》各六卷。其編選的女
性作品集《歷朝閨雅》，因無序跋，刊印年月亦不詳，而編者遺世詩集及其友
朋詩文集隻字未提，致使有關該選本的編刊情況不甚明瞭，學界未有專論。
曹虹先生在論述常州女學的特徵時，實際上已觸及該選本在清代女性作品選
集中的創始意義：

> 女學的發達，直到清代始至高峰。……這從當時的選集眾多也
> 可以略窺一斑。康熙曾命左都御史揆敘選編《歷朝閨雅》十二卷，
> 收錄自唐迄明的婦女之作。自此以後，專選閨秀之作的選本不一而
> 足。〔註72〕

〔註69〕　中國第一歷史檔案館整理：《康熙起居注》，北京：中華書局，1984年，第2351
頁。

〔註70〕　吳振棫：《養吉齋叢錄》卷十二，杭州：浙江古籍出版社，1985年，第146、
147頁。

〔註71〕　黃裳《清刻本》記述其收藏此精寫刻本，曰：「刊刻極精，傳世絕罕」。「似此
爻爻小冊，亦出石米之直以易之」。《雞肋集》刻於康熙三十二年（1693），爲
《益戒堂自訂詩集》及《益戒堂後集》所未收之少作也。收錄古今體詩百四
十一首，查愼行爲之撰序。「卷首大題下雙行：長白揆敘愷功父惟實居士著，
男永壽仁山甫較訂。半葉九行，行二十一字。版心上黑口，四周雙欄。版心
下有『謙牧堂』三字。」（黃裳：《清刻本》，南京：江蘇古籍出版社，2002
年，第56頁）據此，此書版式與《益戒堂自訂詩集》相同。

〔註72〕　曹虹：《陽湖文派研究》，北京：中華書局，1996年，第36頁。另，郭蓁《論清
代女詩人生成的文化環境》（《山東社會科學》，2008年第8期）亦有論及。

有鑑於此，本章將探討《歷朝閨雅》所關涉的如下幾個方面的議題：翰林院掌院學士纂修書史之職責與揆敘文化素養之養成；康熙「稽古右文」理念與宗唐詩學趣味如何直接影響到揆敘遴選女性作家及作品數量。更爲隱微者，揆敘如何藉此取悅康熙，進而在皇權鬥爭中保全家族勢力。

一、編刊緣起

《歷朝閨雅》雖無具體刊印年月，然而依據各卷首所題「經筵日講官、起居注翰林院掌院學士兼禮部侍郎、教習庶吉士加六級臣揆敘奉敕纂進」提供的諸多訊息，究考編者各官階授予之時間，可大體推定此書的編刊時年。具體而言，康熙三十五年（1696），揆敘自侍衛擢爲翰林院侍

《歷朝閨雅》（上圖），清康熙刻本，武英殿方體字、開化紙印刷，一函二冊，半頁十行，行二十字。四周雙邊，白口，單魚尾，版框18.2×13.1。

讀〔註73〕。次年（1697），又榮爲日講起居注官。至康熙四十一年（1702）十二月，擢升翰林院掌院學士，兼禮部侍郎。康熙四十二年（1703），揆敘爲教習庶吉士，充經筵講官〔註74〕。至康熙四十七年（1708）四月，遷工部右侍郎。據此，《歷朝閨雅》應在康熙四十二年至四十六年（1703～1707）之間編就並刊行。

康熙帝終生奉行經筵之禮，寒暑未輟，康熙二十五年（1686）更改日講

〔註73〕 揆敘特授翰林官，得益於康熙十一年（1672）朝廷爲確保旗籍翰林官人數而實行變通的外班翰林制度，「滿洲編、檢、庶吉士員數較少，翰、詹缺出，往往不敷升補，由各部院科甲出身司員簡選陞用，是爲外班翰林」（《大清會典事例》卷一千零四十四）。此舉美其名曰「事法三代」：「三代而遠，至於漢晉，人才輩出，彬彬桓桓。無所謂考試，無所謂正途，無所謂文武，無所謂科目。故上馬殺賊，下馬草檄，不乏其才也。後世作僞百出，始有考試，才拘一隅，始分文武。……我朝事法三代，八旗科目之制，或舉或停，不甚專重。筆貼式、中書可轉編修，部郎可升翰林學士。」（福格：《聽雨叢談》卷一）

〔註74〕 此處編年，依據揆敘《益戒堂詩後集》及《滿漢名臣傳》「揆敘列傳」（吳忠匡校訂：《滿漢名臣傳》，哈爾濱：黑龍江人民出版社，1991年，第944頁）。

慣例，認爲講官每日侍講讀時間長，有礙自行披覽，遂將侍講讀改爲撰擬講章送至內廷備覽，起居注官的官銜仍係以「日講」二字〔註75〕。康熙帝素來注重好學進修之徑，對講說內容提出諸多要求，諸如「毋務剿說，毋苟雷同，毋繆於正，毋悖厥中」〔註76〕，「但當期有實益，不可止飾虛文」，而且：

> 每儒臣逐日進講，朕輒先爲講解一過。遇有一句可疑、一字未協之處，亦即與諸臣反覆討論，期於義理貫通而後已。〔註77〕

揆敘雖然擺脫了以往密集式的令大臣不時汗涔涔下的君臣直面式講讀，但翰林院掌院職責不止於此，亦包括侍直扈從、撰擬誥冊、纂修國史諸書、出使奉差等。比如，清初藩服分爲兩類，蒙古喀爾喀、青海、西藏隸屬理藩院，朝鮮、安南、琉球則隸屬禮部主客清吏司。由於朝鮮地處滿洲腹背，地理位置顯要，清廷對其頗爲重視。順治初年曾明文規定，凡出使朝鮮需派選滿官。康熙四十二年（1703）二月，時值揆敘榮膺翰林院掌院學士不久，便與一等侍衛噶爾圖往封朝鮮國王李焞繼娶金氏爲王妃，足見康熙帝對此冊立儀式之重視與對近臣殷殷眷顧之情。揆敘《奉使朝鮮初出都二首》之詩句「聖恩稠疊沛東方，持節驅車滿路光」、「風薰燕市雨初收，祖帳親朋擁道周」〔註78〕，描述詩人由衷感恩戴德的心境與意氣風發的狀貌。此次令人豔羨的出行經歷，揆敘念茲在茲，並在《歷朝閨雅》留下鮮明的印跡（容後論述）。

然而，奉使出國的機會畢竟有限，相形之下，纂修書史因屬翰林院分內之事而成爲常態，「翰林官員職司修纂，所繫匪輕」〔註79〕。依據清制規定，纂修《實錄》、《聖訓》、《玉牒》，掌院學士需充任（正）副總裁官；至於編纂講章、國史、經義、字書，刊刻告成之際，可與修纂諸臣獲許開列銜名，且能奏請頒賜。揆敘的詩作《奉旨增修〈皇輿表〉告成，蒙皇上再賜序文，兼命以初修增修校刊諸臣銜名附載卷末，恭紀聖恩二十韻》記載，康熙四十二年（1703），康熙帝初將十六卷《皇輿表》頒給宋犖，命其刊刻。宋氏、高輿在刊刻過程中發現，由於時隔數年，書籍載錄的諸多地名與行政區劃及現實情況有許多不符之處，遲疑未決而如實上奏，康熙帝遂命揆敘等人增修。短

〔註75〕 宋秉仁：《清初翰苑體制與翰林流品》，臺北：泰安書局，2004 年，第 182 頁。
〔註76〕 《康熙帝御製文集》，卷二十五。
〔註77〕 《清實錄》〈聖祖實錄〉卷二百四十五。
〔註78〕 揆敘：《益戒堂詩集》卷八，《四庫未收書輯刊》第 8 輯，第 20 冊，第 561～562 頁。
〔註79〕 《康熙起居注》，第 85 頁。

短數月，揆敘領銜出色完成修訂任務，並上表稱：

> 臣揆敘於是同諸臣等設局院署，嚴立課程。考經史圖志之文，查部院案牘之稿。矢敬慎以從事，幸竭蹷而告竣。添入原書，恭呈御覽。〔註80〕

較之初修本，揆敘等人校改了廿餘年來清朝增設改並之地名，並補充蒙古、朝鮮等外藩附屬諸國的地名沿革〔註81〕。其後，《皇輿表》增訂本交由宋犖刊刻，俟進呈樣本，獲得康熙帝嘉獎：「刻的著實精，太好了。錦套一部留覽，綾套一部送與皇太子。」〔註82〕如此精善的地理類著作傳世，翰林院掌院學士揆敘功不可沒，實不負康熙帝當初重新選派重臣兼領翰苑掌院之期許：

> 翰林掌院一官，職任緊要，必文學淹通，眾所推服者，始克勝任。凡翰林撰擬之文，亦須掌院詳加刪潤，然後成章。〔註83〕

揆敘與其他有功之臣人員名單經由康熙帝特准附刻於後。尤其是，迨及康熙五十一年（1712），揆敘雖已遷都察院左都御史〔註84〕，但仍掌翰林院事。是年六月，揆敘與侍講學士勵廷儀、侍講臣蔣廷錫、洗馬臣張廷玉、中允臣陳邦彥、修撰臣趙熊詔，庶吉士王圖炳等領旨注釋康熙帝詩作唯一的單刻本《御製避暑山莊三十六景詩》（如下圖）並受命撰跋，「茲蒙恩諭，俾得附名簡末，且喜且愧，不容於心」，的確與有榮焉。

　　對於眾多士子而言，躬逢盛世，喜遇明君，編撰書史不僅能博得傳之後世的聲名，亦能獲取現世社會中的種種恩賜：

> 翰林夙稱載筆，凡編摩書籍，職分宜然，而朝廷俯示鼓勵，恩綸恒下沛焉。開館設局，歲有其事，纂修等均月給廩餼，書成例邀議敘，俾得加級紀錄。〔註85〕

〔註80〕喇沙裏等撰輯，揆敘等增修：《皇輿表》，清康熙四十三、四十四年刻本，北京大學圖書館藏。

〔註81〕詳參曹紅軍：《康熙〈皇輿表〉的編撰及其在蘇州的刊刻過程考》，《新世紀圖書館》，2007年第3期。

〔註82〕宋犖：《漫堂年譜》，《北京圖書館珍本年譜叢刊》第82冊，北京圖書館出版社，1999年，第578頁。

〔註83〕《聖祖實錄》，第545頁。

〔註84〕揆敘仕途累遷至此而終，其墓誌銘《皇清誥授光祿大夫經筵講官起居注議政大臣都察院左都御史兼翰林院掌院學士事教習庶吉士管佐領事加七級諡文端揆工墓誌銘》（劉之光等編：《北京石刻藝術博物館館藏石刻目》，今日中國出版社，1996年，第180頁。）

〔註85〕朱珪等纂：《皇朝詞林典故》卷二十六，武漢大學出版社，2009年，第776頁。

《御製避暑山莊詩》，聖祖玄燁撰，揆敘等注，康熙五十二年（1713）內府刊朱墨套印本，半頁六行，每行字數不等，小字十二行，每行二十字，單魚尾，版框 19.6×13.4。

　　例如，顧嗣立《春樹閒鈔》記載康熙四十四年（1705）十二月二十七日，康熙帝召集兩殿三館翰林官及修書人員至保和殿領賞，翰林官獲賜關東鹿、野雞、鯉魚等，修書人員各賜兩隻野雞、三條鯉魚；二十九日，復召至隆宗門賞賜狐裘；元旦佳節，各官員又諭准由隆宗門進入乾清宮丹墀謝恩，行三跪九叩之禮，「此係禁近之地，大僚所不常到而草茅之士一旦登此，不啻身遊天上，時論榮之。」〔註86〕揆敘亦有詩作《除夕保和殿侍宴恭紀》、《康熙癸未正月三日奉旨召臣揆敘等翰林院官六十七人齊集南書房，欽賜砥石山綠硯，人各一方，恭紀聖恩詩二十四韻》、《趙北口扈駕打水圍，蒙賜臣揆敘及翰林官野鴨，恭賦紀恩十二韻》、《恩賜御書般若相三字恭紀有序》〔註87〕，銘刻其在不同場合獲得皇帝的種種賞賜。

　　讓翰林官員更為期待的則是書成議敘，加級食俸、加級紀錄，乃至議與應升或優先陞用。事實上，康熙帝早已意識到翰林官員人數甚多，存在陞轉壅滯的問題，故頻頻諭旨吏部等衙門妥善處理，茲舉二則為例：

〔註86〕顧嗣立：《春樹閒鈔》卷上，《叢書集成續編》本，第96冊，第485頁。
〔註87〕揆敘《益戒堂詩集》卷七、卷八；《益戒堂詩後集》卷一。

朕先慮翰林官壅滯，故用數人於部院衙門。所用數人，學問皆
優，如有翰林缺出，仍著開列升補。（康熙三十三年閏五月）〔註88〕

比年內陞官員少，京堂懸缺者多，翰林官甚眾，升遷壅滯。爾
等將現出京堂之缺，及翰林官職名一併開列。（康熙三十八年九月）
〔註89〕

正由於此，當徐倬採擷季振宜《全唐詩》之菁華，裒為《全唐詩錄》，並簡附
相關傳記與詩話文獻以資考證，於康熙四十四（1705）聖祖南巡之際進呈，
即蒙恩賜內帑，諭令刊刻此書，並超擢為禮部侍郎，「原任翰林院侍讀徐倬，
年逾八十，學問淵博，可特授禮部侍郎銜。」〔註90〕大學士張玉書對此亦表
示豔羨，曰：

乙酉春，翰林侍讀徐倬迎駕於吳門，復進所編《全唐詩錄》百
卷。時經事緯，而詩繫焉。上覽而嘉之，以其勘訂精審，賜金授梓，
仍進倬官為侍郎，此曠世之希遇也。〔註91〕

因編修書籍而格外蒙受聖恩優渥者無過於宋犖。自獻呈軟字寫刻本詩集《綿
津山人詩集》獲得康熙帝賞識後，宋犖受命承刻《御製詩集》，為其他同僚歆
羨不已。其後，又接連刊刻《皇輿表》、《御批資治通鑑綱目全書》，而其職位
也由江蘇巡撫旋即擢升至吏部尚書。

　　類似上述藉由編刻書史而加官進爵者所在多是，對於揆敘而言，奉旨纂
敕書籍或許能增獲更為隱微的意義與價值。生長於貴冑顯宦之家，揆敘的成
長經歷以及所受教育，為尋常士子難以企及。然而，又因係納蘭明珠〔註92〕
之子，其人生仕途卻早已被父親深思熟慮並精心安排。是故伊始，與兄納蘭
性德相似，揆敘除為佐領、二等侍衛，時刻伴隨君側。兄弟同為侍衛，心態
卻迥然有異〔註93〕。康熙二十四年（1685），納蘭性德鬱鬱而卒。這對明珠而

〔註88〕　朱珪等纂：《皇朝詞林典故》卷十八，第 722 頁。

〔註89〕　同上書，第 723 頁。

〔註90〕　同上書，卷二十六，第 775 頁。鄧之誠《清詩紀事初編》卷七亦曰：「（徐倬）
　　　　　後奉命撰《全唐詩錄》成，驟擢禮部侍郎。」（上海古籍出版社，1984 年，第
　　　　　818 頁）

〔註91〕　張玉書：《張文貞集》，《文淵閣四庫全書》本，第 439 頁。

〔註92〕　納蘭明珠（1635～1708），字端範，納喇氏，滿洲正黃旗人，初任雲麾使，後
　　　　　歷經郎中、內務府總管、弘文院學士、刑部尚書、經筵講官、吏部尚書、太
　　　　　子太傅、武英殿大學士兼禮部尚書，居相位二十載。

〔註93〕　納蘭性德（1655～1685），原名成德，字容若，號楞伽山人，明珠長子。康熙

言，打擊非同小可。康熙二十七年（1688），又遭遇左都御史郭琇彈劾，言其「務謙和，輕財好施，以招來新進，異己者以陰謀陷之」，「柔言甘語，百計款曲而陰行鷙害，意毒謀險」〔註94〕。被罷相後的明珠不再官復原職，以內大臣身份終年。因不再權傾朝野，明珠為了「長持保家之道」，一是廣置田產，希冀後世子孫永享豪貴生活；二是寄希望於次子揆敘維持門庭。

據好友及門生記述，揆敘「雖居烏衣朱桁，而意致蕭閒，嘗若在灞橋風雪中。夫人之性情，誠有不為鍾鼎富澤所囿者。」〔註95〕

> 自視若後門寒素，心不設城府，口不道貨財，私家不言朝政，不見賓客，不受問遺。……而為官擇人，則一出至公。凡所薦達，不使人知。蓋公之廉慎正直，出於天性。故氣質和平，胸襟恬曠，識見高遠，既得性情之正，而加之以學殖，閑之以格律，宜其考之於詩，思以靜而細，氣以和而昌，詞以雅而達，此真陶冶性靈之詩。〔註96〕

與之相應，其藏書樓名「謙牧堂」，取自《易經‧謙卦》「謙謙君子，卑以自

十五年進士，授乾清門侍衛。少師事徐乾學，著有《通志堂集》、《淥水亭雜識》，曾主持編刻《通志堂經解》，以薈萃宋元各經之說。康熙十五年（1676），納蘭性德高中二甲進士，依例本應授予翰林院庶吉士，因「天子用嘉」而賜為正五品的三等侍衛之職，「蓋欲置諸左右，成就其器而用之」（徐乾學《通議大夫一等侍衛進士納蘭君神道碑文》）。這對於納蘭性德而言，卻並非福音，「以蒙恩侍從無所展效，輒欲得一官自試」，至死也僅榮升為一等侍衛，終究未能得償夙願。尤其是隸屬於父親明珠的政敵——索額圖胞兄噶布喇的管轄，更讓其抑鬱難舒。索額圖為皇親國戚，恃功倨傲，不附己者則明目張膽壓制。為了牽制其黨羽勢力，康熙轉而提拔明珠為武英殿大學士。納蘭性德雖因康熙恩寵及家族地位而享受其他士子不曾有的殊榮，卻也是步步涉險，故其「惴惴有臨履之憂」（嚴繩孫《成容若遺稿序》）。其詩詞創作中的「愁」、「淚」、「恨」、「斷腸」、「惆悵」等語，比比皆是。不同於兄長納蘭性德詩詞集多抑鬱愁苦之音，揆敘現存詩集則多是歌功頌德之作。卷一詩作《連夕觀放煙火》，觀賞令人眼花繚亂的煙火，詩句末尾不忘稱頌曰：上元宴賞自年年，今歲連宵不知倦。樂哉此舉豈易逢，幸際聖明臨寓縣。光華燭照偃烽煙，長得燒燈慶清晏。（揆敘《益戒堂自訂詩集》卷一）而以侍衛身份，跟隨康熙出行，其詩作更透顯出其意氣風發的心境。如詩作《二十五日渡潮河，駐蹕密雲縣》之「到處和風隨玉輦，年年常願扈宸遊。」《早過石匣城》之「由來盛世難遭值，何幸長容奉屬車。」《出古北口》之「鑾輿偶出幸，朝夕隨豹尾。乘閒恣歡賞，眺覽遍遠近。」（揆敘《益戒堂自訂詩集》卷三）

〔註94〕《清史稿》卷二百六十九《明珠傳》。

〔註95〕徐倬：《〈益戒堂詩前集〉序》。

〔註96〕孫致彌：《〈益戒堂詩前集〉序》。

牧也」，呈現謙雅君子的形象，康熙帝屢屢贊其謹慎敦厚，甚且當「其（按：指揆敘）卒也，相傳欲以皇孫爲之嗣，或即指允禔子。」〔註97〕然而，其他史料而窺見揆敘的另一人生面向。最典型者無過於康熙四十七年（1708），康熙帝召見滿漢文武大臣，諭令冊立皇太子之事。揆敘與阿靈阿、鄂倫岱、王鴻緒私相計議，各自在手心書寫「八」字。《清史稿》記載曰：

> （揆敘）素與允禩相結。皇太子既廢，揆敘與阿靈阿等播蜚語，言皇太子諸失德狀，杜其復立。四十七年冬，上召滿漢大臣，問諸皇子中孰可爲皇太子者，揆敘及阿靈阿、鄂倫岱、王鴻緒等私與諸大臣通消息，諸大臣遂舉允禩。〔註98〕

皇八子胤禩年幼時，爲明珠堂侄女、胤禔生母納喇氏撫養。因皇長子胤禔繼位無望，明珠、揆敘父子轉而全力扶植胤禩。康熙帝卻以「八阿哥未曾更事，近又罹罪，且其母家亦甚微賤」的各種事由而諭令重新計議，使之籌謀已久的計劃落空。由此可見，揆敘頗工於周旋，善權術，並不全然如厲廷儀所言「敬謹謙默，退然如儒生」〔註99〕。雖說不無其父在背後策劃操控，但揆敘孜孜爲之，仍見其有迥異於納蘭性德之處。正因爲曾籌謀扶植胤禩，揆敘過世後，仍遭致雍正帝的極度忿恨。雍正二年（1724），雍正帝召見群臣，諭令曰：

> 本朝大臣中，居心奸險，結黨行私，惟阿靈阿、揆敘二人爲甚。當年二阿哥之廢，斷自聖衷，豈因臣下蜚語遂行廢立？乃阿靈阿、揆敘藉此機會，攘爲己力，要結允禩等同爲黨援，肆無忌憚，日夜謀爲造作，無稽之談轉相傳達，以致皇考聖心憤懣，莫可究詰，此朕與阿靈阿、揆敘不共戴天之恨也！而揆敘挾其數百萬家資，與阿靈阿等合謀，買囑優僮下賤，每於官民宴會之所，將二阿哥肆行污蔑，人所共知，即明理者聽之亦不能辨其事之眞假，無父無君，莫此爲甚。著將揆敘墓上碑文磨去，改鐫『不忠不孝柔奸陰險揆敘之墓』，以正其罪，昭示永久。〔註100〕

直至乾隆二年（1737），納蘭性德之孫、副都統瞻岱奏疏，獲旨才得以更改揆敘的墓誌銘。

〔註97〕蕭奭：《永憲錄》卷四，中華書局，1997年，第260頁。
〔註98〕《清史稿》「列傳」七十四。
〔註99〕厲廷儀：《〈益戒堂詩後集〉序》。
〔註100〕《清史列傳》卷十二，第876頁。

事實上，浮沉於宦海，揆敘生前亦有如履薄冰的經歷，比如，康熙四十五年（1706），康熙帝諭吏部：

> 選拔庶常原以教養人才，儲備任用。庶吉士王諳等教習日久，今加考試，滿漢書俱未精通。掌院學士揆敘等督課不嚴，交都察院議處。……盛度、阿進泰、耿古德文字俱劣，俱革職。〔註101〕

又，康熙四十八年（1709）四月十九日，直隸巡撫趙弘燮奏陳審理明珠家人安尚仁等隱匿鹽引案摺〔註102〕。可以說，自明珠罷相之後，納蘭家族的危機並未完全消弭，如何迎合聖意，恰是揆敘所需細心揣摩與付諸踐履的。

如所周知，康熙帝素來重視文教之治，早年曾諭旨大學士喇沙裏等臣工，強調「今四方漸定（按：指平定三藩叛亂），正宜修舉文教之時」，「治道在崇儒雅」〔註103〕。與治國理念相應的具體舉措則有，康熙十八年（1679）召開博學鴻詞科考試，錄用五十位學行兼優、文詞卓越之士，營造出詞垣人文之盛超邁唐宋的氣象。這些知名文士分別授予翰林院侍讀、侍講、檢討，全部編入明史館纂修《明史》；次年，增設武英殿修書處，刊刻各類典籍，使之成為內府刻書的主要承辦單位與場所〔註104〕，揆敘所編《歷朝閨雅》即為其例；在修書處初期承印能力有限的情況下諭旨臣工出資直接刊印典籍，或敕令地方署衙承刻卷帙浩繁之書，凡此滿足「帝王勤求治理，必稽古典學，以資啓沃之功」〔註105〕的讀書需求與康熙帝「以副朕稽古崇文之至意」〔註106〕的治國理念。

正因為如此，諸多臣僚輸貲承辦，如曹寅刻《全唐詩》，陳元龍刻《歷代賦彙》，高輿刻《佩文齋詠物詩選》，陳邦彥刻《歷代題畫詩類》，王奕清刻《歷代詩餘》，王世繩等刻《佩文齋書畫譜》，劉灝刻《佩文齋廣群芳譜》，馬豫《歷代紀事年表》，陳世倌刻《康熙字典》，郭元釪刻《全金詩》，不勝枚舉，各臣工竭盡所能，聘請名家寫手，製作極為精良，誠如朱彭壽所言：「蓋其時士大夫中，皆以校刻天府秘笈、列名簡末為榮，故多有竭誠報效者。」

〔註101〕 《〈清實錄〉科舉史料彙編》，第 114 頁。
〔註102〕 《康熙朝漢文硃批奏摺彙編》第 2 冊，第 427 頁。
〔註103〕 《康熙起居注》，第 297 頁。
〔註104〕 翁連溪：《清代內府刻書研究》附錄一《清代內府刻書編年目錄》，第 364 頁。
〔註105〕 章梫：《康熙政要》，中央黨校出版社，1994 年，第 126 頁。
〔註106〕 《清聖祖實錄》，卷一百二十五，「康熙二十五年四月甲午」，中華書局，第 4195 頁。

〔註107〕當康熙三十八年（1699）、四十二年（1703）、四十四年（1705），揆敍有幸扈從康熙帝第三、四、五次南巡時〔註108〕，見證了宋犖如何呈獻自刻詩集而獲得嘉許、受命刊刻帝王詩集而躋身一品大員的榮耀，並獲贈宋犖精寫精印之本《施注蘇詩》〔註109〕，如今有幸獲旨編刊《歷朝閨雅》，當把握良機，遂宣稱不僅選錄從唐至明的女性詩歌成集，並且順應時勢擬要編刊清代閨秀作品：

> 人文之興，關乎治化。我皇上稽古右文，化成天下，不獨人材蔚起，復見菁莪棫樸之盛，而一時閨閣中揮毫掞藻，多堪與文士爭長。擬集當代閨秀詩，別成一編，以誌聖世文明之化。雖在女士，猶足以鳴國家之盛若此。〔註110〕

在揆敍看來，得益於康熙帝對「治道在崇儒雅」的認識與踐履，注重人才培養，禮遇文學之士，不獨男性文人讀書仕進的熱情高漲，閨閣女子施展文才的意願亦得到大力支持，因此計劃編選《歷朝閨雅》之「續集」而成《國朝閨雅》，要將「當代」女性詩歌作品單獨輯錄成冊。以編者執掌翰林院的地位及清初才女的詩作數量而言，此舉不難推行，卷帙篇幅亦應有可觀，較之《歷朝閨雅》收錄時限縱跨數個朝代，《國朝閨雅》選錄清朝建制以來短短數十年的才女作品，從閨閣受教薰染、創作訴求之角度彰顯順治、康熙帝父子稽古好文，崇尚儒術的無遠弗屆的影響力。

二、作品選錄與時風契應

《歷朝閨雅》共計十二卷，「凡例」八則，次「總目」與「爵里姓氏」。對於作者次序及傳記的考量，卷首以朝代為綱，各朝又根據身份進行排列，先「宮闈」（按：包括后妃、貴主、女官），次及閨秀、妾婢、尼（女冠）、妓女與外國女子，較詳者則記述作者之字號、籍貫與姻親譜系，例如明代朱中楣，「字懿則，號遠山，瑞昌人。議汶女，李元鼎妻，振裕母。」〔註111〕簡要

〔註107〕朱彭壽：《安樂康平室隨筆》卷一，中華書局，1997年，第166～167頁。

〔註108〕揆敍《益戒堂詩集》卷五《扈從南巡，臨行示別同好四首》、卷八《上元後一日，扈從南巡初出都，恭紀二首》；《益戒堂詩後集》卷一《扈從南巡，留別松坪宮兄》、《扈從至吳門晤東江，喜而有作四首》等詩為證。

〔註109〕揆敍：《益戒堂詩後集》卷一《宋中丞牧仲以宋本〈施注蘇詩〉見惠，賦此奉謝》。

〔註110〕揆敍：《歷朝閨雅》「凡例八」，第2～3頁。

〔註111〕揆敍：《歷朝閨雅》「爵里姓氏」，第10頁。

者則僅著錄女詩人姓氏，如「劉氏婦」、「王氏」、「葛氏女」，此類情況以唐宋時期居多。

「總目」則仿照高棅《唐詩品匯》之例，以五七言、古今體分類，其餘如五言排律、七言排律、六言律詩、六言絕句、迴文及聯句，因作者及作品數量較少，則總合為一卷。至於古樂府，則認為：

> 至古樂府，久失其傳，後之作者多借題寫意，未必可被管籥。
> 擬各就其五言、七言分入古詩絕句中，其長短句則附於七言古詩中。〔註112〕

《歷朝閨雅》具體細目如表：

詩體 ＼ 朝代	唐	宋	元	明
五言古詩（一卷）	八首	一首	三首	十三首
七言古詩（一卷）	十二首	一首	八首	八首
五言律詩（一卷）	二十二首	五首	二首	二十五首
七言律詩（二卷）	十九首	十三首	六首	六十首
五言絕句（一卷）	二十一首	六首	十四首	二十九首
七言絕句（五卷）	一百三十七首	五十八首	二十四首	九十首
五言排律、七言排律六言律詩、六言絕句迴文、聯句（一卷）	十四首			十一首

需要說明的是，揆敘選錄女性作品，參閱的同類選本沒有如此分門別類，因而不無得意地認為「歷來名媛詩選皆不分體」〔註113〕。事實上，這是編者未能充分獲見其他選本而造成的「不見」。茲以季嫻《閨秀集》、鄭文昂《古今名媛匯詩》、趙世傑《古今女史詩集》為證。《閨秀集》成書於順治初年，分為上下卷，上卷別為樂府、四言古詩、五言古詩、七言古詩、五言排律，下卷細分五言律詩、七言律詩、五言絕句、六言絕句、七言絕句，並附詩餘〔註114〕。《古今名媛匯詩》刊於明泰昌元年（1620），「凡例」明言「但以

〔註112〕揆敘：《歷朝閨雅》「凡例三」，第2頁。

〔註113〕揆敘：《歷朝閨雅》「凡例三」，第2頁。

〔註114〕此據上海師範大學圖書館藏清鈔本。然而，《四庫全書總目》著錄兩淮鹽政採進本，題為《閨秀集初編五卷》：「是集選前明閨閣諸詩，編為四卷，皆近體也，後附詞一卷。」《四庫全書存目叢書》，「集部」，第414冊，第382頁。《閨

五七言古今體分爲門類，因時代之後先爲姓氏之次第」〔註 115〕，總目依次是古歌、五言古詩、七言古詩、五言絕句、七言絕句、五言律詩、七言律詩、詞、迴文圖、賦、尺牘。《古今女史詩集》依次亦分爲古歌、五言古詩、七言古詩、五言絕句、七言絕句、五言律詩、七言律詩〔註 116〕。

由此可知，不同於清初王士祿編選《燃脂集》，肆力搜求諸多同類選本進行評述，在此基礎上傾注畢生精力尋求新突破〔註 117〕，如認爲池上客《名媛璣囊》僻秘鮮聞，江元祚《續玉臺文苑》未裁雅俗，坊刻本《名媛詩歸》收採猥雜，酈琥《彤管遺編》、張之象《彤管新編》及田藝蘅《詩女史》有「詩話紀事」之嫌，揆敘選刊女性作品集，並非像王士祿全然發自內心的對歷代才女的頂禮膜拜，也未寒來暑往摭拾群籍輯錄閨秀作品，而主要是迎合康熙帝之意旨，且在短時間內編就，具體表現在如下數方面：

其一，選錄時限。《歷朝閨雅》宣稱：

> 鍾惺、譚元春所選《古今名媛詩歸》，始於皇娥嫘祖《清歌》一首，此時洪荒初闢，聲韻未開。雖屬流傳，似難憑信。今擬斷自三唐，迄於明季，非有確據者不錄〔註 118〕。

如果說，上古皇娥嫘祖《清歌》眞僞難辨，遂將女性詩歌創作的源頭取自唐代，而有意無意棄錄信而有徵的才女蔡琰、謝道韞，所謂「歷朝閨雅」實際上僅是四朝閨雅，揆敘此舉顯然順承康熙帝推許唐詩而來。《南書房記注》載錄早在康熙十六年（1677）十二月高士奇數次至懋勤殿，導引帝王閱讀唐詩：「上正翻閱唐詩」（十七日）、「朕於經史之暇時閱唐詩」（二十日）、「上閱唐詩十首」（二十二日）、「上閱唐詩七首」（二十五日）、「上親閱唐詩六首」（二十六日）、「上閱唐詩六首」（二十七日）、「上閱唐詩七首」（二十八日）〔註 119〕。通過高士奇夙夜勤勞，謹愼點撥，自身努力精進，潛心誦讀，如「唐太宗諸篇，未有不以天下黎民爲念者。因復誦其詩至三十三首，一字不遺」〔註 120〕、

秀集》是否存有兩種版本，朱則傑《清詩考證》對此亦提出了疑義，而揆敘目見或未見初編本，俟考。

〔註 115〕鄭文昂：《古今名媛匯詩》，《四庫全書存目叢書》「集部」，第 383 冊，第 10 頁。
〔註 116〕趙世傑：《古今女史》，明崇禎年間刊本。
〔註 117〕參閱拙文：《王士祿〈燃脂集〉考論》，臺灣《漢學研究》第 30 卷第 3 期。
〔註 118〕揆敘：《歷朝閨雅》「凡例二」。
〔註 119〕王澈整理：《康熙十六年十二月〈南書房記注〉》，《歷史檔案》，2001 年第 1 期。
〔註 120〕王澈整理：《康熙十七年〈南書房記注〉》，《歷史檔案》，1995 年第 3 期。

「因復誦唐人五言律詩六十七首，姓名、詩題一字不遺」〔註121〕，以及「凡一字未明，必加尋繹，期無自欺」的鑽研精神〔註122〕，康熙帝出色完成角色互換，經筵日講由「覆講」改爲先行講解，文學修養亦由「當時見高士奇爲文爲詩，心中羨慕如何得到他地步也好」的歆羨茫然情形提升至「邇年探討家數，看詩文便能辨白時代，詩文亦自覺稍進」的充滿自信的狀態〔註123〕，品鑒作家作品頗有見地，認爲「杜詩對仗精嚴，李詩風致流麗，誠爲唐詩絕調」〔註124〕、「唐太宗詩律高華」〔註125〕，自身創作亦饒富「唐音」，後來更明確肯定唐詩在中國古代詩歌史上至高無上的地位與典範性價值：「詩至唐而眾體悉備，亦諸法畢該。故稱詩者，必視唐人爲標準，如射之就彀率、治器之就規矩焉」〔註126〕康熙帝閱讀、推崇並效法唐詩，進而溯源詩教，以詩教輔助文教的政治意圖，臣工們自然能洞悉帝王的良苦用心。

其二，作者次序。女詩人創作的近體詩，《歷朝閨雅》首列長孫皇后，曰：

> 近體聲調貴乎諧美，惟初唐尚沿梁陳舊格，后妃諸作，間有失黏者。今止錄長孫皇后一首，以標一代宮閨之冠。此外並擬刪之。〔註127〕

可以看出，編者對初唐詩作評價並不高，然獨舉長孫氏，且置於卷首，顯然並非贊許齊梁宮體詩特點頗爲明顯、平仄有「失黏」「失對」的七言律詩《春遊曲》〔註128〕，而是完全基於長孫皇后所樹立的宮閨典範以及其背後所浮現

〔註121〕同上注。
〔註122〕同上注。
〔註123〕高士奇：《蓬山密記》。
〔註124〕王澈整理：《康熙十六年十二月〈南書房記注〉》。
〔註125〕王澈整理：《康熙十六年十二月〈南書房記注〉》。
〔註126〕《聖祖仁皇帝御製文集》，《文淵閣四庫全書》本。
〔註127〕揆敘：《歷朝閨雅》「凡例四」。
〔註128〕長孫皇后是否創作《春遊曲》，爭議已久。署名鍾惺編選的《名媛詩歸》卷九評點詩作前四句曰：「何等深細，覺他人柳腰桃臉等語，皆鄙俗不中用。人只知偷面色、學身輕、嬌娜柔豔，卻不知用新字嫩字，掩映得出。」評點後四句曰：「如此賣弄語作結，止於遊春有情。」總評爲：「開國聖母，一作情豔，恐傷聖德。詩中連用井上、簷邊、花中、樹上、林下，一氣讀去，不覺其複，可見詩到入妙處，亦足掩其微疵。休文四聲八病之說，至此卻用不著。」《四庫全書存目叢書》「集部」，第339冊，第96頁。陳尚君先生《唐女詩人甄辨》（海豚出版社，2014年，第10頁）認爲，長孫皇后詩句「井上新桃偷面色，簷邊嫩柳學身輕」，爲宋代《吟窗雜錄》所援引，似可信爲宋前文本，而且此

的大唐盛世之主唐太宗。長孫氏自幼喜好讀書,「喜圖傳,視古善惡以自鑒,矜尚禮法。」〔註129〕「性尤簡約,凡所服御,取給而已。」〔註130〕通過閱讀典籍,規範自身言行,且能夠自奉儉薄以資社稷,真正做到「母儀天下」。尤其是,長孫氏以其學識與智慧,巧妙地規諫唐太宗,融洽君臣關係,卻又能遵循禮則,出處有度,從而讓唐太宗感念難忘。吳兢《貞觀政要》卷二曾記載長孫皇后如何援引齊國大夫晏嬰善諫齊景公釋放養馬官的案例使唐太宗幡然醒悟,且言:「皇后庶事相啓沃,極有利益爾。」〔註131〕卷八加附唐氏仲友及吳氏自己的按語,讚譽長孫皇后的賢德三代之下絕無僅有。

康熙四十三年(1704),禮部侍郎兼翰林院學士高士奇編次、江寧巡撫宋犖校印之《御製詩集》刊刻時,卷一第三首即載錄康熙帝御覽《貞觀政要》之感觸:

> 寥寥三古後,載籍亦炳煥。俯仰千年餘,盛治數貞觀。修德偃干戈,措刑空狴犴。海外奉車書,臣民登燕衎。事往跡尚存,流風照觚翰。〔註132〕

康熙帝向來以唐太宗主政下的盛世景象「貞觀之治」期許,文學創作亦時常步韻和唐太宗詩作,如卷四《和唐太宗詠桃花,即用原韻》、卷七《駐蹕遼陽,夜深對月,用唐太宗遼城望月詩原韻》。經由典籍閱讀,康熙帝對歷史上這位「內良佐」長孫氏的事蹟甚為熟悉。與此類似的是,康熙帝纘承先志,詔令儒臣葉方藹、張英等博採群書纂成百餘卷《孝經衍義》,並親自撰序重加鼓吹。編修者對明君賢后褒揚甚多,如:

> 以唐太宗之賢而正位乎外,以文德后之賢而正位乎內,歷覽前史,幾於不可再得也!……如太宗皇帝、文德皇后,合於家人之二五,於夫婦之間、宮闈之際,度德比義則遠過乎漢孝文竇皇后矣。〔註133〕

關於長孫皇后之評述,最直接者則是與聖祖感情至深的乾隆帝的評論,於此

詩雖不合黏對,實亦屬唐初體式,未可輕易判僞。
〔註129〕《新唐書‧后妃傳上》〈文德長孫皇后〉。
〔註130〕同上書。
〔註131〕吳兢:《貞觀政要》。
〔註132〕康熙帝玄燁:《清聖祖御製詩文》,《故宮珍本叢刊》第542冊,海南出版社,2000年,第18～19頁。
〔註133〕葉方藹等編:《御定孝經衍義》,《文淵閣四庫全書》本,第718冊,第662～663頁。

可見清代帝王如何評價歷史上這位宮閨典範：

> 夫閨門，王化之始也。《詩三百》而必以《關雎》爲首。《禮》
> 嚴大昏，《書》重釐降。《易》上經首乾坤，下經首咸恒。蓋知正家
> 之道，必本於閨門。閨門正而後家齊國治也。王者立后，上法乾
> 坤，必求令德，有以裨成內政，安貞載物，然後協厥坤儀，爲天下
> 母。〔註134〕

乾隆帝引據數種儒家經典標舉夫婦之道爲王化之始，是父子有親、君臣有正
的根基，是政治清明國家強盛的出發點，歷代帝王均效法聖賢，重視夫婦之
義，以成天地宗廟社稷之主〔註135〕。其認爲，文德皇后長孫氏仁孝恭儉、柔
順安貞，助乾道而沛膏澤，與唐太宗相得益彰，且「資送公主、諷諫以安直
臣、得疾不事道釋之教，尤爲賢明，名垂百世、媲美周姜，宜哉！」〔註136〕
正由於此，揆敘編選《歷朝閨雅》，不再拘泥於《春遊曲》之詩句「蘭閨豔妾
動春情」、「新桃偷面色」、「嫩柳學身輕」是否符合長孫氏的身份與生活環境
以及由此而衍生的作品眞僞問題〔註137〕。相反，其傾注較多熱情在「凡例」
中對唐宋以來諸多女性作家作品的眞僞問題進行予以「辨正」。例如，花蕊夫
人《宮詞》有四首係王珪作；薛濤《謁巫山廟》係韋莊作、《牡丹》係薛能
作，而元稹寄贈詩也誤認爲薛濤之作〔註138〕，明代類似張冠李戴的訛誤更不
勝枚舉。歷來作家作品屬雜的案例比比皆是，如若逐一加以細細究辨，殊非
易事，也無法窮盡或徹底解決，故揆敘舉出數例以證個中問題的複雜性，而
對於稗官野史載錄的荒誕不經之作，則能迅速做出裁斷，即「至於稗史所
載，假託尤多，擬皆刪之。蓋去僞乃所以存眞，庶古來才女不爲假面西涼所
埋耳。」〔註139〕

〔註134〕乾隆帝：《樂善堂全集》，《故宮珍本叢刊》第549冊，第118頁。

〔註135〕例如，康熙四年（1665）冊立皇后赫舍里氏，頒詔曰：「（太皇太后）深惟婚禮
爲天秩之原、王化之始，遴選賢淑，俾佐朕躬，正位中宮，以母儀天下。」

〔註136〕乾隆帝：《樂善堂全集》，《故宮珍本叢刊》第549冊，第118頁。

〔註137〕王闓運《湘綺樓唐七言詩選》批語云：「句亦風流，然不似皇后語，蓋妒
也。」

〔註138〕《浣花集》、《才調集》及《文苑英華》均將《謁巫山廟》歸於韋莊，《全唐詩》
將之兼歸韋莊與薛濤詩作。王士祿《然脂集例》認爲《牡丹》係晚唐薛能所
作。《全唐詩》收錄元稹《寄舊詩與薛濤因成長句》，但同時又將詩句相同而
詩題爲《寄舊詩與元微之》歸之薛濤，標注曰：「此首集不載」，即明刻本《薛
濤詩》未收。

〔註139〕揆敘：《歷朝閨雅》「凡例七」。

　　三、選詩標準。對於確切可考的承傳下來的女性作品，撲敘秉持嚴苛的標準，曰：「歷代宮閨之詩，不下數千篇，今詳加淘汰，取其體格醇正、詞調清新者，寧核毋誇，寧嚴毋濫。」〔註140〕其以「體格醇正」、「詞調清新」作為選詩原則，亦與康熙帝的詩歌審美趣味相融契。早在康熙十七年（1678）。康熙帝評鑒唐詩的整體特色，曰：

　　　　朕觀唐人詩，命意高遠，用事清新，吟詠再三，意味不窮。近代人詩雖工，然英華外露，終乏唐人深厚雄渾之氣。〔註141〕

可見，其推崇唐代含蓄高遠且深厚雄渾之作，對宋明詩作即使是名家蘇軾未至醇厚境界而偏於粉飾性的文字不以為然。康熙四十一年（1702），《訓飭士子文》明確要求「文章歸於醇雅，毋事浮華軌度」〔註142〕。康熙四十四年（1705），又以「詩須陳廷敬」褒獎朝廷重臣的詩歌創作：「覽《皇清文穎》內大學士陳廷敬作各體詩，清雅醇厚，非積字累句之初學所能窺也，故作五言近體一律，以表風度」〔註143〕，康熙帝標舉「清雅醇厚」，提倡醇正脫俗、厚重平和的創作風向，從而與其宣揚的儒家詩教傳統相融契。不僅文學創作如此，對於纂修書史，康熙帝表達了類似的觀念：「毋尚浮誇而乖情實，毋徇偏見而失公平，毋過質略而意不周該，毋務鋪張而詞多繁縟。務期事歸確核，文極雅訓，勤以董成，敏而竣事。」〔註144〕帝王的文學趣味與文化觀念，深刻影響到文臣們的文學批評與編選活動。朱彝尊與汪森輯《詞綜》，認為西蜀、南唐以後作者日盛，曲調漸多，流派有別，但「言情者或失之俚，使事者或失之伉」，直到南宋姜夔，「句琢字煉，歸於醇雅」〔註145〕。《書唐賈竦華嶽廟詩石刻後》、《書新安志後》、《叢碧山房詩序》均以「醇雅」為審美追求。撲敘奉旨編選《歷朝閨雅》，亦樹立清真雅正的標準，反對浮華虛飾之作，力求入選詩篇「確核」且「雅訓」。

三、《歷朝閨雅》史料來源輯考

　　康熙帝曾述及其對前朝諸事知之甚悉，遍覽明朝《實錄》，認為「洪武、

〔註140〕撲敘：《歷朝閨雅》「凡例一」。
〔註141〕《聖祖仁皇帝御製文集》卷二十六。
〔註142〕《聖祖實錄》卷二百零八。
〔註143〕《聖祖仁皇帝御製文集》卷四十九。
〔註144〕《聖祖實錄》卷一百四十五。
〔註145〕朱彝尊、汪森編：《詞綜》，上海古籍出版社，1981年，第1頁。

永樂所行之事，遠邁前王，我朝見行事例，因之而行者甚多」〔註146〕，推崇明太祖朱元璋功德隆盛，經文緯武，爲漢、唐、宋諸君之所未及，故第一次南巡時親祭明太祖陵，行三跪九叩之大禮，並數次諭令群臣對有明二百餘年的流風善政與文獻史料要據實秉公，論斷得正，使之傳信後世。

以選錄明代女性作家作品而言，爲求信而有徵，《歷朝閨雅》指出，明代權賢妃《宮詞》實係寧王朱權作；鐵氏長女詩係范昌期作；章節婦《見志詩》係高啓作；陳少卿妻《寄外詩》乃釋道原作；甄氏《節婦歌》乃羅倫作；馮小青本無其人，其傳與詩，均爲常熟譚生所作。編者撰敍所指訛誤，以明代女性作家作品居多，細究之下，卻有其取巧之處，因這集中從錢謙益《列朝詩集》「鐵氏二女」條目鈔錄：

> 余考鐵長女詩，乃吳人范昌期題老妓卷作也。……本朝閨閣詩，出好事假託者居多。如章縉母金節婦詩「誰云妾無夫」一篇，高季迪詩也；陳少卿妻「野雞毛羽好」一篇，釋道原樂府也；甄節婦「泉流不歸山長歌」，羅一峰詩也。今盡削之。〔註147〕

〔註146〕 《聖祖仁皇帝實錄》卷一百七十九，第4786頁。
〔註147〕 錢謙益：《列朝詩集》第12冊，第6528～6529頁。朱彝尊《明詩綜》卷九十五云：「明閨秀詩類多僞作，轉相附會，久假不歸，如『今日相逢白司馬，樽前重與訴琵琶』，吳中范昌朝《題老妓卷》也，詩載《皇明珠玉》，而謬云鐵氏二女。『寒氣逼人眠不得，鐘聲催月下迴廊』，三泉王佐《宮詞》也，詩載《石倉詩選》，而假稱宮人媚蘭。『泉流不歸山』，羅文毅作，而謂甄節婦詩。『誰言妾有夫』，高侍郎作，而謂章恭毅母。他若『忽聞天外玉簫聲』，寧獻王權之詠權妃，即指爲權貴妃作。『風吹金鎖夜聲多』，羅翰林璟之詠秋怨，遂誣爲王莊妃詞。甚至析情字爲小青，吊青冢者，過孤山而流連，託聯句於薛濤。刻濤集者，綴卷尾而剽剟，助談小說，貽笑通人。」撰敍《歷朝閨雅》標注的明代女性作家作品之訛誤，貌似更集中地體現於朱彝尊《明詩綜》，該書初刊於康熙四十四年（1705），在刊刻時間上亦有因襲之可能，而且撰敍與朱彝尊交誼甚深，以《益戒堂詩後集》卷二《詠羅浮蝴蝶次竹垞原韻四首》與卷五《朱竹垞先生輓詩六首》、朱彝尊《曝書亭集》卷二十二《高麗薝歌賦謝納蘭院長》爲證。撰敍《益戒堂詩後集》卷三《禾中留別竹垞先生得五百字》有詩句：「歌吟窮乃工，著述老愈專。源流考經籍，鄭馬爭後先。降及有明詩，搜茸一代全。又曾集舊聞，析木窮星躔。」這首詩作於康熙四十六年（1707）丁亥，說明此時撰敍已獲知甚或藏錄朱彝尊《明詩綜》。然而，《歷朝閨雅》選錄明代女性作品，並未參閱《明詩綜》，茲以收錄朝鮮知名女詩人許景樊的作品爲例，《歷朝閨雅》選錄許氏作品數首，其中未見諸《明詩綜》的詩作有《古別離》、《湘絃曲》、《效李義山體》、《寄女伴》、《皇帝有事天壇》、《相逢行》、《遊仙詞》、《送宮人入道》、《贈見星庵女冠》、《宿慈壽宮贈女冠》、《塞上次伯氏韻》、《竹枝詞》，而《明詩綜》共計選錄許氏作品五首，其中詩

同樣的情況，《歷朝閨雅》「凡例」所涉晚明傳奇女子馮小青，言「本無其人，其傳與詩，皆常熟譚生作」〔註148〕，亦出自《列朝詩集》「女郎羽素蘭」條目：

> 又有所謂小青者，本無其人，邑子譚生造傳及詩，與朋儕為戲曰：「小青者，離『情』字正書心旁似小字也。或言姓鍾，合之成鍾情字也。」其傳與詩俱不佳，流傳日廣，演為傳奇，至有以孤山訪小青墓為詩題者。俗語不實，流為丹青，良可為噴飯也。〔註149〕

本文於此無意繼續追尋其他史料以探究馮小青其人是否真實存在，而是例舉這些有意刊落之女性以證揆敘《歷朝閨雅》與錢謙益及其《列朝詩集》之間的淵源。此外，尚有如下幾個方面作進一步確證：

其一，選錄作品數量。《列朝詩集》「閏集第四」收錄作品數量居多者有王微（六十一首）、景翩翩（五十二首）、呼文如（二十一首）、許景樊（十九首）、周文（十九首）、楊宛（十九首）、朱靜庵（十八首）、沈瓊蓮（十二首）等。《歷朝閨雅》「明代」卷選錄許景樊詩作最多，達二十首，其他較多者有朱中楣（十五首）、王微（十三首）、朱靜庵（十一首）、陳德懿（十首）、沈瓊蓮（九首），景翩翩（八首）。除許景樊、朱中楣之外，兩種選本大體適成承續。

同樣，《列朝詩集》因選編者錢謙益（或柳如是）詩學觀念或文學趣味的差異而導致知名度甚高的女詩人的作品入選較少，這在《歷朝閨雅》中亦得到鮮明體現，典型者無過於閨秀徐媛與陸卿子。「小淑（按：指徐媛）多讀書，好吟詠，與寒山陸卿子唱和。吳中士大夫望風附景，交口而譽之。流傳海內，稱吳門二大家。」〔註150〕說明徐媛聲名藉甚，獲得了董斯張、項鼎鉉等文人士大夫讚譽。諸多女性作品集的編者高度評述她們的創作成就，季嫻認為徐媛之七言長篇、陸卿子之五言詩作，「溫潤和平，皆足以方駕三唐，誠巾幗偉觀也」〔註151〕。清初王士祿《宮閨氏籍藝文考略》援引《玉鏡陽秋》

作《次伯兄高原望高臺韻》、《雜詩》未見諸《歷朝閨雅》。【仍需舉出其他例證，因許景樊的情況比較特殊】

〔註148〕揆敘：《歷朝閨雅》「凡例七」，第 2 頁。
〔註149〕錢謙益：《列朝詩集》第 12 冊，第 6666 頁。
〔註150〕同上書，第 6577 頁。
〔註151〕季嫻：《閨秀集》「凡例」，《四庫全書存目叢書》「集部」，第 414 冊，第 331 頁。

之語，曰：「隆萬間閨流能文者，亦未見其匹也。至其應酬牽率、摹擬拖沓，則方夫人、錢宗伯所譏，誠中其病矣。」〔註152〕因而刊錄作品數量相當可觀，如下表〔註153〕：

選本 閨秀	《名媛詩歸》	《名媛匯詩》	《古今女史》	《閨秀集》	《名媛詩緯初編》
徐 媛	八十九首	三十一首	四十一首	三十五首	三十二首
陸卿子	六十五首	三十二首	三十二首	二十二首	十二首

然而，桐城方夫人卻譏爲「好名而無學」，「偶而識字，堆積齟齬，信手成篇」，柳如是亦認爲徐媛之詩「視卿子尤爲猥雜」〔註154〕，陸卿子年少之作「沿襲襞績，未能陶冶性情」，晚年應酬牽率，「不免刻畫無鹽之誚」〔註155〕。因此，《列朝詩集》選錄陸卿子詩八首，徐媛詩僅二首，《歷朝閨雅》受此觀念之影響，亦僅錄陸卿子、徐媛詩作各一首。

其二，女性作者里籍。錢氏關於女性作者里籍的辨正，亦爲《歷朝閨雅》所引據，如「景翩翩」條目，《列朝詩集》記載曰：

> 景翩翩，字三昧，建昌青樓女也。與梅生子庚以風流意氣相許，有婚姻之約而不果。久之，窮困以死。王伯穀有詩曰：「閩中有女最能詩，寄我一部《散花詞》。雖然未見天女面，快語堪當食荔枝。」翩翩本家盱江，時時出遊建安，故伯穀以爲閩中女子。〔註156〕

錢謙益詳細地考辨青樓女子景翩翩籍貫爲建昌，揆敍《歷朝閨雅》「爵里姓氏」著錄曰：「字三昧，建昌妓。」〔註157〕更爲僻秘者，如《歷朝閨雅》所錄金陵名妓孫瑤華，據錢謙益記述，孫氏歸適汪宗孝後，卜居白門城南，擯棄昔日的繁華生活，以讀書賦詩爲樂。當汪氏去世後，孫瑤華遂不再作詩，所著《遠

〔註152〕王士祿《宮閨氏籍藝文考略》，夏劍丞主編《藝文雜誌》，1936 年第 1～6 期。
〔註153〕本表參閱了張雁的論文《選集與作品的經典化——晚明女性文學之接受研究初探》，《古典文獻研究》，南京：鳳凰出版社，2004 年，第 322 頁。劉雲份《翠樓集》抄襲成分過多，不予統計；王士祿《燃脂集》散佚嚴重，無法準確統計選錄徐媛與陸卿子作品數量，然從傳記內容及編選規模看，入選作品數量亦應不少。
〔註154〕錢謙益：《列朝詩集》第 12 冊，第 6577 頁。
〔註155〕同上書，第 6576 頁。
〔註156〕同上書，第 6628 頁。
〔註157〕揆敍：《歷朝閨雅》，第 10 頁。

山樓稿》亦不留存，僅有詩作《次韻汪仲嘉戲代蘇姬寄郎之作》仰賴汪宗孝之子汪駿聲出示給錢謙益才得以傳存〔註158〕。同樣專屬錢謙益《列朝詩集》「版權」的尚有文翔鳳繼室鄧氏之作品，「閨集」第四「文太青妻武氏」條目記載曰：

> 天啓初，余（按：錢謙益）承乏外制。太青督晉學，考最，屬余撰文。……（武）恭人沒，繼室鄧氏，故寧河武順王之裔也。……既歸於文，太青以謝蘊、徐淑視鄧，而鄧則以孔、孟、伊、周、莊事太青，交相得也。太青好奇，如子雲構《太玄經》，以鄧爲童烏，覃思少間，相與論李詩韓筆，磨研曲折，太青喜而忘寐，不知更漏之深淺。春秋佳日，奉太夫人版輿出遊，訪未央之故丘，問城南之遺跡，登車弔古，夫婦唱酬，筆墨橫飛，爭先鬥捷。……壬午春，（文太青）病劇，遂不起。鄧爲文以祭，敍致婉悉，關中文士爭傳寫之。逾二年，關陝蹣。又逾年，宮闕毀。鄧老矣，以才華爲寇盜所知，淪於闖，遁於秦，流離於幽冀，迄不知其所終。然而自秦之燕，郵牆旅壁，潑墨留題，人多見之，往往皆黃鵠胡笳、漠南塞北之語，或以爲尚在不死也。江右黃國琦石公，太青之桓譚也，告余以鄧後事，余聞而嗟悼，遂錄武恭人之詩，而以鄧附焉。不獨存二氏也，亦以慰吾亡友於地下爾。〔註159〕

錢謙益撰寫五百餘字的傳記條目，篇幅文字在「閨集」香奩類僅次於馬湘蘭、葉小鸞。條目雖爲「文太青妻武氏」，然僅簡要記述文翔鳳妻武氏能賦詩文而已，濃墨重彩書寫的卻是其繼室鄧氏，這不僅因其學識才情不同凡響，與文翔鳳「相與論李詩韓筆」、「筆墨橫飛，爭先鬥捷」，關中文士亦爭相傳閱所撰祭文，更重要的是其坎坷經歷及關涉的明季遺事〔註160〕，讓錢謙益對輾轉獲悉的這些史事饒有興致，亦不負以詩存人，以人繫史之初衷。正是基於錢謙

〔註158〕錢謙益：《列朝詩集》「閨集第四」，第6607頁。

〔註159〕同上書，第6600頁。

〔註160〕錢謙益頗爲隱晦地記述家國之變後鄧氏之經歷，「以才華爲寇盜所知，淪於闖，遁於秦，流離於幽冀，迄不知其所終。」談遷《北遊錄》卻比較詳細地記載了鄧氏遭遇的坎坷：「氏既嫠居，後李自成陷西安。前參政張國紳，故文之同年也，言鄧氏才貌於自成。自成召入，封爲後宮內師，與妻女講《毛詩》。自成敗，還家。或言於北將，攜入京。」《明史》卷三百九亦談到：「國紳，安定人，嘗官參政。既降，獻文翔鳳妻鄧氏以媚自成。自成惡其傷同類，殺之，而歸鄧氏於其家。」

益詳盡的傳記書寫以及鄧氏詩作《金陵九思》提供的信息，揆敘《歷朝閨雅》據以記曰：「鄧氏，秦人，文翔鳳繼室。」〔註161〕

其三，棄錄女性作家。據錢謙益講述，《列朝詩集》諸集刊刻並沒有嚴格先後的次序，而是編就一集則付予刊刻，「閨集」雖置於卷末，但成稿在前而先行面世。又，錢謙益輯刊《列朝詩集》，以其識見與才學，本可輕而易舉地撰就完整書稿，之所以出現眾多士子所訾議的不選錄殉明作者而致體例有不當之處，實爲編者有意爲之，留此未竟之書以待來者，暗寓明王朝中興之意〔註162〕。是以明季諸多著名寄懷黍離之思的女性，如王端淑、黃媛介、商景蘭等，雖然錢謙益、柳如是與她們有各種交誼，例如《贈王大家映然子十截句》、《〈名媛詩緯初編〉序》，《黃皆令新詩序略》、《士女黃皆令集序》、《題祁幼文寓山草堂》（柳如是），但《列朝詩集》全然刊落她們的作品。受此影響，揆敘在康熙年間編選明代女性作品時，有意無意地予以棄錄。

其四，柳如是作品。《歷朝閨雅》選錄柳如是詩作《西泠》三首，其中第三首曰：「垂楊小苑繡簾東，鶯閣殘枝蝶邐風。最是西陵寒食路，桃花得氣美人中。」而柳如是詩作常見本《湖上草》則是崇禎十二年（1639）明末儒商汪然明所刻，其中《西湖八絕句》之一曰：「垂楊小院繡簾東，鶯閣殘枝未思逢。大抵西泠寒食路，桃花得氣美人中。」兩者相比勘，「小苑」與「小院」、「蝶邐風」與「未思逢」、「最是」與「大抵」，詩句差異較大〔註163〕。究其因，揆敘並非鈔自《湖上草》，而是源於錢謙益詩作《姚叔祥過明發堂共論近代詞

〔註161〕揆敘：《歷朝閨雅》，第10頁。錢謙益著錄鄧氏，並未明言其籍貫，但小傳仍提供了頗多信息，如夫婿文翔鳳是陝西三水人、關中文士爭相傳閱。鄧氏組詩《金陵九思》小序講到：「丁卯，王母歸咸京，余母子從。經潯陽，兼彭澤，自鄖、襄入秦嶺而之長安。王母庚午仙矣。辛未，有先君子之變，夫子頻欲以我南，弗能也。乙亥，馳函起居外王母李太夫人並張氏姑，遂思金陵之景而成《九思》。」（《列朝詩集》「閨集」第四，第6603頁）談遷《北遊錄》「紀聞上」有類似記載，「其姑字秦邸，氏往依焉。」由於鄧氏先祖鄧愈是明朝開國勳臣，虹縣人，卒後追封爲寧河王，諡號武順。清初鄧漢儀《詩觀初集》卷十二據以著錄鄧氏籍貫是虹縣人，久居金陵。根據王世貞《弇州史料》卷四十一「勳臣國戚」條目記載：「衛國公鄧愈二女，一爲秦愍王次妃，一爲齊王繼妃」，結合鄧氏《金陵九思》小序內容，鄧氏籍貫應以揆敘《歷朝閨雅》著錄「秦人」爲妥。

〔註162〕見陳寅恪《柳如是別傳》。

〔註163〕同題爲《西泠》八首，揆敘《歷朝閨雅》所錄與順治十二年（1655）鄧漪所刊《詩媛八名家》之「柳如是詩選」亦有字句不同，如第二首「愁看屬玉弄花磯」，而鄧氏刊本則是「愁看芳草映漁磯」。

人，戲作絕句十六首》之十二：

> 草衣家住斷橋東，好句清如湖上風。近日西陵誇柳隱，桃花得
> 氣美人中。西湖詩云：「垂楊小苑繡簾東，鶯閣殘枝蝶趁風。最是西陵寒食路，
> 桃花得氣美人中。」〔註164〕

柳如是《西湖八絕句》爲世人激賞，傳播一時，錢謙益時常引述他人之辭，如《贈黃皆令》小序言：「河東湖上詩『最是西泠寒食路，桃花得氣美人中』，皆令苦相吟賞。」〔註165〕《西湖雜感》之八詩自注云：「桃花得氣美人中，西泠佳句，爲孟陽所吟賞。」〔註166〕此首詩作亦成爲錢柳因緣的關鍵點。揆敘選錄柳如是詩作，自然不會輕易刊落。其實，柳如是佳作猶不止於此，陳寅恪先生《柳如是別傳》曾舉證數例以證河東君詩句廣爲傳頌的事實。《歷朝閨雅》之所以專注於此，仍與其熱衷編選唐人或唐詩風格作品的內在理路相一致，正如諸多學者所言，「桃花得氣美人中」典出崔護《題都城南莊》，柳氏早期詩作尚有唐人遺響，但能自運機杼，別成妙諦。

以上大體從四個方面探究《歷朝閨雅》沾濡於《列朝詩集》的具體情形。之所以輯錄斷代（明朝）女性文學作品時如此倚重，正如陳廣宏先生所言，「這不僅因爲相較諸明人選本，有晚出而集大成之實，更因爲作爲編選者的錢謙益，乃當時一流的學者文人，既確然以史家職志自命，背後又有柳如是這樣出眾的女詩人襄助，選詩論人皆非凡俗手眼，代表了其時主流的史家觀念與女性文學批評趣尚。」〔註167〕而且，揆敘對文壇宗主錢謙益推崇備至，詩作《客有譏虞山詩者，感而賦此解嘲》曰：

> 大雅世莫傳，頹波漸流衍。錢翁出近代，力欲起庸軟。披雲快
> 睹天，消息疑見晛。搜羅子史冊，貫串內外典。千軍肆掃除，萬象
> 供驅遣。深遐極岩谷，凡近超畦畛。探奇秘必宣，抉奧幽屢闡。維
> 時際亂離，載籍自沉湎。沉鬱同杜陵，淹博壓李善。驊騮騁逸駕，
> 肯顧驢足蹇。……江河聲自壯，圭璧質終顯。賢愚乃分定，愛憎以
> 私殄。吾言固已多，涇渭寧待辯〔註168〕。

〔註164〕錢謙益：《初學集》卷十七，《錢牧齋全集》，上海古籍出版社，2003年，第601頁。

〔註165〕錢謙益：《有學集》卷二十，《錢牧齋全集》，第864頁。

〔註166〕錢謙益：《有學集》，《錢牧齋全集》，第96頁。

〔註167〕陳廣宏：《〈列朝詩集〉閨集「香奩」撰集考》，韓國中國語文學會《中國語文學誌》，2012年，第39輯。

〔註168〕揆敘：《益戒堂詩集》卷二。

關於錢謙益的爭議，明末清初文人士大夫大多直斥牧齋的政治操守，顧景星、彭士望、曹爾堪抨擊其晚年放廢，迎降北上。康熙三十二年（1693）春，查慎行遊訪拂水山莊，有「生不並時憐我晚，死無他恨惜公遲」〔註169〕之歎，委婉表達錢謙益德行有虧而學識卓著的複雜情感。上述揆敘的這首同年詩作，則對錢氏操守棄置不論，著力圍繞當時出現的諸多攻訐學術庸劣的言辭而進行辯駁，高度讚譽錢謙益學識宏通，廣涉內外典，能以弘博之胸、高華之筆廓清詩壇的薄淺流弊，起到撥亂反正的作用。

儘管如此，《歷朝閨雅》並未全然依託於錢謙益《列朝詩集》。也許認為錢氏《列朝詩集》刊載陸卿子《萬曆宮詞》四首、徐媛《宮怨》二首過於悲戚，與奉旨編選需強調宮閨之趣相去甚遠，故轉而從他處輯錄徐媛《贈趙夫人》、陸卿子《贈顧夫人嚴》〔註170〕。同樣，選錄陳德懿詩作十首，遠遠超出錢氏《列朝詩集》僅錄一首的數量，這些作品均見諸坊刻本《名媛詩歸》，而並不全載於田藝蘅《詩女史》、曹學佺《石倉歷代詩選》等其他選本。釐清《歷朝閨雅》與《列朝詩集》之不同最明顯的無過於閨秀許景樊與朱中楣。如前已述及由於揆敘曾以翰林院掌院學士之身份出使朝鮮冊封王妃，整個行程長達兩月有餘，詩作《聞蟬》述曰：「無停煩汝頻相警，預算歸期兩月程」，此前選派翰林出使成例甚少〔註171〕，因而備感榮幸。如何體現泱泱大國文治教化無遠弗屆的影響力，「下國望風應拜手，更看聲教振扶桑」〔註172〕，當揆敘奉旨編選《歷朝閨雅》時，明季陳子龍的言論適能形成共鳴：「許氏（按：指許景樊）學李氏而合作，有盛唐之風，外藩女子能爾，可見本朝文教之遠。」〔註173〕風行已久的許景樊詩文集《蘭雪軒集》中的梁有年題辭則提供了入諸

〔註169〕查慎行：《敬業堂詩集》卷十六《拂水山莊三首》，上海古籍出版社，2015 年，第 435 頁。

〔註170〕同樣選錄《宮詞》，《歷朝閨雅》卷六汴梁宮人《宮詞》云：「畫燭雙雙引，珠簾一一開。輦前齊下拜，歡飲辟寒杯。」卷十王司綵《宮詞》：「瓊花移入大明宮，旖旎濃香韻晚風。贏得君王留步輦，玉簫嘹喨月明中。」沈瓊蓮《宮詞》七首，如第一首云：「尚儀引見近龍床，御筆親題墨色香。幸得唱名居第一，沐恩舞蹈謝君王。」至於卷九楊太后《宮詞》二十首、卷八花蕊夫人費氏《宮詞》七十二首莫不如此，洋溢著明快歡樂的色調。選徐媛、陸卿子詩作，見諸坊刻本《名媛詩歸》。

〔註171〕宋秉仁《清初翰苑體制與翰林流品》根據自世祖順治朝至高宗乾隆朝《清實錄》統計清廷遣使朝鮮之已知姓名者，皆為滿人，但翰林出使則甚為少見。

〔註172〕揆敘：《奉使朝鮮初出都》。

〔註173〕朱彝尊：《明詩綜》卷九十五。

選本的明證：

> 唐永徽初，新羅王眞德織錦作《太平詩》以獻，載之《唐音》，
> 至今膾炙相傳，謂爲其先王眞平之女。然而女中聲韻在東方從來既
> 遠，而《蘭雪集》尤其趾美獨盛者。故永以附諸皇明大雅，流傳萬
> 葉，厥有史氏在矣。〔註174〕

既然史家將東國（或外藩附屬國）女性作品編入中國固有的風雅傳統由來已
久，而且許景樊詩集經由金陵朱之蕃攜之回國付梓刊行而盛行中土，明代選
本《名媛匯詩》、《古今女史》、《列朝詩集》、《互史》、《名媛詩歸》、《名媛詩
緯初編》等無不紛紛載錄。尚且柳如是協助錢謙益校讎香奩篇什，例舉數例
以證許景樊詩作竄竊唐人舊句：

> 許妹氏詩散華落藻，膾炙人口，然吾觀其《遊仙曲》「不過邀取
> 小茅君，便是人間一萬年」，曹唐之詞也；《楊柳枝詞》「不解迎人解
> 送人」，裴說之詞也；《宮詞》「地衣簾額一時新」，全用王建之句；
> 「當時曾笑他人到，豈識今朝自入來」，直鈔王涯之語；「絳羅袱裏
> 建溪茶，侍女封緘結採花。斜押紫泥書敕字，內宮分賜五侯家」，則
> 撮合王仲初「黃金合裏盛紅雪」與王岐公「內庫新函進御茶」兩詩
> 而錯直出之；「間回翠首依簾立，閒對君王說隴西」，則又偷用仲初
> 「數對君王憶隴山」之語也；……吳子魚《朝鮮詩選》云：「《遊仙
> 曲》三百首，余得其手書八十一首。」今所傳者，多沿襲唐人舊
> 句。〔註175〕

誠如陳廣宏、張宏生等先生指出，柳如是校讀雖不無苛求之處，然其所指謫
的內容，恰能窺見許氏的詩學宗尚〔註176〕。基於許景樊在中朝兩國之盛名及
其所承載的密切的文化交流、詩歌創作大體宗唐的風尚、撲敘出使朝鮮令人
豔羨的經歷以及編選詩作以副大國文明澤被異域之目的，《歷朝閨雅》選錄許
氏詩作數量居首，使之完全迥異於此前同類選本。然而，入選的二十首詩

〔註174〕梁有年：《蘭雪齋集題辭》，張伯偉主編：《朝鮮時代女性詩文集全編》，鳳凰
出版社，2011 年，第 98 頁。

〔註175〕錢謙益：《列朝詩集》「閏集」第六，第 6856～6857 頁。

〔註176〕陳廣宏：《許筠與朝、明文學交流之再檢討》，《文學史的文化敘事——中國文
學演變論集》，復旦大學出版社，2012 年，第 281 頁；張宏生：《類比之風與
主流意識——許蘭雪軒詩歌新論》（張伯偉編：《風起雲揚——首屆南京大學
域外漢籍研究國際學術研討會論文集》，中華書局，2009 年，第 322 頁）

作，並非女性文學專書選本《古今名媛匯詩》（四十一首）、《古今女史集》（鈔錄《名媛匯詩》）、《名媛詩緯初編》（七首）與斷代詩總集《列朝詩集》（二十首）所能涵蓋，也非全部源自兩種國別文學選本藍芳威與吳明濟《朝鮮詩選》〔註177〕。坊刻本《名媛詩歸》收錄許氏作品六十八首，入選數量堪稱明末清初各種選本之最，這雖能涵括《歷朝閨雅》中的各種詩題，但詩作仍有文字之別。舉《湘絃曲》為例，見出各選本的差異：

《歷朝閨雅》	《名媛詩歸》	《古今名媛匯詩》	《朝鮮詩選》（藍本與吳本）
蕉花泣露湘江曲	蕉花泣露湘江曲	蕉花泣露湘江曲	薰花泣露湘江曲
點點秋煙天外綠	九點秋煙天外綠	九點秋煙天外錄	點點秋煙天外落（錄）
雨氣浸江迷曉珠	雨氣侵天迷曉珠	雨氣侵天迷曉珠	雨氣浸江迷曉珠
神絃聲徹石苔冷	閒撥神絃石壁上	閒撥神絃石壁上	神絃聲澈（徹）石苔冷
雲鬟霧鬢啼江妹	花鬟月鬢啼江妹	花鬟月鬢啼江妹	雲鬟霧鬢啼江妹
瑤空星漢高超忽	瑤空星漢高超忽	瑤空星漢高超忽	遙空星漢高超忽

列表中的字詞「天外錄」、「聲澈」、「啼江妹」無疑屬於刻書訛誤。《歷朝閨雅》中的此首詩作與潘之恒《元倡》本相同，但兩種選本之其餘詩作《寄女伴》、《效李義山（體）》《次仲兄筠高原望高臺韻》（《元倡》本題為《次仲氏高原堂臺韻》）、《次仲兄筠見星庵韻》（《元倡》本題為《次仲氏見星庵韻》）也存在詩題或詩句之異〔註178〕。概言之，揆敘編選許氏作品時，並不是從上述各選本迻錄，而應鈔自此前流行的某單行本〔註179〕，這或許是早年出使朝鮮時由當地士子所贈送，因詩作《朝鮮諸君子有詩見贈，予未暇遍和，賦二絕句酬之》、《別金譯使》說明揆敘停留朝鮮期間，在很多場合受到了文人士大夫

〔註177〕 朴現圭：《明末清初文獻所錄朝鮮許蘭雪軒作品之實況》（張宏生編：《明清文學與性別研究》，江蘇古籍出版社，2002 年，第 422 頁）

〔註178〕 潘之恒：《亙史》「外編」卷三，《四庫全書存目叢書》「子部」，第 194 冊，第26、28 頁。

〔註179〕 俞士玲《明末中國典籍誤題蘭雪軒詩及其原因考論》（張伯偉編：《風起雲揚——首屆南京大學域外漢籍研究國際學術研討會論文集》，第 284 頁）深入推考，蘭雪軒詩以《朝鮮詩選》流傳的同時，專集也在流播，可考者有（1）吳明濟抄本；（2）沈無非《景樊集》一卷本；（3）許筠再次整理《蘭雪軒詩集》本；（4）朱之蕃刻《蘭雪軒詩集》本；（5）潘之恒《元倡》本。揆敘所選許氏詩作《湘絃曲》，與許筠整理本之詩句有諸多差異，故其應參閱的是吳本、沈本或潘本。

的禮遇，結下深厚情誼。

由編選許景樊詩作之案例，可見揆敘實潛藏著自身曾前往朝鮮冊封的考量，為彰顯文教之遠的同時卻反而造成淡化中土情懷之嫌，頗有入乎柳如是（或錢謙益）譏評「此邦文士，搜奇獵異，徒見於外夷女子」〔註180〕之感，也使得《歷朝閨雅》在遴選女性詩人作品數量方面主觀色彩頗濃。閨秀朱中楣十五首詩作入選亦是另一典型例子。朱中楣（1622～1672），字懿則，號遠山，江西南昌人，少司馬李元鼎室，禮部尚書李振裕母，著有《隨草》及續編、《隨草詩餘》、《亦園嗣響》等詩文集數種。朱氏系出天潢貴冑之裔，明宗室輔國中尉朱議汶之女，夫婿早年亦為明朝光祿卿，可謂榮耀之極。鼎革之變後，因李元鼎應詔而出，起為兵部左侍郎，朱中楣無法勸阻，更要承受個中的無奈與悲傷，卻時常又以「世亂紛紛求退難」而為丈夫開脫，始終恪守「榮悴同之，相與黽勉」的夫唱婦隨之道〔註181〕。

誠然，朱中楣自幼熟讀史鑒及博物掌故諸書，識見不群，「凡朝政之得失，人才之賢否，與夫古今治亂興亡之故，仕宦升沉顯晦之數，未嘗不若燭照而數計」〔註182〕，文學創作亦在不事濃華的隱居生活中呈現出高情獨秀的特點，頗有淵秀朗徹之神與博大淡遠之思，而未如諸多閨秀經歷喪亂之後文學創作漸趨沉鬱悲涼與淒清蕭瑟。然而，禮部侍郎揆敘著手編選作品時，聚焦的卻是朱中楣之子李振裕在康熙四十三年（1704）轉為禮部尚書〔註183〕，適為揆敘長官之新身份。汪琬為之《白石山房文稿》撰序，盛讚李氏工於臺閣體創作；施世綸之序卻僅僅述及政績而不涉文章，似乎均頗有微詞。而據鄧之誠先生記述，李振裕「嚮用頗專，喜從文士唱酬，而物情不附」，與王士禛可能因同官傾軋而致齟齬，亦使葉燮因供應夫馬未遂而罷官〔註184〕，可見

〔註180〕錢謙益：《列朝詩集》「閏集」第六，第 6857 頁。

〔註181〕參閱李小榮：《夫唱婦隨：明清過度時期李元鼎和朱中楣夫妻的詩歌唱和》，曹虹等主編：《清代文學研究集刊》第五輯，人民文學出版社，2012 年，第 144 頁。

〔註182〕李元鼎：《隨草序》，《石園全集》卷十三，《清代詩文集彙編》第 9 冊，第 525 頁。

〔註183〕許汝霖：《吉水李宗伯墓誌銘》，《德星堂文集》卷四。李振裕（1642～1710），字維饒，號醒齋，康熙九年進士，由庶吉士授檢討，歷官刑、工、戶、禮四部尚書。

〔註184〕鄧之誠：《清詩紀事初編》，第 862 頁。另，託合齊奏遞的密摺，亦可見李振裕在康熙帝及朝中大臣心目中的形象：「『查升早赴江西考試舉人，時取尚書李振裕之子為舉人，親孫為副榜、貢生。為報查升恩，即與結親。李振裕於

與之同朝爲官並非易事。揆敘深諳官場的人情事理，自然懂得如何謹愼迎合新任官長之心意。當康熙四十二年（1703）五月，李振裕任經筵講官兼戶部尚書時，將其先父母詩文合集刊刻，恭請御覽，撰《奏爲恭進遺集懇祈御覽事》曰：

> 當此聲教覃敷，斯文蔚起，家願明揚於盛代，人思闡白於昌時，而臣父永託幽潛，未由表著，倘荷九重垂鑒，實爲奕世殊榮。第尋常尺寸之材，恐難陳於黼宸，而神聖包容之度，知不棄於菲葑。臣父所著詩集十六卷，臣母所著《隨草》六卷，合宜重加校訂，手自繕寫，目昏腕弱，艱於楷書，謹將原刻冒昧進呈。臣被皇上錫類之雅化，因希推及舊。臣沐皇上優渥之深恩，乃敢獻其家集。臣無任悚惕銜感之至，謹此奏聞。〔註185〕

五月二十一日，康熙帝於暢春苑諭旨，將李元鼎、朱中楣合刻本《石園全集》取進留覽。有感於此，揆敘編纂《歷朝閨雅》，選錄閨秀朱中楣作品，通過彰表李氏家族閨閣之典範，順承李振裕之期待。入選詩篇中，四首取資於《倡和初集》、《隨草》、《鏡閣新聲》，其餘詩作如《初雪》、《新柳》、《次小園聽雨韻》、《亦園即事》、《人日》、《牡丹盛開，惟玉樓春一枝爲冠，詩以賞之》、《紅梅》、《催妝詩》二首、《元夕》均來自於《亦園嗣響》。

究其因，彭士望《〈亦園嗣響〉序》道出了個中緣由：「余偶探架上，得二詩箋詠園花十律，用杜老過何氏山林韻，典雅高秀，波瀾老成，蓋遠山夫人筆也。」〔註186〕朱中楣「喜讀書，熟於掌故，日手一編，寒暑不輟」〔註187〕，

工、戶兩部尚書中名聲極壞，皇上知之調入禮部，李振裕甚懼，即向其親家查升乞助，查升亦無他計，但言若以爾學識淵博，見在禮部任事空閒多，願修書效力等詞具奏，方可體面等因，商定其奏，奉旨：著其修書。欽此。查升復以我拯救爾爲辭，又向其親家索取銀兩。此皆翰林各官及文人不服而怨尤譏笑之詞。奴才聞即謹具奏聞。伏乞聖主另察。』『朱批：朕深知此人，爾所言似皆是實。』」（中國第一歷史檔案館編：《康熙朝滿文朱批奏摺全譯》〈步軍統領託和齊奏報火漆可疑並翰林官行賄摺〉，中國社會科學出版社，1996年，第1646頁）。此奏摺雖指涉查升，但康熙帝認可託合齊所言屬實的内容中，亦包括了李振裕爲官的情形。

〔註185〕 李元鼎、朱中楣：《石園全集》卷首，第445頁。按：文中所述李元鼎詩集十六卷，朱中楣《隨草》六卷，與李振裕《白石山房集》卷二十《恭進先人遺集疏》（《四庫全書存目叢書》「集部」，第243冊，第763頁）提及李氏詩集十七卷、朱氏《隨草》二卷有不符之處，應本李朱合刻《石園全集》爲宜。
〔註186〕 李元鼎、朱中楣：《石園全集》，《四庫全書存目叢書》「集部」，第196冊，第114頁。

湛深的學養與亂世的遭遇提升了其襟懷視野與生命境界，使詩詞創作呈現出
「典雅高秀，波瀾老成」以及「匠心獨詣，步虛縹緲，出入滇涬，絕無人間
煙火氣」〔註188〕，有更加清新開闊的抒情之境，而殊少旖旎綺麗之氣或纖佻
輕豔之病，此正契合了揆敘所推揚的「體格醇正、詞調清新」的編選趣味。
與此同時，朱中楣倣仿杜甫《重過何氏（五首）》的韻調成篇，亦使編者揆敘
鍾情於詩集《亦園嗣響》。

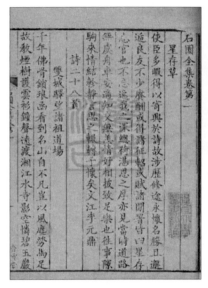

上圖為李元鼎《石園全集》，清康熙間香雪堂刊本，復旦大學圖書館藏。

　　揆敘曾先後問學於吳兆騫、查慎行及唐孫華，少有詩才，查慎行曾言：
「憶子從我遊，翩翩富詞章。十三露頭角，已在成人行。」〔註189〕查氏為詩
出入唐宋，「平生酷愛杜詩」，手批杜詩凡五部，涉及杜詩之鍊字、立意、風
格、結構與技法，而其早期詩集《慎旃集》近乎一部杜陵詩史。熟聞師友緒
論，揆敘亦「用力於浣花（杜甫）、昌黎（韓愈）之學」〔註190〕，論詩強調
「風雅淵源變楚騷，應知和寡曲彌高」、「學詩須比求仙者，洗髓功深更伐
毛」、「欲除渣滓得清虛，須破三多萬卷書」、「努力熟精追杜老，漫勞解事指

〔註187〕李振裕：《白石山房文稿》卷八《顯妣朱淑人行述》，第471頁。
〔註188〕朱徽《〈亦園嗣響〉序》，同上書，第115頁。
〔註189〕查慎行：《敬業堂詩集》卷十七《聞愷功有塞外之行，邀余重宿郊園，賦此誌別》。
〔註190〕徐倬：《〈益戒堂詩集〉序》。

瑜瑕」〔註191〕。門生孫致彌隨其從遊十餘年，深諳揆敘的賦詩特點，曰：

> 公之詩，蓋出於杜工部，以陶冶性靈立其本，別裁偽體正其趨，讀書萬卷厚其蓄，皆杜氏之宗派也。講貫既精，薰染既久，杼軸於心而變化生焉。其所得者杜氏之髓，而遺其皮骨，非規規焉搴撦摹擬，以貌為杜詩者所知也。是集所錄，皆公少作，然辭必達意，語必肖題……或隱之而愈顯，或離之而愈合，使讀者神搖目眩，不能名其故。而重規疊矩，井然秩然，唯其得於杜氏者深也踅然。〔註192〕

讚譽業師揆敘自覺體認杜甫詩論的要義，重視《風》《雅》「比興」精神，追求自適自遣，同時又博採眾長，轉益多師，故效法杜詩而能臻至形神兼備。對於尊杜學杜之閨秀，如元代才女鄭允端，「伏枕南窗下，徒吟老杜詩」〔註193〕，其詩作《題畫》寄遇情懷，古樸高遠，頗有杜詩氣韻，詩句「風煙萬里寬」〔註194〕則源自杜甫「風煙巫峽遠」（《贈李八秘書別三十韻》）、「萬里風煙接素秋」（《秋興八首》之六），「金銀開佛寺」直接杜詩「金銀佛寺開」（《龍門》），可見步趨杜甫之跡甚明。鄭氏小詩創作，如《筍》「竹林春雨過，瘦筍迸苔長」、《梅》「歲寒冰雪裏，獨見一枝來」、《蓮》「本無塵土氣，自在水雲鄉」，清新雅麗，形態生動，意境高朗明晰，亦有杜詩絕句寫景詠物之風韻，鄭允端諸如此類的作品，均選錄於《歷朝閨雅》，達二十九首之多。

〔註191〕 揆敘：《益戒堂詩集》卷一《次韻東江先生論詩有感四首》，第427頁。
〔註192〕 孫致彌：《〈益戒堂詩集〉序》。
〔註193〕 仇兆鰲：《杜詩詳注》，中華書局，1979年，第2287頁。
〔註194〕 揆敘：《歷朝閨雅》卷三，第28頁。

第二章　家國想像與女性作品總集之情懷

　　滿族入關，明清易代，不僅意味著朝代更迭，而且因外族得勢，曾經遭受創傷（元朝）的漢族士人在經過有明一代長久的療治之後，卻又不得不再度在異族統治下生活。劫後餘生的文士，有對變局無動於衷者，有趨歸清廷、重拾仕途經濟者，但也有許多士子則是感受到前所未有的創劇痛深，因而自我邊緣，採取息隱山林發憤著書、相率結社以抒故國舊君之情等方式對抗新政權，甚至部分士人認為明亡於頹廢的文化，催生出諸多「不」作為：不入城、不赴講會、不結社〔註1〕。較之文士的多面向行跡，遭遇突變的女性卻在相關著述中呈現出相對純淨和單一的姿態。全祖望《沈隱傳》云：

> 　　明之滅也，熹、毅二后，亡國而不失陰教之正，有光前史。而臣僚母女、妻妾、姊妹亦多並命，降及草野，烈婦尤多。風化之盛，未有過於此者，以為《明史》當詳列一傳，以表章一朝之彤管者也。又降而南中、吳中以及淮、揚之歌妓，亦有人焉，此不可以其早歲之失身，而隔之清流者也。嗟乎！流品何常，歸於晚節，為士夫者可以興矣。〔註2〕

〔註1〕　參閱王汎森《清初士人的悔罪心態與消極行為》一文，氏著：《晚明清初思想十論》，上海：復旦大學出版社，2004年，第188頁。關於明清之際士大夫研究，傑作迭出，如趙園《明清之際士大夫研究》及續編、何冠彪《生與死：明季士大夫的抉擇》、楊念群《何處是江南？清朝正統觀的確立與士林精神世界的變異》，茲不贅舉。

〔註2〕　全祖望：《鮚埼亭集外編》卷十二，《全祖望集匯校集注》，上海古籍出版社，

依其所表，身份各異、遍居城鄉的女性均能從容赴難，足令士大夫汗顏。明季史料如王秀楚《揚州十日記》描寫揚州地區一些女子慘遭擄掠、苟延於世，更有甚者，濃妝豔服獻媚於清兵〔註3〕，此類記述因著書者有意缺略而並不多見。據李惠儀研究，本可視為紅顏禍水的女性，卻得到了清初文士的寬恕諒解，化受害女子或其鬼魂為英雄，「塑造出了形形色色身赴國難的奇女子、守節殉國的烈女烈婦、以勇武洗雪國恥的女戰士與俠女」〔註4〕。洪昇傳奇《長生殿》中楊玉環被許為「為國捐軀」即是其例。動亂之際的女性，經由史家擇要敘述與文士有意增飾，多以正面形象傳世。頗具詩文才能的女性，作品更得到了妥善保存。本章擬以王端淑編選《名媛詩緯初編》（以下簡稱《名媛詩緯》）及鄒漪先後輯刊《詩媛八名家集》、《詩媛十名家集》、《紅蕉集》為例，探討明遺民編刊女性詩文之情懷、如何擇取並評論作家作品。此中又隱括如下議題：其一，遺民輯錄品評罹難女子題壁詩，與其他文人以之為史料，杜撰成戲劇文類，彼此心態的差異。意即因清朝正統逐漸確立，文士依違其間的尷尬心境。其二，同樣將編選詩文視為以存明代史事，才女編女性作品與選男性作品，因時過境遷而產生的文化心態與詩學批評之「變」與「不變」。其三，明遺民誓死不食俸祿，卻如何自營生計。

第一節　末世亂離之史──王端淑及其《名媛詩緯》的故國心態與詩學批評

　　明清之際諸多女性作品總集中，王端淑以遺民身份編刊最具規模的女性自編選本《名媛詩緯》，顯得格外引人注目。其用意在藉評述明代女性及其作品，痛斥當下「亂哄哄，你方唱罷我登場」的詩壇亂象。林玫儀論曰：

> 有明一代的詩壇，派派林立，異說紛呈，各樹旗幟而彼此攻訐辯難，唯有王端淑以一介閨閣弱女子，竟能有此卓識，擷長補短，成就一家之言，雖明清之際能詩之女子甚多，但如王端淑者，可說

2008 年，第 975 頁。

〔註3〕 王秀楚：《揚州十日記》，上海書店影印神州國光社本，1982 年，第 232～233 頁。

〔註4〕 李惠儀：《禍水、薄命、女英雄──作為明亡表徵之清代文學女性群像》，胡曉真主編：《世變與維新：晚明與晚清的文學藝術》，臺北：中央研究院中國文哲研究所，2001 年，第 301 頁。

僅有一人而已。〔註5〕
允爲實論。

王端淑（1621〜1681）〔註6〕，字玉映，號映然子、青蕪子、吟紅主人，浙江山陰（今紹興）人。王思任次女，丁聖肇妻。其著述宏富，今存有《吟紅集》三十卷、《名媛詩緯》四十二卷〔註7〕。此外，諸如《留篋》、《恒心》、《無才》、《宜樓》詩文集，以及所編《名媛文緯》二十卷、《歷代帝王后妃古今年號》（又名《史愚》）皆亡佚不傳〔註8〕。

王端淑編選《名媛詩緯》，依據「凡例」可知，始於崇禎十二年己卯（1639）冬十月，迄於康熙三年甲辰

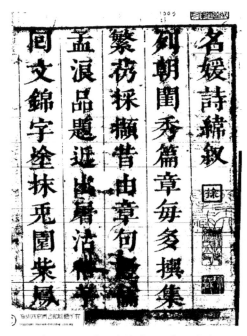

上圖爲王端淑《名媛詩緯初編》，清康熙間清音堂刻本。

〔註5〕　林玫儀：《王端淑詩論之評析——兼論其選詩標準》，《九州學刊》，1994 年第 6 期。

〔註6〕　據王猷定撰《王端淑傳》，辛酉（1621）秋七月八日，王端淑生，幾無疑義。關於王端淑卒年，因未查獲確切史料證據，懸而未決。張庚《國朝畫徵錄》卷下言其「卒年八十餘」，馮金伯《國朝畫識》卷十六、吳德旋《初月樓續聞見錄》等均沿此說。筆者檢閱曹溶《靜惕堂詩集》，卷二十四《傷映然子》詩云：「浙有林間秀，風流嗣譴庵（詩注：映然爲王季重女）。唾花增旅寂，繡佛寫春酣。山月憑誰餞，寒花不上簪。竟虛瑤島訊，海鶴自毿毿。」據該詩集卷二十四《己未八月吳郡庵居雜詠十首》、《春日感興三首》，卷二十五《海陵初遇冒辟疆，年七十二矣，贈詩十首》（按：詩之七有小注，云：「闢疆有哭陳其年詩」。是年，陳維崧卒）、《壬戌冬宿承恩寺二首》，以及卷二十六《癸亥正月二日，孫豹人、曾錫侯過飲鷲峰蘭若，限韻三首》，曹溶詩係編年無疑。依此，位於《飲許青嶼宅三首》（按：詩小注云：「青嶼年七十，甫畢壽筵」，許之漸生於萬曆四十一年）詩前的《傷映然子》一詩，在《亭夜二首》、《戴懷古過訪二首》、《同子文簡在聖舞飲杏花下二首》諸詩意境的觀照下，應作於康熙辛酉二十年（1681）冬，殆曹溶聞悉王端淑去世而作。

〔註7〕　《吟紅集》現僅存日本淺草文庫本與湖南圖書館本兩種，具體目次有異，詳見附表一。

〔註8〕　王端淑《留篋》、《恒心》、《無才》、《宜樓》四集詩文集，惟賴王士祿《燃脂集》存錄數首，詳見胡文楷《歷代婦女著作考》（增訂本），上海古籍出版社，2008 年，第 249 頁。

（1664）秋九月，凡廿六年〔註9〕。然而，丁聖肇在康熙三年爲《名媛詩緯》撰序時，也許緣於各自徵算時間之差異（或丁氏記憶有誤），說王端淑「苦心積玩於字珠句玉者，已一十有餘年於茲矣」，記載有別。現存《名媛詩緯》版本，有如下三種：一、《名媛詩緯初編》四十二卷，康熙六年丁未（1667）清音堂刻本。二、《名媛詩緯初編》三十八卷，雲間施氏無相庵藏本。三、《名媛詩緯雅集》二卷，民國乙亥年（1935）金陵盧前飲虹簃刊本〔註10〕。

〔註9〕 關於王端淑及其《名媛詩緯》的研究，集聚了不少研究成果。專篇論文有林玫儀《王端淑詩論之評析——兼論其選詩標準》（《九州學刊》，1994 年第 6 期）、魏愛蓮"Wang Duanshu and Her Mingyuan shiwei: Background and Sources"（何永康、陳書錄主編《首屆明代文學國際研討會論文集》）、閔定慶《在女性寫作姿態與男性批評標準之間——試論〈名媛詩緯初編〉選輯策略與詩歌批評》（《蘇州大學學報》哲學社會科學版，2006 年第 6 期）。另有兩篇專題碩士論文，分別是南京師範大學張敏《王端淑研究》（2007）、中南大學郭玲《王端淑研究》（2009）。前者做了大量的文獻梳理工作，如關於王端淑的「交遊情況表」、「端淑年譜」，爲本文寫作提供了一定的參考價值。至於討論明清女性的諸多著作，如孫康宜《文學經典的挑戰》、高彥頤《閨塾師》、鍾慧玲《清代女詩人研究》都對王端淑有精彩論述，援引之處將在文中標注。

〔註10〕 盧前《（正續）飲虹簃所刻曲》之《名媛詩緯雅集》，據雲間施氏無相庵藏本，將王端淑《名媛詩緯初編》卷三十七、三十八之（散）曲抽離刊刻。盧前跋《名媛詩緯雅集》，云：「《名媛詩緯》，都三十八卷，雲間施氏無相庵藏本。……第三十七、八兩卷則散曲也。黃氏、徐媛、梁孟昭、沈蕙端、郝湘娥爲第一卷。沉靜專、呼祖、蔣瓊瓊、楚妓、馬守眞、景翩翩、李翠微爲第二卷。其中黃氏有專集，餘或見選本，或著筆記，要以此編爲最備，且係評騭，足供談助。惟書未分體，令、套雜陳，爲可惜耳。乙亥秋月，盧前。」故《名媛詩緯雅集》補增各詞牌名，比如〔仙呂入雙調〕、〔正宮〕、〔商調〕、〔南呂〕、〔越調〕。同時，爲了《飲虹簃所刻曲》一書體例整飭，刊落各作者小傳（在《明代婦人散曲集》中，則增補作者小傳，並偶而加附按語）。然而，《名媛詩緯雅集》卷上缺張嗣音、顧長芬（顧氏名姬）、馬綬、董如瑛。盧前正襟危坐通過跋語，一一臚列各女性作者，應不至於如此粗疏或有意刊落張嗣音等數位女性。《明代婦人散曲集》（1935 年中華書局聚珍仿宋排印本）載盧前序，曰：「黃氏等五家爲一卷，沉靜專以次別爲一卷。」「而作者生平事蹟，他書所未能詳者，舉備於是。其書後歸雲間施氏無相庵，主人與予雅故，錄最後四卷見貽。」（按：前二卷即「詩餘集」，盧前轉交付趙尊嶽以補《匯刻明詞》；後二卷「雅集」則匯爲《明代婦人散曲集》）以此可證無相庵藏本，應不同於清康熙六年刊本。至於另一種可能，即施氏所藏爲殘本，恰好殘缺幾葉。然《名媛詩緯初編》卷三十七著錄郝湘娥散曲第三首「桂魄自娟娟」半闋，與刊刻張嗣音散曲同屬一葉。如果盧前據以迻錄的無相庵本，係殘缺張嗣音等作品的康熙清音堂刻本，則無法完整著錄郝氏第三首作品。事實上，盧前《名媛詩緯雅集》完整著錄了郝氏三首作品。

一、先世記憶與亂世情懷

　　眾所周知，晚明朝綱紊亂，閹黨魏忠賢無疑是罪魁禍首之一。其擅權亂政，禍國殃民，激起一批士子奮起抗擊，著名諫臣丁乾學即是其例。丁乾學，字天行，號自庵，原籍浙江山陰，遷居於京師。萬曆己未（1619）進士，尋改庶吉士。天啓元年（1621），授檢討，著有《擁膝齋文集》、《比樂堂稿》。天啓四年（1624）舉鄉試，丁乾學時任翰林院檢討，與其他在京同僚分赴江西、山東、湖廣、福建數省主試，因策試內容譏刺逆閹魏忠賢，而遭上諭切責，「初命貶調，既而褫革」〔註11〕；次年二月，與編修方逢年、檢討顧錫疇、吏科給事中郝士膏、禮科給事中章允儒、兵科給事中董承業、戶科給事中熊奮渭、主事李繼貞一同降職調離，尋斥爲民。因丁乾學曾在主試第三程策內直接指斥王振、汪直、劉瑾諸宦官，引起魏忠賢、崔呈秀的仇視，矯稱聖旨，將其逮捕審訊，率眾毆打，致使丁乾學不勝挫辱，憤懣而死〔註12〕。日後，王端淑撰寫《先翁文忠公殉璫紀述》、《〈述忠紀略〉序》，情感力透紙背，公公丁乾學大義凜然的形象躍然紙上，而且代丁聖肇起草《奏爲陳乞當嚴事》、《奏爲易名屢奉等事》奏疏亦承此而來，雖爲夫婿博取官職，尋求生活保障，而得受廕乃得益於當年丁乾學冒死譏刺彈劾魏忠賢之功勳。

　　早在中舉前，丁乾學曾以詩文執贄請業於同里前輩王思任。王思任（1575～1646），字季重，號謔庵，又號遂東、稽山外史，山陰人。萬曆二十三年乙未（1595）年進士，累任興平知縣、袁州推官、江西僉事。清兵破南京後，魯王監國，王氏任禮部右侍郎，進尚書。作爲明季名傾一時的文臣，王思任在文學、事功各方面成就更勝丁乾學一籌。兩人雖年歲相差十餘年，卻一見如故，如同「蕭相國之遇淮陰」〔註13〕，爲此而結下一段因緣。王思任不僅出讓罕山精舍供丁氏問學，規勸以漢代申屠蟠言行爲範，爲其子命名「聖肇」，而且在丁乾學頻數央求之下，允諾結秦晉之匹。順治二年乙酉

〔註11〕　張廷玉等：《明史》卷七十，「志」第四十六。見《明熹宗實錄》卷五十六、談遷《國榷》卷八十六等。

〔註12〕　夏燮《明通鑒》卷七十九，張廷玉等《明史》卷二百四十五「列傳」、第一百三十三。谷應泰《明史紀事本末》卷七十一曰：「乾學創甚，尋卒」。王端淑《先翁文忠公殉璫紀述》述丁乾學被矯詔勒死、陳鼎《東林列傳》卷四亦稱其被毆殺。

〔註13〕　王思任：《贈孺人丁母李氏墓誌銘》，《文飯小品》卷五，長沙：嶽麓書社，1989年，第 479 頁。

（1645），馬士英挾太后至紹興，偏安一隅。時任禮部右侍郎的王思任即上疏彈劾，歷數馬氏種種罪狀：諂媚國主，賣官鬻爵，結黨營私。其後，王思任又致信馬士英，怒斥其貪榮誤國，云：「吾越乃報仇雪恥之國，非藏垢納污之區也」〔註14〕，並與之決裂。然而，順治三年（1646）六月，清兵攻破紹興，王思任踉蹌避兵，屏跡山居。後來，王端淑追念父親，撰寫《先嚴文毅公遂東府君》一文，曰：

> 至於兵敗入紹之日，惜先文毅不即以身殉國，何其不決也。如此但采薇祖塋，庵曰孤竹，樓名識影。頭可斷而髮不剃，足可刖而城不入，勞苦備至。當事危言恐嚇，百折不回，心堅愈烈，竟以憤悒，不食不藥而死。其心其意，良可哀也。先文毅享年七十有三，予實恨其少。但此數十日，予又嫌其多，不識知者以爲何如。〔註15〕

該文雖然稱許父親劾馬士英疏、答隆武帝書、挽王玄趾文諸事功，但因其兵敗之日，未能當即殉志，王端淑仍持以苛嚴的道德評判準則，言語之中頗有微詞，以致爲人誤讀，衍成一段千古公案〔註16〕。

〔註14〕 徐鼒：《小腆紀傳》卷四十二，「列傳」第三十五，北京：中華書局，1958年，第417頁。

〔註15〕 王端淑：《吟紅集》卷二十一「紀事上」。

〔註16〕 關於王思任是否死節，歷來史家存有疑義。或曰其拒不降清絕食而亡，計六奇《明季南略》卷十言其「不食死」，邵廷采《思復堂文集》卷二《明侍郎遂東王公傳》據以立傳，郡縣諸志、楊陸榮《三藩紀事本末》、查繼佐《罪惟錄》等均持此說。然全祖望援引倪會鼎一家之言，述王思任「本有意於筐篚之迎，以病不克」，並附加按語：「是雖不敢以此玷之，而要之未嘗死則審矣」，史家態度還是較爲謹嚴。但爾後又稱引徐芳烈之說，「其（王思任）生辰適在亡國之後，其家尚爲開筵稱慶，君子誚之，是則眾論所在，不可掩也。」（《鮚埼亭集外編》卷四十三《與紹守杜君札》）但徐芳烈《浙東紀略》一書隻字未提王思任（按：全祖望或另有所本），全祖望的立場相當偏激，至少鄙夷王思任在亡國之後的放誕生活，並直接批駁楊陸榮《三藩紀事本末》言王思任絕粒而死的說法。倪會鼎、徐芳烈兩家言論，均成爲全祖望在《答諸生問〈思復堂集〉帖》一文中明言王思任「並非死節，別有辨正」之史源。全氏之指謫多有訛誤，詳參何冠彪《書全祖望〈答諸生問〈思復堂集〉帖〉後》（《明末清初學術思想研究》，臺北：學生書局，1991年，第231頁）一文。李慈銘亦依憑「陶庵生與相接，而此贊（按：指張岱《於越三不朽圖贊》）亦不言其死」，認爲全祖望「非死節」說信而有徵，但後來不僅不苟同全祖望等人以王思任生日稱觴妄疑降辱，且又認同越人相傳「禮部死節」一事，「孤竹名庵，采薇署號，揆其素志，蓋已足證。」（《越縵堂日記》第七冊，十一月二十日讀《思復堂集》），而在同治八年己巳（1869）七月二十二日讀王弘撰《砥齋集》時，已深信「死節」一事，「季重之死，國論已定，惟鄉評尚在疑信間。」只是，

　　可以說，明季群起罷黜閹黨宵小的驚心動魄事蹟，以及甲申鼎革的創傷之痛，堪稱王端淑對父輩記憶最爲深刻的節點。尤其是國祚更移，異族入主，徹底顛覆了王端淑平日養尊處優的生活，其《苦難行》眞實記錄了其在甲申前後生活境遇之陡變：

> 甲申以前民庶豐，憶吾猶在花錦叢。鶯轉簾櫳日影橫，慵妝倦起香幃中。一自西陵渡兵馬，書史飄零千金捨。鬖髿蓬鬆青素裳，悮逐宗兄走村埜。……吾姊出家老父死，骨肉自此情意疎。〔註17〕

嬌慵自憐與蓬頭垢面的鮮明反差，很自然讓人聯想起宋代著名女詞人李清照南渡前後「綠肥紅瘦」的殷殷點撥與「淒淒慘慘戚戚」的喃喃自語。「國破家亡」，一個經由書本閱讀獲知的語彙，猝不及防細化爲生命中歷歷可數卻又不堪回首之慘況：父親王思任錚錚鐵骨絕食而亡，宗兄因誤會而見逐，姊王靜淑早寡，爲免於兵亂失節而「摧容鬢剪禿，志老寂空門」〔註18〕。王端淑自

因李慈銘未見《映然子集》，而僅僅依據《砥齋集》卷三《甲申之變論》所述「思任之死，嫌其數十日之生之多者，蓋謂其死非殉難，不能擇於泰山鴻毛之辨也」。轉而訾議王端淑「已有違言，無待清議矣。」其實，王端淑撰寫傳記文《先嚴文毅公遂東府君》，明言王思任采薇祖墳，庵曰「孤竹」，樓曰「識影」，「頭可斷而髮不剃，足可刖而城不入，勞苦備至。當事危言恐嚇，百折不回，心堅愈烈，竟以憤德，不食不藥而死。其心其意，良可哀也。」張岱《王謔庵先生傳》言：「江上兵散，屏跡山居，貝勒駐蹕城中，先生誓不朝見，不剃髮，不入城。偶感微屙，遂絕飲食僵臥。時常擲身起，弩目握拳，涕洟鯁咽。臨瞑，連呼『高皇帝』者三，聞者比之宗澤瀕死，三呼『過河』焉。」（張岱著，夏咸淳校點：《張岱詩文集》，上海古籍出版社，1991年，第290頁）王思任甥唐九經《〈文飯小品〉序》記載，「（王思任）曰：『我非偷生者，欲保此肢體以還我父母爾。時下尚有舊穀數斛，穀盡則逝，萬無勞相逼爲。』迨至九月旬初，而先生正寢之報至。嗚呼，屈指具期，正當殷穀已沒，周粟方升之始，而先生屏食長逝，迅不逾時。」對於「出言靈巧，與人諧謔」，且沉湎麴蘗、放浪山水的王思任來說，這種紀實，有幾分神似。諸多記述，王思任死節幾無疑義。王弘撰《砥齋集》斷章取義，僅摘取王端淑《先嚴文毅公遂東府君》「先文毅享年七十有三，予實恨其少。但此數十日，予又嫌其多」，竟以爲是「女而非父」。即使如此，亦不能以此妄謂王思任有逡巡不前甚至屈膝迎降之事。實則令王端淑引以爲憾的是，「兵敗入紹之日，惜先文毅不即以身殉，何其不決也。」換言之，王思任雖未能當即以身相殉，但剛毅不屈，絕食而亡，其孤忠仍是一以貫之。因史學界討論王思任死節事，採擇王弘撰《砥齋集》「女而非父」的觀點而未見王端淑全文，故筆者不憚繁瑣，依據《吟紅集》加以釐清。

〔註17〕王端淑：《吟紅集》卷三。
〔註18〕同上書，卷四《敘難行代眞姊》。王靜淑，《名媛詩緯》卷十五載：「王靜淑，

身則被迫不斷遷徙，迭遭「宿在沙灘水汲身」、「鞋跟踏綻肌膚裂」、「行資遇劫食不敷」的朝不保夕逃亡過程，即使暫且安頓，卻過著「牆延蔓草扉半開」、「暮借殘星補破瓦」〔註19〕的腹枵腸空清貧生活。

雖如此「窮愁無思，神魂洞駭」，王端淑卻依然是：

> 一筒殘卷，數首破箋，晝則以之掩攜針帖，夜則以之援作枕頭。

> 斷韻碎詞，鼠齧雨漏，諸大姑新篇舊制，寸厚尺裝。〔註20〕

我們不禁要問，何以在如此朝不保夕、食不果腹的困境中，王端淑仍然孜孜矻矻，堅持輯錄《名媛詩緯》這一長達廿餘年的文化工程？難道僅僅是「不忍一代之閨秀佳詠湮沒煙草」的志業？王端淑自序曰：

> 客問於予，曰：「《詩三百》，經也，子何取於緯也？《易》、《書》、《禮》、《樂》、《春秋》，皆有緯也，子何獨取於詩緯也？」則應之曰：「日月江河，經天緯地，則天地之詩也。靜者為經，動者為緯；南北為經，東西為緯，則星野之詩也。不緯則不經。昔人擬經而經亡，則寧退處於緯之足以存經也。《詩》開源於窈窕，而采風於遊女。其間貞淫異態、聖善興思，則詩媛之關於世教人心，如此其重也。〔註21〕

以「答客問」的方式解釋取譬儒家經典文獻而題名「詩緯」的因由。其一，古有采詩觀風傳統，因女子之詩關乎世教人心，而聖人採擷不刪。王端淑輯錄明代女性作品，即是仿傚聖賢之存經籍。其二，宋人鄭樵已倡言「秦人焚書而書存，諸儒窮經而經絕」〔註22〕，王端淑退而求其次，以與「經」密不可分之「緯」存錄，卻又絲毫不影響女性作品遺存的正統性與必要性。究其實，《名媛詩緯》不啻為一部「名媛詩經」。丁聖肇則沿其思考理路，進一步言明王端淑此舉實際蘊含關乎國家興亡盛衰之良苦用心：

> 吾聞經星安，緯星變。治亂安危，皆觀乎五緯；天下之書，亦

字玉隱，號隱禪子。孝廉運同陳公汝元子文學樹勳妻，予胞長姊也。生而聰敏，長嗜詩。早寡，入空門，法名曰淨琳，號一真道人，著有《青涼山集》。」《名媛詩緯》附載《同秋集》評述靜淑以禪為詩的特點，乃「詩其家聲，禪因世變」，說明鼎革之變而致使其枯坐精修。

〔註19〕 王端淑：《吟紅集》卷三《苦難行》。

〔註20〕 丁聖肇：《〈名媛詩緯初編〉敍》。

〔註21〕 王端淑：《〈名媛詩緯〉自序》。

〔註22〕 鄭樵：《秦不絕儒學論二篇》，《通志二十略》卷七十一，北京：中華書局，2009年，第1803頁。

莫大乎五緯。五而九，九而十三，十三而十七、二十一，皆於緯乎
窮其變，極其奇。內子思深哉！〔註23〕

其釋「緯」，則取義於緯學，經由「五緯」之星宿天象，觀乎帝業治亂興廢。
正如許兆祥序《名媛詩緯》所說：

《名媛詩緯》由洪、永，迄啟、禎，其間可敬、可畏、可悲、
可喜之章種種畢具，且借他家情事，舒胸中塊壘。〔註24〕

在此之前，諸多女性詩文總集，如田藝蘅《詩女史》、趙世傑《古今女史》、
周履靖《古今宮閨詩》均冠之「古今」，意在建構歷代女性創作由來已久的譜
系，而王端淑則專意於輯存明代女性作品，「一代之名媛，一代之風詩」，「蓋
一代之情、一代之淚、一代之血，當為一代之女流」〔註25〕，故而在選錄、
品評等具體操作模式上頗具匠心。

二、節烈群體的詩歌選錄

王端淑編刊女性總集，旗幟至為鮮明，即必先崇節烈，而後論才。「予品
定諸名媛詩文，必先揚節烈，然後愛惜才華，當於海內共賞此等閨閣」〔註26〕。
秉承這一宗旨搜輯，即使是鄙俚煩冗之作，或殘篇斷簡、片言隻語，也會因
憐惜其人、以詩存人而選錄。比如，卷十三著錄被掠女子郭氏，現存詩歌十
一首，俱俚俗不堪，但因其節烈可嘉而選錄一首。如果女性失節，即使詩才
超群，也嚴加刪汰，例如楊宛詩作：

止生俠骨凌雲，肝腸似雪，雖歷戎間，乃一代才士也。宛叔雙
目無珠，不辨賢肖，朝而秦，暮而楚，有負止生多矣。其後流落被
殺一段情事，乃其自取，不足惜也。文人無行，女子亦然。〔註27〕

金陵名妓楊宛，後歸吳興才士茅元儀（止生），得其殷殷眷顧，以能詩善草書
聞世。茅氏歿後，「墳頭上土脈猶濕，架兒上又換新衣」〔註28〕，楊氏立即趨
附國戚田弘遇。甲申之變，又謀奔東平侯劉澤清，城陷遂致殞身。如此朝三
暮四，王端淑嗤之以鼻，僅選詩二首，並借題發揮，抨擊當時文人士大夫「一

〔註23〕丁聖肇：《〈名媛詩緯初編〉敘》。
〔註24〕許兆祥序、王猷定書：《〈名媛詩緯〉敘》。
〔註25〕丁聖肇：《〈名媛詩緯初編〉敘》。
〔註26〕王端淑：《名媛詩緯》卷十二，「正集十」之「方維儀」條目。
〔註27〕王端淑：《名媛詩緯》卷十九，「正集附上」。
〔註28〕關漢卿：《竇娥冤》第二折。關漢卿著，吳曉玲等編校：《關漢卿戲曲集》，北京：中國戲劇出版社，1958年，第855頁。

陣夷齊下首陽」〔註 29〕的醜劣行徑。與之類似，王端淑據鄒漪《明季遺聞》
輯存提學彭歌祥妾室、北京名妓杜氏詩句，評曰：

> 予閱杜氏小序，不覺歔歔流涕，曰：「嗟乎！此乾坤何等時哉。
> 天地流血，臣子請纓之不暇，而彭公肆意平康，秉心何忍，況至詰
> 奏，以玷官當耶？程公殉節，可謂收之桑榆矣。杜氏詩不足錄，特
> 存之以示勸懲。〔註30〕

大理寺卿鄭瑄擬疏薦蘇松兵備程珣，會其與彭歌祥妾杜氏通情，事敗而與彭
歌祥互訐：彭狀告其圖淫鄉紳閨中之婦，程亦抗言對方不嚴謹閨門，以褻詞
瀆上。權臣馬士英難以裁決，上疏請諭，獲批曰：「從重議處」。彭、程二人
誰是誰非，難以究詰〔註 31〕，杜氏贈程珣詩句「為憐貴客芳心醉，欲訪仙郎
帆影遙」不足稱道，僅僅為引出彭、程之爭的本事而存錄，並藉以斥責因一
己之私而罔顧國家安危的狹隘行為。

　　多數情況下，王端淑表彰才女超凡脫俗，注重抉發壓在紙背後的明季忠
臣烈士，樹立正面典範。卷十三讚歡復社領袖張溥之女張在貞詩作「天姿雋
拔，語句驚人」，無愧於家學，曰：

> 天如先生文章聲氣遍於八州，人皆望為救時皇夔，否則亦李綱、
> 趙鼎之儔也。孰知芳年不永，有大志而未伸，良可悼云。〔註32〕

其餘如著錄章有湘詩歌，言及陳子龍對明代詩壇振衰救弊之功（卷十三）、論
陳結璘而及公公戶科給事中瞿式耜（卷十三）、論顧諟而及其父禮部尚書顧錫
疇（卷十六）、論鄭慧瑩而及公公禮部尚書倪元璐（卷十七），不一而足。當
然，刊本最醒目的是直接著錄常懷故國之思的女遺民，就中以山陰祁氏一門
閨秀為最突出。

　　身居同里，祁彪佳與王思任早有往來。祁彪佳《感慕錄》記載，崇禎十
三年（1640）二月二十七日，其「乘驢以出，道遇王季重先生」。《都門入裏
尺牘》刊其致王思任信札，求請為剛興建的寓山園林品題。《林居尺牘·與王

〔註29〕　尤侗：《西山移文》，《西堂雜俎》一集，卷三，清康熙刻本。

〔註30〕　王端淑：《名媛詩緯》卷十九，「正集附上」。

〔註31〕　鄒漪《明季遺聞》記載簡略，清末樂天居士輯《痛史》道盡個中原委，言彭
歌祥寵妾杜氏原本與程珣相識，情甚篤。程拜會彭氏之際，與杜氏可望而不
可親。後杜氏乃修情束一通投寄，會督餉某某在程珣舟中，執意索觀，遂為
其所見，事乃昭彰。然而，樂天居士又於篇末附錄程珣與杜氏素不相識的傳
聞。

〔註32〕　王端淑：《名媛詩緯》卷十三，「正集十一」。

《季重》云：

> 昨得遊名園，捧佳翰，飽珍饌，享福太侈，佩德不淺。承臺諭，
> 見老親翁留心桑梓，所禪益者大，即當致尊意於錢麟老，共圖得當
> 也。敬此附復，並謝不盡。〔註33〕

感念王思任殷殷款待，並就共同致力於鄉土大計達成共識。然祁彪佳何以稱
季重先生為「老親翁」？王端淑《名媛詩緯》卷十三「祁德莞」條，云：「（祁
德莞）字悟因，山陰人，銓部豸佳公女，予十三弟岳起妻也。女紅之餘，兼
好宗門。」祁豸佳「行五，世培中丞之從兄，予同門文載之胞兄也」〔註34〕。
緣於這種姻親關係，故祁彪佳稱季重先生為「老親翁」。

　　順治二年（1645），清兵攻陷南京，經黃道周、王東里諸賢達舉薦，祁彪
佳擬擔任少司馬，總督蘇、松一帶民眾抗清。未及就任，清兵即已進逼杭
州。苦於回天乏術，祁彪佳於六月初六日自沉於寓山水池，成為千古憑弔的
英烈。在祁氏殉國後，王思任參與修訂《祁忠敏公年譜》，並自署「同里友人」
〔註35〕。王端淑祭奠先賢，亦撰就《祁忠敏公世培》，條列祁彪佳十條不可與
死的理由，令人扼腕歎息：

> 忠敏之死，有十不可焉。翩翩公子，一也；少年科甲，二也；
> 給假完親，三也；建節吳地，四也；風流倜儻，五也；琴瑟和合，
> 六也；吟詠不輟，七也；子幼未婚，八也；家亦微裕，九也；於情
> 於理，十也。〔註36〕

祁彪佳少年得志、家境殷實。文采風流，與商景蘭伉儷相重，一生未嘗娶妾

〔註33〕　祁彪佳：《祁彪佳文稿》，北京：書目文獻出版社，1991年，第2195頁。
〔註34〕　周亮工：《讀畫錄》卷二。關於祁豸佳（1594～約1684），《崇禎戊寅恩貢同年
　　　　錄》言其為祁彪佳兄，《紹興府志》著錄為祁彪佳弟，均誤。山陰祁承爍有子
　　　　五：麟佳、鳳佳、駿佳、彪佳、象佳。其弟祁承勳有子二：豸佳、熊佳。同
　　　　祖兄弟排行，駿佳行四，豸佳行五，彪佳行六，熊佳行七，象佳行八。詳參
　　　　汪世清《藝苑疑年叢談》，北京：紫禁城出版社，2002年，第146頁。明亡後，
　　　　祁豸佳隱居不仕，以賣畫為生，其確切卒年難以考訂。
〔註35〕　道光十七年（1837），梁廷枏、龔沅訂補《祁忠敏公年譜》，卷首云：「公殉節
　　　　後，王思任為撰年譜，題名稱同里友人，蓋知公者」。而趙素文比對現存三種
　　　　明人所撰《祁忠敏公年譜》，則發現該年譜乃祁氏門人所撰，而王思任可能是
　　　　批改者之一，「因年譜的最初修撰者名聲不顯，相比之下，王思任則名聲重一
　　　　時，而年譜又確實曾經王思任之手改定，祁氏子孫遂亦稱王思任撰以抬高其
　　　　身價。」（《〈祁忠敏公年譜〉四個本子的相互關係及其撰寫者辨析》，《文獻》
　　　　（季刊），2002年第4期）
〔註36〕　王端淑《吟紅集》卷二十一「紀事上」。

媵。尤爲人稱許且見諸文獻者，祁氏一門才姝，長女德淵、三女德瓊、季女德茝，子祁理孫婦張德蕙、祁班孫婦朱德蓉，平素相從商景蘭，「或對雪聯吟，或看花索句」〔註37〕，有「望之若十二瑤臺」之譽〔註38〕。然而，祁氏閨秀吟詠唱和，未見次女祁德玉任何詩作，僅商景蘭欣聞次女將有懸弧之日，作《聞次女有弄璋之期》一詩誌喜。祁德玉是否因不擅吟詩而離群索居？魏耕等編《吳越詩選》、俞卿修（康熙）《紹興府志》、朱彝尊撰《靜志居詩話》諸文獻對此均付闕如，目前學界也存在種種揣測〔註39〕。王端淑《名媛詩緯》「祁德玉」條云：

　　　　字卞容，山陰人，忠敏公彪佳女，母商夫人景蘭，太師忠定公
　朱燮元子兵部郎中兆宣媳，文學堯日妻。〔註40〕

此與道光十五年（1835），山陰杜煦、杜春生彙編《祁忠惠公遺集》附錄杜春生按語如出一轍〔註41〕。正如王端淑所惋惜，祁德玉高標自持，過於苛責而不輕許作，作輒大肆刪汰殆盡，以致《名媛詩緯》僅據以迻錄二首。現存商景蘭《代卞容寄妹》、《代卞容閨怨》、《代卞容怨詩》三首詩，即緣於次女吝惜筆墨而代筆。

　　王端淑《名媛詩緯》對祁氏閨秀歡賞有加，傾力選錄其詩作，茲列表如次（表一）：

〔註37〕　商景蘭：《〈未焚集〉序》，《祁彪佳集》，北京：中華書局，1960 年，第 297
　　　　　頁。
〔註38〕　朱彝尊：《靜志居詩話》卷二十三，北京：人民文學出版社，2006 年，第 727
　　　　　頁。
〔註39〕　胡文楷《歷代婦女著作考》著錄祁德瓊，言：「字昭華，一字卞容」（《歷代婦
　　　　　女著作考》「清代五」，第 400 頁），當誤。臺灣學者應裕康《王編〈祁忠敏公
　　　　　年譜〉述評》（《中國學術年刊》，1981 年第 3 期）、曹淑娟《寓山園林的女性
　　　　　空間》（《臺大中文學報》，2005 年總第二十三期）曾指出，祁彪佳夫婦共有三
　　　　　兒四女，其中二女兒因不善詩而不見載，商景蘭《代卞容寄妹》、《代卞容閨
　　　　　怨》、《代卞容怨詩》等詩作，可能即代二女所作；臺灣中央大學歷史研究所
　　　　　謝愛珠碩士論文《賢媛之冠——商景蘭研究》推測次女早嫁夫家後就很少與
　　　　　娘家往來等，均切中肯綮。
〔註40〕　王端淑：《名媛詩緯》卷十五。
〔註41〕　《祁彪佳集》附錄祁德茝詩集，第 290 頁。

著錄 作者	卷　次	數　量	詩（詩餘）題	評　　傳
商景蘭 （祁彪佳 妻）	卷十一， 正集九	詩十四首	《送黃皆令往郡城》；《喜次兒讀書紫芝軒》；《夜雨》；《喜嘉禾黃皆令過訪卻贈》；《同皆令遊寓山》；《坐剩園書室》；《登藏書樓刻韻》；《遊密園》；《寄懷皆令》；《喜皆令至》；《產外孫喜予次女》〔註42〕；《詠虞姬》；《哭父》；《又送皆令》	夫人父家卿，而夫忠敏，人倫榮貴，可謂至矣。而後乃多鳳毛，紫蕙白蘭，香生帶草，又何奇也。梅市固子真高隱地，山水園林之盛，超越輞川，能無筆底江山之助乎？春秋甚富，抉唐人之奧易易耳。近□□深厚典雅，當為江南兩浙閨秀之冠。
	卷三十五，詩餘集上	詞一首	【青玉案】《即席贈黃皆令言別》	婉變正大，調如二雅，愁深三疊。以此入清廟明堂之曲，唐山夫人何足稱美！
祁德淵 （長女，適 姜廷梧）	卷十三， 正集十一	詩四首	《訪黃皆令不遇》；《夜坐有懷皆令》；《絕句》；《贈別皆令》	姕英以絕色絕才為詩，從無豔態，一歸大雅。盛唐氣格，直接蛾眉，忠敏之家教使之然也。然歷下殊非至境，景陵盡入時蹊。今人鬚眉如戟，而止拾糟粕，非北面歷下，則臣事景陵，甘心奴使，見此自應愧死地下。
祁德玉 （次女，適 朱霱日）	卷十五， 正集十三	詩二首	《閨怨》；《中秋》	卞容夜光自珍，不欲使棄梨，氣渾蘭菊，故聞其篇什甚富，而掃跡滅形，高自標持，才之一字，竟不屑道，與學邯鄲、效愁西子大異。減米瘦腰，未免求好太過。
祁德瓊 （三女，適 王穀韋）	卷十六， 正集十四	詩十四首	《詠紫芝軒荷花》；《雨雪篇》；《九曲步月聞歌》；《寄楚纕》；《暮春》；《詠虞姬》；《獨步尋花》；《代閨懷遠》；《贈湘君》；《閨中四時歌》三首（夏）（秋）（冬）；《遊密園》；《閨怨》	修嫣詩凝重，不以姿態為工，故平調能雅，時出睬語。聲光透遠，若挽大娘之劍；顛仙飛動，發后羿之絃。白日驚沉，尚留異日乾頭。況神物百年見出，不當輕許，亦無容妄詆。海內有眼，宇中有人，予評非定論也。若其嚴整深厚，直追風雅處，則不可與近日閨媛一概言也。

〔註42〕王端淑《名媛詩緯》刊錄此詩，云：「扶床坐膝正相宜，況復陽元舊有期。常恐紅顏多薄命，今看白髮見佳兒。聲傳雉下追惟汝，德重荊南代是誰。猶喜都家諸弟在，司空大小覺難欺」。而杜煦、杜春生輯錄《祁忠惠公遺集》，附錄商景蘭詩作，題為《聞次女有弄璋之期》，云：「齊眉年少正相宜，況復香蘭夢有期。常恐紅顏多薄命，今看白髮見佳兒。遙知繡閣懸弧日，正是秋闈得桂時。十載愁腸方自慰，好音惟聽鳳雛奇。」（《祁彪佳集》，第264頁）

祁德茝 （季女，適 沈萃祉）	卷十六， 正集十四	詩八首	《賦得紈針脆故絲》； 《寄修嫣姊》；《又寄修 嫣》；《遊寓山》；《遊密 園》；《憶益姐》；《寄懷 黃媛介》；《中秋》	湘君艾年慧性，而詩獨清雋，虛字俱老，無七才子習氣，由此而進，木落霜降，漸入高老矣。今之才名奕奕者，近體皮毛浣花，叔敖初盛。腐拾舊典，癡藏板句。詠梅花則必牽驛使，贈才女則必引謝庭，賦看月則必借仲宣，可歎也。
張德蕙 （祁理孫 婦）	卷十五， 正集十三	詩九首	《遊寓山》；《中秋》；《贈祁湘君》；《芙蓉》；《坐剩園書室》；《題葂園禪室》；《懷湘君》；《鬥牌》；《閨怨為卞容作》	楚纕謝庭白雪，今之大家作手，咸以道蘊稱之，何道蘊之盈門耶？盛哉，人文之藪！老師宿儒難之，不意得之閨閣。為詩莊重，不趨時蹊，真三唐之餘音也。或以為貧兒暴富，通都競譽，予亦願為齊人而已。又曰《寄懷皆令》「饑鳥送寒」句，清迥閒寂，想見高人庭戶之肅。《芙蓉》詩淒寄。
朱德蓉 （祁班孫 婦）	卷十六， 正集十四	詩十二首	《黃皆令過訪》；《採蓮曲》；《詠虞姬》；《擬班婕妤詠扇》；《贈何靜宜》；《寄長瓊》；《遊寓山》；《登藏書樓》；《遊密園》；《送皆令往郡城》；《坐剩園書室》；《上巳》	三唐各不相襲，始並行不悖，千百年豈有長盛唐哉？抹殺中晚一概，才子群趨初盛門面，識陋心愚，膽癡才劣，有識者豈蹈此病！讀諸詩，脫盡板氣，已著錢劉勝地矣，何必杜工部始為今日之第一人也。

　　明季清初，閨門才女群體之盛，無過於吳江葉（沈）氏、山陰祁氏二門。前者聲名更為顯赫，一是葉（沈）氏閨秀「詩詞歌曲，眾體咸備」，《午夢堂全集》經葉紹袁煞費苦心輯錄刊行，「流播人寰，珍如拱璧」〔註43〕。二是葉小鸞所適非偶，而魂歸離恨天，葉紈紈、沈宜修傷念過度亦先後病卒，無不令文士哀傷感歎。

　　王端淑《名媛詩緯》選錄葉氏（沈氏）閨秀作品如下（表二）：

〔註43〕 葉恒椿：《〈午夢堂集〉序》，《午夢堂集》，第 1095 頁。關於汾湖葉氏（吳江沈氏）研究，早已成為學界熱點，成果頗多。專著如李栩鈺《閨閣傳心——〈午夢堂集〉女性作品研究》（臺北：里仁書局，1997 年），蔡靜平《明清之際汾湖葉氏文學世家研究》（長沙：嶽麓書社，2008 年），朱萸：《明清文學群落：吳江葉氏午夢堂》（上海人民出版社，2008 年），郝麗霞《吳江沈氏文學世家研究》（上海：復旦大學出版社，2009 年）；至於專題論文，多不勝數，茲不贅引。

著錄 作者	卷　次	數　量	詩　　題	評　　傳
沈宜修 （葉紹袁妻）	卷八， 正集六	詩十六首	《題扇頭山水》；《重午悼女》；《初夏教女學繡有感》；《感懷》二首；《感秋》；《悲花落》；《秋日望仲韶京報不至》；《清明》；《秋晚》；《題美人圖》；《贈文然姪新婚》；《思張倩倩表妹》；《風雨夜不寐，早起適為仲韶製衣漫成》；《茉莉花》；《梅花》	春日名秀，春風香濃，春花艷冶，春鳥松雋，此天地之麗文也。煙光如雨，風日掩映，樹裏笙簧，鼓吹於繁紅開落中，而深閨士女，止知妝成刺繡，舟泛呼樽，無筆床書。凡一二新詞，點綴人世間，幾為不韻之天地矣。安人家學風雅，群女知詩，豈非勝事？
葉紈紈 （長女）	卷九， 正集七	四首	《春日看花》；《感夢》；《立春》；《秋日》	女之妍者，如風際好花，一值蜂蝶，顏色頓盡。飄墮瓊宮，玉宇雖謝……序稱其詩如新桐初引，青山炤人。今點次之餘，果有輕盈嬌弱，不勝□之態，令人撫卷淚墜。
	卷三十五，詩餘集上	一闋	【浣溪沙】《春恨》	「煩惱」二字，人所自討。若清空佳思，得之自然，形諸筆墨，遂為春秋二月，令一段詩話。紈紈種種淒淒，洵是草堂妙手。
葉小紈 （次女）	卷九， 正集七	五首	《宮怨限韻戲擬》；《秋宮怨》；《贈惠思表妹》；《哭瓊章妹》二首	昔女人呂連枝、羿絕色者，三國之大小喬，漢成之飛燕、合德寶，及唐之玉環、虢國、織素、惠芳，蜀王衍之三徐，最為奕奕，然多脂粉爭長，未有文采風流、炤映一時者耳。何昭齊、瓊章之輩出也，蕙綢又從而三之，誠難兄與弟矣。而乃荊花殞落，雁序孤飛，能無人文之慟？詩篇寥寥，所異者情事耳。
葉小鸞 （季女）	卷十一， 正集九	六首	《秋夜久坐》；《憶父》；《折梅花至》；《秋暮獨坐憶兩姊》；《別蕙綢姊》；《邊怨》	瓊章詩冷艷，讀之使人傷心。嘗覺紅淚彈空，唾壺俱赤，然掩卷餘香，口齒清歷，想見其人之艷。原序稱其性不喜拘泥，能飲酒，善言笑，古今自無癡板才人，故□爾爾也尤妙。未歸而逝，芙蕖半吐，情緒□□。如使綠葉成陰，風愁雨恨，杜牧揚州之夢，□然興盡矣。序復述其仙遊窅渺，一段情事甚奇，未免文人妝點。七才子之稱，瓊章實不愧云。

	卷三十五，詩餘集上	一闋	【搗練子】《春暮》	詞家口頭語，正寫不出，在筆尖頭寫得出，便輕鬆流麗。淡處見濃，閒處耐想，足以供人咀味，何必蘇、劉、秦、柳，始稱上品。
沈媛（沈宜修妹）	卷九，正集七	四首	《挽昭齊甥女》二首；《挽瓊章甥女》二首	挽詩、悼詩，只要真切，如《離騷》體格，使人讀之涕淚交集。若只平鋪直敘，又近於俚。此四詩，淒婉中又帶香雋，是挽悼詩作手。
沈倩君（沈宜修妹）	卷八，正集六	四首	《悼甥女葉昭齊》二首；《悼甥女葉瓊章》二首	倩君手筆殊佳，只存悼亡詩，何也？覽此不見所長。
張倩倩（沈自徵妻，沈宜修姑之女）	卷八，正集六	三首	《詠風》；《憶宛君》；《獨行春橋》	文通賦恨，退之送窮。太史公憤天之憒憒，朱子處分夷跖。凡人之有麗色絕才者，天必貧之、厄之、折挫之、飢寒之，甚至殀之、殺之。甚矣，天之妬才也！然而貧、厄、折挫、飢寒、殀、殺之後，才益進，詩文益佳，其人乃不死矣。孺人以殊色處荒涼，能不飲恨而歿乎？詩餘事，其人自可傳耳。
沈智瑤（沈宜修妹）	卷八，正集六	二首	《秋思》；《憶瓊章昭齊兩甥女》	少君詩，如哀猿嘯峽，鶴唳秋空，聞之者悲酸，目之者慘切。昭齊、瓊章得此名筆，可為不死矣。
沈憲英（沈宜修弟之長女）	卷十一，正集九	三首	《秋閨怨》；《哭昭齊葉表姊》；《無題》	惠思諸詩，另是一種氣格，輕清幽細，況味黯然，直令昭齊、瓊章文成冰雪，人似秋霜。
沉靜專（沈璟季女）	卷三十八，雅集下	一闋	【懶鴛兒】《舟次題秋》	情詞兼到，可謂得家學之真傳者，膺服膺服！
沈蕙端（沈璟從孫女）	卷十四，正集十二	一首	《悵悵詞挽葉昭齊、瓊章》	悽楚極矣，所謂知己之言，讀之者無不黯然欲泣。
	卷三十七，雅集上	二闋	【金梧落妝臺】《詠佛手柑》；【封書寄姐姐】《詠紡紗女》	詠物甚難，《佛手柑》巧亂天花，《紡紗女》慧鏤冰繭，變幻解脫，精思入雲。
沈華鬟（沈自炳女）	卷九，正集七	五首	《無題》；《春夜憶昭齊姊》；《春日憶瓊章姊》三首	端容年止十四，即能搦管稱雄，與惠思輩伯仲齊驅，何沈氏一門之多才也，嗚呼，盛哉！
李玉照（沈自徵繼室）	卷八，正集六	三首	《哭宛君葉安人》二首；《閨怨限韻戲擬》	孺人得大姑沈宛君薰陶，遂稱才媛。未幾，宛君仙去，孺人能無知己之痛乎？更可異者，何物沈郎配

				此二豔，為世所妒，更為天所妒。故倩倩早夭，珊珊亦未幾而亡，故曰天妒而殺之也。悼詩酸楚，不忍重展，近體合調。
周蘭秀（沈媛女）	卷九，正集七	六首	《挽葉昭齊表妹》三首;《挽瓊章葉表妹》三首	弱英源淵家學，出口妍冷，自非凡品。其所詠挽詩，俱是性情追憶，所以哭之愈慟愈深。

　　崇禎五年（1632），葉紹袁、沈宜修為紀念先後辭世的愛女葉小鸞與葉紈紈，合刻《返生香》一卷、《愁言》一卷，是為《午夢堂集》雛本。其後，崇禎九年（1636）九月，葉紹袁輯錄刊刻《午夢堂全集》，計有十種:《鸝吹》、《愁言》、《返生香》、《窈聞》（含《續窈聞》）、《伊人思》、《彤奩續些》卷上、《彤奩續些》卷下、《秦齋怨》、《屺雁哀》、《百旻草》，以致「海內流傳殆遍」〔註44〕。據冀勤考證，目前庋藏明刊本《午夢堂集》三種，分別是《午夢堂詩文十種》、《午夢堂集十二種》、《重訂午夢堂集八種》。王端淑編選《名媛詩緯》，時《午夢堂集》早已風行海內，故在「沈宜修」條目言其「文詞甚廣，備《午夢堂十集》」，依據的是最早刊本。《午夢堂詩文十種》輯錄沈宜修《鸝吹集》五七言古詩、律詩，及絕句《梅花詩》，凡三百零一首〔註45〕，葉紈紈《愁言》詩詞一百四十五首，葉小鸞《返生香》二百零七首作品。由表二可見，王端淑據《午夢堂詩文十種》刊選、評述葉（沈）氏閨秀，雖拳拳服膺其才藝超群、感喟過早殞落，但選錄作品卻相當有限，即使著錄沈氏閨秀，亦多圍繞悼亡葉氏而選。相比之下，王端淑表彰祁氏閨秀，雖無刊本可依〔註46〕，卻從以下兩方面反映出選詩的情感投放:

　　其一，刊錄作品數量稍勝葉（沈）氏一籌。究其因，祁門閨秀文學創作不同凡響，不遜色於葉（沈）氏。同時也為了表彰同里或家族，更何況祁、

<hr>

〔註44〕殷增:《松陵詩徵前編》卷八，《午夢堂集》，第 1141 頁。關於《午夢堂集》版本，冀勤作了詳細考辨，參見《午夢堂集》前言。葉紹袁《葉天寥自撰年譜》「九年丙子」記載:「九月，《午夢堂集》成，《鸝吹》三卷、《彤奩續些》一卷、《窈聞》一卷、《伊人思》一卷、《秦齋怨》一卷、《屺雁哀》一卷、《百旻》一卷，並《返生香》、《愁言》二卷，共九種」。所謂九種、十集之說，是因為《彤奩續些》有卷上、下之別。

〔註45〕同上注。《午夢堂十集》未收沈宜修《鸝吹》之絕句、詩餘、偈、擬連珠、騷、賦、序、傳。

〔註46〕商景蘭《香奩集》（後改名《錦囊集》），不見有刊本行世。目前所見，乃道光十五年（1835）經由劉禮林選，杜煦、杜春生編輯而成。

王兩家尚有姻親關係〔註 47〕。王端淑與祁德瓊、黃媛介等才女亦曾聯袂社
集，黃媛介詩作《乙未上元，吳夫人紫霞招同王玉隱、玉映、趙東瑋、陶固
生諸社姊集浮翠軒，遲祁修嫣、張婉仙不至，拈得元字》可資爲證〔註 48〕。
順治十一年（1654），王端淑移居青藤書屋，賦詩《青藤爲風雨所拔歌》，自
序云：

> 青藤書屋，天池先生故居也。向時爲老蓮寓，今予徙居焉。藤
> 百尺，緣木而上。甲午五月，忽大風雨，藤盡拔，予憐之，輒起援
> 筆作《青藤爲風雨所拔歌》。〔註 49〕

祁氏寓園在山陰縣西南二十里寓山之麓，青藤書屋位居紹興府治東南一里許
〔註 50〕。王端淑暫居青藤書屋，與黃媛介、祁德瓊諸閨秀結社，地理交通便
利，應是唱和宴飲相對頻繁的時期。此後，王端淑遷居武林吳山、黃媛介離
開山陰，結社隨之消寂。

其二，強調祁氏閨秀家學影響。王端淑評述商景蘭「人倫之貴」，父親係
明代吏部尚書商周祚，夫婿是著名抗清志士祁彪佳。論及祁德淵，亦言「忠
敏之家教使之然也」。

葉紹袁在明季雖表現不俗，如創辦社倉、同善會，全力以赴救濟災民，
上疏指斥漕糧北運之役，鼎革後爲抗拒清廷薙髮令而息心歸禪，終全其氣節
（詳見第一章）。然而，葉氏閨秀如葉紈紈、葉小紈早在崇禎五年（1632）已
不幸去世，沈宜修亦於崇禎八年（1635）哀傷病卒，均無以擔當風烈之後。
其文學創作，側重於閒愁幽恨、貧病相傷（如沈宜修《貧病》詩）、手足情深

〔註 47〕 王思任與商景蘭之父商周祚熟識，據查繼佐《罪惟錄》「列傳」卷十八，王思
任嘗書同年商周祚房柱聯，有「好色想西施」之句。借選輯女性作品，以彰
顯自家才女之盛，是眾多輯選者的常用策略，《名媛詩緯》也不例外。王端淑
著錄王（父輩家）、丁（夫婿家）家族才女，長兄王槐起妻陳德卿（《名媛詩
緯》卷十四）、長姊王靜淑（《名媛詩緯》卷十五）、胞弟王鼎起妻徐安吉（《名
媛詩緯》卷十六）、胞妹王貞淑（《名媛詩緯》卷十七）、胞弟王霞起妻子姜廷
栴（《名媛詩緯》卷十七）、姑丁啓光（《名媛詩緯》卷十七）。其餘如張嗣音
（丁聖肇胞兄丁聖功妻）、陳金徽（王端淑甥女）、女丁君望、丁聖祥（丁聖
肇長姊，適姜廷斡）等。

〔註 48〕 王端淑：《名媛詩緯》卷九，「正集七」。據高彥頤《閨塾師》第六章繪製「一
個以商景蘭和祁德瓊爲中心的友情交際網」，基於同鄉關係，王端淑與商景蘭
應有往來，至少早已相互聽聞。

〔註 49〕 王端淑：《名媛詩緯》卷四十二。

〔註 50〕 錢泳撰，張偉校點：《履園叢話》卷二十「園林」，北京：中華書局，1979 年，
第 544～545 頁。

（如葉小鸞《鴛鴦夢》雜劇）。相反，自祁彪佳殉國之後，商景蘭獨力撫孤持家。細細揣摩祁門閨秀「葡萄之樹，芍藥之花，題詠幾遍」〔註51〕的文學創作盛況，卻是暗含「滿江紅」、「乾坤望處總悠悠」、「獨倚危樓望故鄉」〔註52〕的故國情思。例如，商景蘭《寓山看芙蓉》一詩，云：「水面芙蓉紅滿舟，兩堤衰柳不勝愁。夕陽西下長天色，雙淚何時盡碧流。」〔註53〕乘坐「滿江紅」小舟游蕩水上，最先映入眼簾的無疑是朝白暮紅的出水芙蓉，然而作者一反詠唱高潔之姿的故常，關注視角迅疾轉向湖岸頹柳，經「暮色芙蓉」、「衰柳」、「夕陽西下」諸多意象逼集，詩人不禁潸然淚下。同樣，《春日寓山觀梅》一詩，當園梅悠然綻開、岸柳悄然舒展，一派爭春氣象來臨之際，作者卻興起「物在人亡動昔愁」之感。這種感傷情緒又有明確指向，與《悼亡》詩稱頌夫婿「成千古」、「原大節」〔註54〕，《哭父》詩憤慨「國恥臣心切，親恩子難報」〔註55〕的情感一脈相承。即使時值「堂中伐大鼓，笙竽張四壁」、「彩衣紛如織，各各介眉壽」之人生得意須盡歡的五十壽誕，商景蘭卻依然是：

> 我心慘不樂，欲泣不成泣。酸風射眼來，思今倍感昔。……鳳凰不得偶，孤鸞久無色。連理一以分，清池難比翼。不見日月頹，山河皆改易。如彼斷絲機，終歲不成匹。忍淚語兩兒，汝曹非不力。行樂雖及時，避難須儉德。我家忠孝門，舉動爲世則。行當立清標，繁華非所識。事事法先型，處身如安宅。讀書成大儒，我復何促刺。我本松柏姿，甘與歲寒敵。揚名顯其親，此壽同金石。〔註56〕

此詩作於順治十一年（1654），距祁彪佳自沉恰好十週年祭，故其《五十初度有感》又有「十年感慨淚，此日滿妝臺」之句〔註57〕。當親朋好友觥籌交錯、

〔註51〕朱彝尊：《靜志居詩話》卷二十三，第727頁。
〔註52〕商景蘭：《中秋泛舟》、《九曲寓中作》，《祁彪佳集》第263、266頁。另可參閱孫康宜《寡婦詩人的文學「聲音」》一文解讀《中秋泛舟》「滿江紅」意象，《文學經典的挑戰》，南昌：百花洲文藝出版社，2002年，第330頁。「滿江紅」，據俞樾《茶香室續鈔》卷十六引述明董穀《碧里雜存》云：「聖祖（朱元璋）與徐公達閒行，買舟以覘江南虛實。值歲除，舟人無肯應者。有貧叟夫婦二人，舟尤小，欣然納之。登極後，訪得之，無子，官其姪，並封其舟而朱之，故迄今江中渡船謂之滿江紅雲。」
〔註53〕商景蘭：《錦囊集》，《祁彪佳集》，第271頁。
〔註54〕商景蘭：《錦囊集》，《祁彪佳集》，第260頁。
〔註55〕同上書，第264頁。
〔註56〕商景蘭：《五十自敘》，同上書，第272頁。
〔註57〕同上注。

頌吐奇葩時，商景蘭卻獨自傷感孤鸞失色。可以說，商氏始終未能走出故國淪喪、夫婿殞身的傷痛，不僅時刻以松柏之姿告慰自己，而且敦誠子孫後輩克勤克儉，以風烈之後規範言行。

事實上，自甲申、乙酉年迭遭君父大變，祁理孫、祁班孫昆仲「幾欲絕意典墳」〔註58〕，戮力實現父親未竟之志。魯王監國初，「從兄鴻孫將兵江上，班孫罄家輸餉」〔註59〕。祁氏兄弟結交抗清志士，山陰祁氏梅墅成為他們的密籌據點。慈谿魏耕、歸安錢纘曾、山陰朱士稚、秀水朱彝尊、番禺屈大均均與祁氏兄弟過從甚密，朱、屈二人甚至居停祁氏寓園長達數月。屈向邦《粵東詩話》卷二記載：

> （屈大均）讀書祁氏園，五月不下樓者，亦託辭也。兵敗後，周遊各地，觀察山川，聯絡志士，稍有可為，即行謀畫。居留祁氏園者，即與祁忠敏子及其門客參預鄭成功、張煌言率水師進襲金陵之謀也。及事敗，諸人或死，或略免，或遣戍，或走避，翁山始歸。〔註60〕

此為清初著名的曾撼動半壁江山的「通海案」〔註61〕。事敗，祁班孫流放至遼左寧古塔，釋歸後出家為僧，號「咒林明大師」，不談佛法，而毅然縱論古今。祁理孫哀痛手足之情，鬱鬱而卒。作為事件焦點人物的魏耕，與祁氏兄弟堪稱莫逆之交，受到殷勤款待，置酒呼妓，得覽澹生堂壬遁劍術之書〔註62〕。《雪翁詩集》亦載其與理孫、班孫泛湖賞月、題詠藏書的交遊詩數十首。尤可注意者，魏耕居恒數月，悉聞祁氏才女之盛，與錢纘曾、朱士稚合編《吳越詩選》，於「名媛詩」卷選錄二十六人，置商景蘭於榜首，刊選《關山月》、《詠虞姬》二首，並附魏耕評語：

> 雪竇曰：祁忠敏先生居平有謝太傅之風，其夫人能行其教，故

〔註58〕 祁理孫：《寓山詩稿》（乙酉），見潘建國整理：《明末清初山陰藏書家祁理孫未刊詩稿》，上海圖書館歷史文獻研究所編：《歷史文獻》，2006年第10輯。

〔註59〕 李聿求：《魯之春秋》卷十四，杭州：浙江古籍出版社，1984年，第145頁。

〔註60〕 屈向邦：《粵東詩話》卷二，香港：誦清芬室，1964年。

〔註61〕 詳可參何齡修《關於魏耕通海案的幾個問題》（《文史哲》，1993年第2期），謝國楨《記清初通海案》（氏著：《明清之際黨社運動考》，北京：中華書局，1982年，第279頁）。

〔註62〕 魏耕有奇癖，「非酒不甘，非妓不飲」，祁氏兄弟以忠義之故，禮遇備至。見全祖望：《祁六公子墓碣銘》，全祖望撰、朱鑄禹匯校集注：《全祖望集匯校集注》，上海古籍出版社，2008年，第255～259頁。

玉樹金閨，無不能詠，撒鹽柳絮之句，爲山陰第一。〔註63〕
《吳越詩選》另選錄祁德茝、祁德瓊、張德蕙、朱德蓉四人，雖僅刊載一
二首作品，但評價頗高：「今山陰一邑閨秀之作，悉晉潔明秀，不減敍別團
扇。」〔註64〕

　　魏耕與祁氏家族其他人亦時有往來，《同祁大霽後尋山，因訊沈萃祉、陶
素耒二子》一詩詢及祁德茝夫君沈萃祉〔註65〕；《遊天竺寺寄會稽姜廷梧》、
《酬姜十七廷梧送歸茗溪之作》二首均記述與祁德淵夫婿姜廷梧的交往：

　　　　公子餐霞客，每泛桃花津。家住漁浦口，喜與幽人親。秋風昨
　　夜起，絲管橫相陳。殷勤酌我酒，送歸茗溪濱。……感君滄洲言，
　　無由贈綵蘋。〔註66〕

從詩歌描述的諸多意象看，儼然一幅桃花源圖景。姜廷梧自幼見知於名士祁
彪佳、黃道周，自父親姜一仲殉節後，便絕意仕進，隱逸山林，但仍與魏耕、
屈大均、黃宗羲等諸多抗清志士往來頻繁〔註67〕，並撰《守浙紀聞》一文紀
錄殉難者〔註68〕。李瑤《〈南疆逸史〉摭遺》記載：

　　　　（姜廷梧）已罹禍下獄，久乃得釋，尋以中濕病卒。……（祁
　　德淵）三年喪畢，不易服，縞素至一十六年，蓋有所隱痛也。時天
　　下久定，凡保家門者多隆隆起，諸子願就試，許之。仲子兆鵬，康
　　熙辛酉貢於鄉。及癸酉，伯子兆熊登賢書榜。帖至，家人跽請更吉，

〔註63〕魏耕、錢纘曾、朱士稚合編：《吳越詩選》卷二十二，清順治間刊本。陳維崧《婦人集》論及商景蘭，即援引魏耕言，「慈谿魏耕曰：『撫軍居恒有謝太傅風，其夫人能行其教，故玉樹金閨，無不能詠，當世題目賢媛以夫人爲冠』」。王英志主編：《清代閨秀詩話叢刊》第1冊，第18頁。
〔註64〕魏耕、錢纘曾、朱士稚合編：《吳越詩選》卷二十二「張德蕙」條，錢纘曾評語。
〔註65〕魏耕：《雪翁詩集》卷一，《續修四庫全書》「集部」，第1393冊，第572頁。
〔註66〕同上書，第565、637頁。姜廷梧（1627～1668），字桐音，浙江餘姚人，姜一洪子，著《待刪初集》、《芳樹齋集》、《甲乙詩鈔》，參閱阮元《兩浙輶軒錄》卷二、以及毛奇齡《姜桐音墓誌銘》（《西河文集》「墓誌銘」卷一，《萬有文庫》本，第1078～1079頁）。
〔註67〕順治十八年（1661），屈大均至杭州，與姜廷梧遊賞。見屈大均《翁山詩外》卷八《渡江同諸公玩月段橋》、朱彝尊《曝書亭集》卷五《偕曹侍郎溶、施學使閩章、徐秀才織、姜處士廷梧、張處士杉、祁公子理孫、班孫段橋玩月，分韻得三字》。
〔註68〕楊鳳苞跋《南疆逸史》，《臺灣文獻叢刊》，臺北：臺灣銀行印刷所，1962年，第132種，第820頁。

曰：「謂此區區者，遂足以易我心乎？」諸子無計，乞之西河毛氏，

以歷古邊變之說進，始易服。〔註69〕

據毛奇齡撰《姜桐音墓誌銘》可知，姜氏因受清初征選旗丁牽連而被禍。祁德淵爲此而長年縞素，銘刻這段異族入主中原、重新修訂法律引發的痛史，即使子孫已中舉，仍未能輕易更改其志，易服從流。

經由朱明傾覆而禍及的家庭變故，讓商景蘭在古稀之年猶憶一生「瀕死者數矣」〔註70〕，祁德淵經年累月縞素，朱德蓉亦數十年寡居守節，足不出戶，恪守規訓，以致幼年曾追隨祁門閨秀的朱氏，若干年後敦勉子孫後輩趙谷林時，回憶道：「少時見諸姑伯姊，歲時過從，箋題酬唱，嫺令有則，風規禮法，彬彬盛矣。」〔註71〕這種家國情懷，又通過言傳身教、耳提面命，根植於趙氏兄弟（詳見第五章附錄討論屬鶚《玉臺書史》）。

表一、表二又呈現出共同性，即王端淑輯錄祁氏、葉氏閨秀作品，對「秋」字及其蘊含的蕭殺悲涼、思鄉懷舊意象殊爲敏感，「以我觀物，故物皆著我之色彩」〔註72〕。葉（沈）氏閨秀諸多詩題冠以「秋」字。祁氏閨秀，如商景蘭詩《喜次兒讀書紫芝軒》、詞〔青玉案〕；祁德淵《贈別皆令》；祁德瓊《詠紫芝軒荷花》、《寄楚纕》、《閨中四時歌》（秋）、《閨怨》；朱德蓉《詠虞姬》、《擬班婕妤詠扇》、《贈何靜宜》、《寄長瓊》、《坐剩園書室》、《上巳》；祁德茝《寄修嫣姊》、《中秋》；張德蕙《中秋》、《芙蓉》；祁德玉《中秋》，無不以「秋雁」、「秋水」、中秋之月寄託愁思。而王端淑現存《吟紅集》中亦多此類寄託故國哀愁的詩文，《秋蟲賦》（卷一）備受清初文人推崇〔註73〕。其餘詩（詩餘）題，如《代海棠秋怨》（卷四）、《秋殘》（卷十一）、《秋思》（卷十三）、〔菩薩蠻〕《傷秋》（卷十五），不勝枚舉。篇中「秋蟬」悲鳴（卷一《端望樓賦》）、「秋霜」侵襲（卷四《弔義冢》）、「秋人」自艾（卷五《蟲凄》）、「秋水」長逝（卷八《壽睿子三十》、《讀鴛湖黃媛介詩》）、「秋草」枯敗（卷九《三山秋色得江字》）、「秋雨」愁煞（卷九《秋雨諸子集浮翠軒得投字，吳夫人徵

〔註69〕李瑤《〈南疆逸史〉摭遺》，同上書，第655頁。毛奇齡《西河文集》「碑記八」《祁夫人易服記》，《萬有文庫》本，第801頁。

〔註70〕商景蘭：《〈琴樓遺稿〉序》，《祁彪佳集》，第289頁。

〔註71〕趙一清：《外氏世次記》，《東潛文稿》卷上，清乾隆五十九年刻本。

〔註72〕王國維：《人間詞話》卷上，王國維著，謝維揚等主編：《王國維全集》，杭州：浙江教育出版社；廣州：廣東教育出版社，2009年，第1冊，第461頁。

〔註73〕王士祿《燃脂集》引《神釋堂脞語》云：「（王端淑）詩文諸體，靡不涉筆。語其大致，小賦《秋蟲》一篇最善。」

和》）、「秋煙」盧淡（卷十《幻色芙蓉》）諸如此類，比比皆是。王端淑自述其「不隨春豔喜秋殘」〔註74〕，常在漫漫秋夜，哀歎因長期積貧積弱，風華不再；收復故國神京，亦流為空夢：

> 壯髮漸凋殘，神京曷時克。空掩楚囚悲，恨乏木蘭力。仗天掃妖氛，復我昔時式。〔註75〕

如此情思，又以張岱、徐斗芳、丁聖肇主盟，「寄傲於東籬」、「落英志於離騷」的山陰遺民詩社〔註76〕——同秋社更見極致。據《刻〈吟紅集〉小引》附錄，同秋社成員多達四十七人〔註77〕，其中如張岱、曾益、杜肇勳，與王思任素來相識。王雨謙是祁豸佳、陳洪綬主盟的「雲門十子」之一。同秋社具體活動難以考究，社員諸朗曾彙刊唱和作品，名為《同秋集》〔註78〕。才女王端淑、王靜淑、高幽貞時常串唱，王端淑《吟紅集》卷十《人日社飲代睿子》、《睿子同諸子社集草堂，予與一真師姊次韻》、《秋日同諸子社集邢淇瞻先生今是園，閱其所著〈鴛鴦扇詞記〉，限衣字，代睿子》、《八月十三日社集張毅孺草堂，遲宗子不至，代睿子作》、卷十一《重九前三日社集馬玉起草堂，賦得採菊東籬下代睿子》數首，即是應同秋社雅集而作。而《名媛詩緯》卷十五「馬淑祉」、卷十七「王碧蘭」（俞嘉謨妾）均附《同秋集》詩評，可見同秋社成員的妻妾輩也偶而與會。

〔註74〕 王端淑：《吟紅集》卷十《季秋見杏花，喜而有作，次浮翠軒吳夫人韻》。

〔註75〕 同上書，卷四《秋夜吟》。

〔註76〕 王端淑：《菊賦》，《吟紅集》卷一。

〔註77〕 《刻〈吟紅集〉小引》附錄曾益、張岱、杜肇勳、吳應芳、諸彥僑、王緘三、王登三、張弘、王雨謙、趙美新、王楫、邢錫禎、李時燦、陸士慎、李瑋、劉明系、諸朗、楊選、張弧、錢其恒、蔡瑜、徐斗芳、吳慶禎、姜廷翰、吳沛、孫承明、許宏、陶溲、葉紹高、陳皓、成繪、茹鉉、朱曾、馬胤璜、諸胤詵、蔡球、章覺士、商相盤、俞嘉謨、裘繡、嚴汝霖、陳善孜、張恭孫、徐衍、吳道新、丁聖化、丁從龍，共計四十七人。實際上，同秋社成員不止於此。從王端淑代其夫婿撰和詩看，又有邢淇瞻、張毅孺、馬玉起三人；據《吟紅集》卷六《代睿子悼酉任》「小引」所述，李蘊生亦應添列其中：（嘉慶）《山陰縣志》卷十四「鄉賢二」述及王雨謙，言其「與蔡子佩葦為詩友，結『同秋社』」，故蔡子佩也應為成員。其中，曾益注解李賀詩行世，王思任為之撰序，曾堪稱王思任弟子；王登三，號近庵居士，王思任任。

〔註78〕 王端淑：《名媛詩緯》卷十三「高幽貞」條。諸朗，字良月，諸大綬孫。高幽貞曾擔負選錄王端淑詩歌入《名媛詩緯》之任，但卷四十一詩題闕失，僅僅只有署名。

王端淑與男性遺民交往簡表 〔註79〕

人物	傳　記	交　遊	
		→ 王端淑	王端淑 →
張　岱	字宗子，號陶庵，山陰人，著《石匱書》、《快園道古集》。傳記見邵廷采《明遺民所知傳》（《思復堂文集》）；徐鼒《小腆紀傳補遺》。	1、同秋社唱和，刊印王端淑《吟紅集》； 2、編《石匱書》，徵集王端淑六人傳記	與張岱為首的遺民詩社唱和
毛奇齡	字於一。一名甡，字大可，號初晴、西河，蕭山人，著《西河合集》。傳記見阮元《兩浙輶軒錄》。	毛奇齡《西河集》： 1、卷三十《閨秀王玉映〈留篋集〉序》； 2、卷一百三十三【前調】《題〈詩緯〉有敘》； 3、卷一百五十九《雨中聽三弦子，適女士王玉映將之吳下，過宿蕭城西河裏，因作長句書感卻示》； 4、卷一百七十《丁司理偕內君王夫人玉映四十初度，一在九月，一在七月》； 5、卷一百七十五《同韻贈王玉映閨秀渡江》 毛奇齡【玉樓春】《題玉映〈詩緯〉》（見徐釚《本事詩》卷十）	王端淑《名媛詩緯》卷四十二： 1、《為夫子和毛大可贈別韻》； 2、《同夫子讀毛大可〈雨中聽三弦子〉長句賦贈》 王端淑《代外贈別毛大可》（見徐世昌《晚晴簃詩匯》卷一百八十四）
張養重	字子瞻，號虞山、虞山逸民，晚號椰冠道人，山陽人，著《秋心集》（佚），現存《古調堂集》。傳記見馬麟《續纂淮關統志》、卓爾堪《遺民詩》。	張養重《古調堂集》之《巫山一段雲》，詩注云：庚子重九雨後訪王玉映吳山宜樓，值移居。	
徐　緘	字伯調，山陰人，著《歲星堂集》。傳記見《皇明遺民傳》、周亮工《藏弃集》。	《贈閨秀王玉映》（徐釚《本事詩》卷十）	

〔註79〕 界定「明遺民」內涵，頗為複雜。謝正光編《明遺民傳記索引》，依據「事功」、「學術」、「文藝」、「家世」四項，有一事足以記述，且能表現政治原則與立場者，概行錄入。孔定芳《清初遺民社會——滿漢異質文化整合視野下的歷史考察》一書考察明遺民核心要素，指必須在明亡後仍追念故朝舊君，且在易代後不再干謁祿位，採取迴避或抗拒的政治態度。其辨析第三類遺民情況，即入清後，一批士人在應試出仕之前，一段時間內明確以遺民自居，如毛奇齡。本文暫採取其觀點。

王猷定	字於一，別號軫石，南昌人，著《四照堂集》。傳記見《皇明遺民傳》、黃容《明遺民錄》。	1、撰《王端淑傳》； 2、書題許兆祥《〈名媛詩緯初編〉序》	王端淑《無才集》之《聽軫石老人彈琴賦贈》（王士祿《燃脂集》）
毛先舒	一名騤，字馳黃，後改字稚黃，仁和人。著《潠書》、《詩辯坻》、《小匡文鈔》、《思古堂文集》。傳記見阮元《兩浙輶軒錄》。		王端淑《名媛詩緯》： 1、卷六「魏將蘭」條，附王端淑評語：「將蘭之詩，夫子於毛馳黃案頭錄來，亟收之，以增斯編之光。」 2、卷四十二《讀毛馳黃詩集》
鄒漪	字流綺，梁溪（今無錫）人，鄒式金子。編刊《明季遺聞》、《詩媛八名家集》數種，詳見本章第二節。		王端淑《名媛詩緯》卷二十三「王毓貞」條，對其是否入選「閨集」，王端淑舉棋不定，曰：「行當問流綺再爲改正」。
唐允甲	字祖命，號耕塢，一號山茨、握椒老人，宣城人。工詩文、善書法，官中書舍人，著《耕塢山人詩集》。傳記見王士禛《感舊集》卷六、卓爾堪《遺民詩》卷八、何紹基纂修（光緒）《重修安徽通志》卷二百二十六。	陳維崧《婦人集》：「耕塢老人爲余言：『予壬寅過鄭州，見驛亭有姑蘇女史芳芸詩，猶記其末句云：銀釭燒盡心還熱，畫鼓金針月已西。最爲清麗。其全首錄藏敝篋，曾舉示映然子，即採入《名媛詩緯》。王考功所載，亦余言之也。予閨人亦有和韻。」	

　　楊念群等學者研究清初遺民，指出諸如黃宗羲、戴名世、呂留良、董說喜用「秋色」喻示自己心境晦暗、故國哀思，也常吟詠先朝的斷壁頹垣，原因是：

　　　　方其倀倀何之，魂離魄散，鷦鷯之翮，欲集還翔，滿目皆殘山

　　剩水之恫，更何心求所謂清勝之處而居之。〔註80〕

以殘山、剩水入詩，是流離失所的不幸遭遇所致，也是懷念昔日盛況的心理隱喻，更成爲固守正統氣節的情緒表達〔註81〕。王端淑「吟紅」詩集滿紙淒風苦雨，野寺、殘鐘、凋葉紛至沓來。尤其是獲見舊友吳國輔編撰先朝聲教

〔註80〕　全祖望：《餘生生借鑒樓記》，《鮚埼亭集外編》卷二十，《全祖望集匯校集注》，
　　　　　第1123頁。
〔註81〕　楊念群：《何處是「江南」？——清朝正統觀的確立與士林精神世界的變異》
　　　　　第一章《「殘山剩水」之喻與清初士人的「出處」選擇》，北京：三聯書店，
　　　　　2010年。

所及的江山輿地圖《今古輿地圖》〔註 82〕，含有諸多華夷區域山水地圖，進而追憶崇禎戊寅（1638 年）吳國輔撰稿以「爲天下有心人一臂之助」〔註 83〕的良苦用心，以及陳子龍在崇禎癸未（1643 年）爲之撰序，憂慮「女直豕突於東北」〔註 84〕的危機形勢。而今，王端淑卻只能悵然面對山河改易的既定事實，落下「應共哀猿永夜啼」的「吟紅（朱明）」〔註 85〕之淚。

王端淑輯錄祁門閨秀詩歌，則關聯到著名才女黃媛介。明朝蕩覆，黃媛介經歷了一段慘遭擄掠的不堪記憶，力圖申述清門出身以諱飾過往，又面臨婚姻不幸、生活困頓一系列現實困擾。其躓踏於吳越間，賴出售書畫及汪然明周濟度日：

> 雖衣食取資於翰墨，而聲影未出於衡門。古有朝隱、市隱、漁隱、樵隱，予殆以離索之懷，成其肥遯之志焉。〔註 86〕

其沉潛息隱，與祁門閨秀同氣相求，以寄託國破家亡的痛楚。故現存祁德淵、祁德茝詩詞作品，頗多圍繞迎送黃氏而作（表一）。更爲關鍵的是，黃媛介與王端淑交往有年〔註 87〕。始於客居山陰時，與王端淑、胡紫霞社集，《丙申，予客山陰，雨中承丁夫人王玉映過訪。居停祁夫人許弱雲即演鮮雲童劇，偶賦誌感》一詩記述了其時相過從的情景〔註 88〕。

至於留請黃媛介數月的女遺民吳山，王端淑亦偶而與之詩詞唱和，如《次吳岩子韻》、《吳岩子徵和，起句原韻》二首〔註 89〕。《名媛詩緯》選錄吳山詩

〔註 82〕 吳國輔，字期生，錦衣衛都指揮使吳孟淵之子。崇禎庚午（1630），以覃恩授錦衣衛，後加太子太保左都督。任俠好士，廣交海內鉅公名士。參閱錢謙益撰《吳金吾小傳》（《有學集》卷三十七）。吳國輔與王端淑頗多交往，曾爲《吟紅集》撰序。吳國輔繼妻胡紫霞，號浮翠主人，與王端淑堪稱密友，《吟紅集》載有兩人酬唱之作十餘首。《今古輿地圖》三卷，崇禎間朱墨雙色套印，分別表示古、今地域沿革。上卷繪《今古華夷區域總要圖》、《九邊圖》等九幅；中卷繪自周迄晚唐諸地圖三十四幅；下卷繪《歷代華夷山名圖》、《歷代華夷水名圖》等十五幅。因《九邊圖說》語多指斥，陳子龍序及自序也有干犯，遭到清廷查禁。

〔註 83〕 吳國輔：《〈今古輿地圖〉序》，《四庫全書存目叢書》「史部」，第 170 冊，第 599 頁。

〔註 84〕 陳子龍：《〈古今輿地圖〉序》，同上書，第 596 頁。

〔註 85〕 王端淑：《讀〈今古輿圖〉次韻》，《吟紅集》卷十三。

〔註 86〕 黃媛介：《〈離隱歌〉序》，沈季友《檇李詩繫》卷三十五。

〔註 87〕 王端淑：《名媛詩緯》卷十四「黃媛貞」條云：「予（王端淑）交皆令有年矣，從未知其有姊，而皆令亦從未曾言及，其故何耶？」

〔註 88〕 王端淑：《名媛詩緯》卷九，「正集七」。

〔註 89〕 王端淑：《吟紅集》卷九。

歌八首，其中《清明前二日社集不繫園，用雨絲風片煙波畫船爲韻，各即事八首，奉和汪然明先生韻》詩之四云：

> 注我十年思，莫謂尋常見。遊客兩朝人，明湖古今面。月伴孤
>
> 山親，雲續斷橋倩。珍重泛花情，都是春光片。〔註90〕

鼎革十年後，吳山與汪然明唱和，仍感慨身經兩朝，痛徹心扉的苦楚，故其詩文常懷「國風諷刺、小雅怨誹之義」，令遺民魏禧「讀之低徊泣下」〔註91〕。

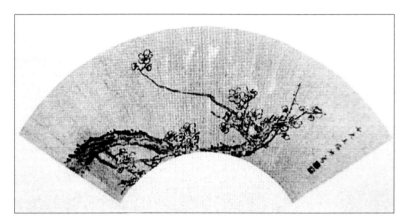

上圖爲王端淑所繪花卉冊頁，款識「女史王端淑寫」，臺北故宮博物院藏。

同樣，王端淑《吟紅集》頗多「長沙三閭之句」〔註92〕，通過歌詠荷、菊、梅明心見性，表達自身高潔不屈的操守。清初文人口耳相傳、歔歟感歎的故實——「順治中，欲援曹大家故事，延入禁中教諸妃主，映然子力辭之」〔註93〕，可爲佐證。由於眷念前朝至深，王端淑在《楊文學公雪門》一文中借蕭山楊雪門死節，怒斥靦顏事敵之徒。而對於顚覆倫理綱常、「敗壞」社會風俗、導致國破家亡者，王端淑更是大張撻伐。例如，評述明末異端人士李贄，王思任《題李卓吾先生小像贊》云：

> 西方菩提，東方滑稽。箭起鶻落，丞驌牛飛。快如嚼藕，爽則
>
> 哀梨。是非顚倒，罵笑以嬉。公之死生，《藏書》、《焚書》。〔註94〕

激賞李贄率性所行，純任自然，這與王思任自身「舌如風，笑一肚」諧謔縱

〔註90〕 王端淑：《名媛詩緯》卷十一，「正集九」。

〔註91〕 魏禧：《〈青山集〉敍》。

〔註92〕 丁聖肇：《〈吟紅集〉敍》。

〔註93〕 張庚：《國朝畫徵錄》卷下，《中國書畫全書》本。

〔註94〕 王思任：《文飯小品》卷一，第42頁。

恣的為人為文風格如出一轍。相反，王端淑反思明亡原因，與時輩王夫之、顧炎武斥責李贄惑亂人心，狂誕悖戾，「導天下於邪淫，以釀中夏衣冠之禍」〔註95〕立場不謀而合。在選本中數次貶稱「李禿驢」進行痛斥，對沾染其風習的女性更予以聲色俱屬的道德圍剿，正襟危坐的衛道者形象呼之欲出。至於誓死效忠先朝的眾多忠烈，王端淑則濃墨重彩追述稱頌，在《倪文正公鴻寶》傳文中，標舉「越州古稱名節之鄉，諸君子俱以忠孝自命」〔註96〕，不容絲毫遲疑與苟安之念。山陰名士劉宗周絕食十六日，從容赴難，王端淑推為海內忠義之首。而其撰寫六人傳記：

> 自管文忠，至金陵乞丐六傳，皆予戊、己間之率筆也。時以喪亂之後，家計蕭然，暫寓梅山，無心女紅，聊借筆墨，以舒鬱鬱。愧未成文，恐不免班門弄斧之誚。但此六傳，實係聞見最的，從無一字抑揚，不過粗粗書其節概大略。至於生平賢否，自有誌狀、家乘，毋煩予贅。而睿子社友張陶庵有《石匱書》之舉，正缺此六傳，來征者再四，予恐鄙俚不敢出手。予辭之甚峻，而彼求之愈切，乃繕寫付之。今備錄《石匱書》中，竟不改削一字，何陶庵之虛心也至此哉！〔註97〕

依據張岱撰就《石匱書》（1628～1653）的起訖時限，王端淑應於順治五至六年（1648～1649）寫作此六人傳記。然而，翻檢稿抄本《石匱書》，所謂六人傳記之《管文忠公紹寧傳》不見刊載，其餘《黃忠節公端伯傳》、《凌侍御公駉傳》、《袁部院公繼咸傳》、《唐忠愍公自彩傳》、《金陵乞丐傳》諸文，《石匱書》也僅為引述，並未如王端淑所說全文謄抄〔註98〕。上至朝廷重臣，下至販夫走卒，唯恐其人事蹟隱而不彰、含冤黃泉，王端淑彰善癉惡的性格至為鮮明。

三、女子題壁詩的文學異趣

中國歷史上朝代更迭，大都要經歷操吳戈、被犀甲的兵刃相接。所謂

〔註95〕 王夫之：《讀通鑑論》卷末「敘論三」，第 2546 頁，北京：中華書局，1975 年。
〔註96〕 王端淑：《吟紅集》卷二十一「紀事上」。
〔註97〕 王端淑：《吟紅集》卷二十。
〔註98〕 張岱《〈石匱書〉自序》云：「余自崇禎戊辰，遂泚筆此書，十有七年而遘遭國變，攜其副本，屏跡深山，又研究十年而甫能成帙。」（《琅嬛文集》卷一）故該書自崇禎元年（1628）動筆，至順治十年（1653）完稿。

「興，百姓苦；亡，百姓苦」，普通民眾屢屢成爲歷史暴亂的無辜受害者，遷徙、充軍、乃至死亡，無不改寫其既往的安定生活。就中，女子慘遭擄掠，題壁見志，堪稱末世亂離的特有「景觀」。對眞僞莫辨的題壁詩，文士和才女均投注了極大熱情，輾轉抄錄與和詩，不約而同追憶著苦難女性。鄧之誠《骨董瑣記》云：

> 亂離之際，不幸淪落者多矣，不必即其人而必有其事。婦人女子之作，最易流傳，於是有同身世之感者，效其口吻，賦之篇章，以動人憐感，見者卒以爲眞。宋蕙湘詩，名家皆有和作，聊紓悲憤而已，必欲實其人則鑿矣。〔註99〕

其以明清文士紛紛記述楚女爲例，論證同時代人記述相同之事，卻存在姓名、鄉里、年歲、詩句各方面差異。「好事者」不是沉潛於考辨原委、字句異同，僅藉以傷念「同是天涯淪落人」的不幸遭遇，發抒胸中壘塊。

順治十七年（1660），值丁耀亢遊杭，王端淑立即致信拜謁。丁氏《山陰王玉映女史投詩，爲宗弟丁睿子元配，詩以答之》詩，注云：「王季重先生女，丁文忠學士婦。詩文甚富，爲江浙閨範，欲過寓枉謁，辭之。」〔註100〕其後，又有詩《再答山陰王玉映並宗弟睿子》，詩注提及王氏：「以選《詩緯》來求序」〔註101〕。不知何故，丁耀亢卻婉言謝絕造訪，且未作序。不過，二人均以當時宋蕙湘題壁詩之熱門話題敷陳文學作品，頗能見出異趣。

順治二年（1645），清軍進抵南京城郊，趙之龍率領百官開城迎降。靖國公黃得功殞身戰場，弘光皇帝朱由崧亦被劉良佐擒捉，投獻清廷〔註102〕。動亂之中，金陵女子宋蕙湘慘遭鑲黃旗擄掠，題壁以冀君子傚仿曹操贖蔡琰義舉，予以搭救。計六奇《明季南略》卷七記載弘光宮女宋蕙湘，金陵人，年十四，兵燹流落，爲兵所掠，題詩汲縣壁：

> 風動江空羯鼓催，降旗飄颭鳳城開。將軍戰死君王繫，薄命紅顏馬上來。

〔註99〕 鄧之誠：《骨董瑣記》「記楚女詩」，北京：中華書局，2008 年，第 653 頁。關於題壁詩，可參閱蔡九迪（Judith T. Zeitlin）：《題壁詩與明清之際對婦女詩的收集》，見張宏生編：《明清文學與性別研究》，南京：江蘇古籍出版社，2002 年，第 502 頁。

〔註100〕 丁耀亢：《丁耀亢全集》之《江乾草》，鄭州：中州古籍出版社，1999 年，第 380 頁。

〔註101〕 同上書，第 381 頁。

〔註102〕 計六奇：《明季南略》、馮夢龍《甲申紀事》、徐鼒《小腆紀傳》等載。

廣陌黃塵暗鬢鴉，北風吹面落鉛華。可憐夜月箜篌引，幾度穹
廬伴暮笳。〔註103〕

此二詩，劉雲份據以入《名媛詩選》。余懷《板橋雜記》則著錄四首，其餘二
首是：

春花如繡柳如煙，良夜知心畫閣眠。今日相思渾似夢，算來可
恨是蒼天。

盈盈十五破瓜初，已作明妃別故廬。誰散千金同孟德，鑲黃旗
下贖文姝。

並附跋語，云：

被難而來，野居露宿。即欲效章嘉故事，稍留翰墨，以告君子，
不可得也。偶居邸舍，索筆漫題，以冀萬一之遇。命薄如此，想亦不
可得矣。秦淮難女宋蕙湘和血題於古汲縣前潞王城之東。〔註104〕

女子被擄之事屢見不鮮，但發生在異族入侵的特殊時代，容易引起軒然大
波。誓死抵抗清廷的士大夫張煌言《和秦淮難女宋蕙湘旅壁韻》寄寓滿腔悲
憤〔註105〕，心繫舊朝的明遺民徐釚《客有述秦淮女子宋蕙湘題壁詩，感而有
作》痛訴傷心故往〔註106〕，「悲士不遇賦」者尤侗《和秦淮女子宋蕙湘題衛輝
店壁詩三首》抒寫飄零無依〔註107〕，才女吳琪《和金陵難女宋蕙湘詩》感慨
紅顏薄命〔註108〕。此外，尚有清初留髡堂刻施男和詩〔註109〕、王岱《和秦淮
難女宋蕙湘壁間詩》〔註110〕。和詩者甚夥，均各自寄寓一己情懷。

無獨有偶，清初一浙江名妓宋娟亦在清風店題詩。因關涉著名文士曹爾
堪，使題壁本事頓時成為了津津樂道的社會話題。順治六年己丑（1649），丁
耀亢賦《感宋娟詩》二首，詩小注言：「都中盛傳此事」〔註111〕，即宋娟被清

〔註103〕 計六奇：《明季南略》卷四，北京：中華書局，1984年，第227頁。
〔註104〕 余懷：《板橋雜記》，《余懷全集》下冊，上海古籍出版社，2011年，第438
　　　　頁。王士祿《燃脂集》曾質疑宋蕙湘的宮人身份。
〔註105〕 張煌言：《張蒼水集》第二編「奇零草」，上海古籍出版社，1985年，第113頁。
〔註106〕 徐釚：《本事詩》卷十，上海：上海古籍出版社，1991年，第328頁。
〔註107〕 尤侗：《西堂詩集》「小草」。
〔註108〕 王豫《淮海英靈續集》「辛集」卷二，《續修四庫全書》「集部」，第1682冊，
　　　　第454頁。
〔註109〕 施男：《邛竹杖》卷二，《續修四庫全書》「子部」，第1176冊，第300頁。
〔註110〕 王岱：《了庵詩文集》「詩集」卷十八，《四庫禁燬書叢刊》「集部」，第91冊，
　　　　第352頁。
〔註111〕 丁耀亢：《陸舫詩草》，《丁耀亢全集》（上），第43頁。

兵擄掠，題壁請求曹爾堪贖救。曹爾堪（1617～1679），字子顧，別字顧庵，浙江嘉善人。順治九年（1652）進士，選庶吉士，授翰林編修，升侍講學士，後因事罷歸。善詩文，尤工詞，與王士禛、王士祿、施閏章、汪琬諸子並稱「海內八家」，著有《杜鵑亭稿》、《南溪詩文略》二十卷、《南溪詞略》二卷。其與王端淑書札往來，《贈映然子》一詩云：

> 閨中才子望如仙，曾記珠宮下降年。漢苑針神西蜀錦，衛家筆陣剡溪箋。詩文月旦歸形管，山水風光入畫船。自挽鹿車偕隱後，同心常結鵲橋邊。〔註112〕

歡賞王端淑詩畫才藝，及其與夫婿丁聖肇歸隱避世、甘貧樂居的心跡。據王端淑《名媛詩緯》記載，宋娟終得以歸適曹爾堪〔註113〕。

　　順治十年（1653），因曹爾堪寄資請託，丁耀亢鋪陳此事而成一部喜聞樂見的才子佳人戲曲——《西湖扇》〔註114〕。借助於宋金交戰的突發性事件、小人撥亂（姦臣陷害忠良、劫賊恣意搶擄）的傳統套路，演出名士顧史與閨秀宋湘仙、名妓宋娟一波三折的愛戀故事。儘管劇本開場即明言：「今古排場無定案，假假眞眞，世事同秋扇。」〔註115〕卻又在《題〈西湖扇傳奇〉麯末》中云：「排場但作眞實相。」〔註116〕丁耀亢著重強調劇本史事的眞實性，巧妙地將當時備受矚目的兩位題壁詩女性宋娟與宋蕙湘縮合在一起。劇中宋湘仙即宋蕙湘，第六齣【題扇】顧史在西湖岸邊拾到宋湘仙所遺詩扇一柄，小生吳玄亭從旁勸諫：

> 顧兄久負詩名，何不因韻而和之？今娟娘與蕙湘，姓氏既同，才色堪並，小弟願以此扇連二宋之歡，即作伐柯之斧。

借用他者聲口，直接點明宋湘仙即宋蕙湘，而且第十六齣【雙題】清查被俘

〔註112〕徐釚：《本事詩》卷八，第 285 頁。

〔註113〕王端淑：《名媛詩緯》卷二十一，「新集」。

〔註114〕丁耀亢：《陸舫詩》卷五《曹子顧太史寄草堂資三百緡，時爲子顧作〈西湖〉傳奇新成》，《丁耀亢全集》（上），第 200 頁。關於《西湖扇》諸討論，可參閱 Wilt L. Idema 伊維德："Crossing the Sea in a Leaking Boat: Three Plays by Ding Yaokang" ("Trauma and Transcendence in Early Qing Literature", p387)；王璦玲《記憶與敘事：清初劇作家之前朝意識與其易代感懷之戲劇轉化》（刊於《中國文哲研究集刊》第二十四期）；石玲：《丁耀亢劇作論》（刊於李增坡主編：《海峽兩岸丁耀亢學術討論會論文集》，鄭州：中州古籍出版社，1998 年，第 234 頁）。

〔註115〕丁耀亢：《西湖扇》卷上，同上書，第 746 頁。

〔註116〕丁耀亢：《椒丘詩》，同上書，第 233 頁。

女子名冊時，有正黃旗下宋娟娟、鑲黃旗下宋湘仙、正藍旗下李如花，如此明顯的專屬清代八旗軍制，作者卻「拙劣」地置於劇本設定的宋金之際動亂背景中，似乎急不可耐地要告知讀者，切勿作前朝故事觀。作者亦借另一忠義之士陳道東，痛斥「不能興復，以錢塘爲都，上下偷安，又有姦臣力主和議」的時局〔註117〕，而「河山雖改，猶存萬里長江」〔註118〕，與順治十年南明將領張煌言率軍駐紮長江瓜州渡口之現實形勢亦正暗合。

《西湖扇》劇本中，顧史身在異國，高中探花，除翰林院檢討，享盡榮華富貴；陳道東則羈留漠北，不仕二主，終得以全氣節。丁耀亢妥善處理了兩種相容共生的人生態度，既豔羨顧史詩酒風流的優游生活，也讚賞陳氏甘貧樂道的不二操守。其自身「三年考滿，已得售，當選有司，後改廣文，授容城諭」〔註119〕，至此，迭經出海避寇、從戎剿賊、慘遭訴訟、入都遠禍後，「由別徑而入北籍」，終得稍事休息。「扁舟無力附天風」〔註120〕，恰是其身心俱疲的眞實寫照。然而，出仕清廷實屬無可奈何之舉，不得已而爲之，湖上鷗吏敘《西湖扇》即稱：

> 欲使覽者知絕世才媛，遭時不偶，以播遷發其幽思，因淪落而
> 傳其姓字，爲天下憐才者一澆塊壘也云爾。〔註121〕

憐才而自憐，政權上的失落，對於以漢文化自居的文士們來說，亟需從文統上補救心理缺失。是以《西湖扇》陳道東奉命出使金國，以「讀書君子」自居而激怒兀朮太子，被徙放於漠北，卻成爲「聖人大道，傳之絕域」的大好機會〔註122〕。劇本第十九齣【遼帳】，面對一干只會射鹿調鷹，「背書好似嚼蛆，寫仿亂如卷餅」的馬背子弟，陳道東設帳教習，講解王道本於人倫，較之以兵馬得天下，儒道馴化，更爲穩健，而且，東夏西夷共文，「聖賢書，南北本無分」〔註123〕。經過苦口婆心勸解、數次言論交鋒，終於有「漸知理義，頗慕華風」的實際成效。劇本此齣，源自丁耀亢自身一段銘刻於心的館習經歷。順治六年己丑（1649）三月，丁耀亢充任鑲白旗教習，後於辛卯（1651）

〔註117〕丁耀亢：《西湖扇》卷上，第一齣。

〔註118〕同上書，第十四齣【不辱】。

〔註119〕丁耀亢：《出劫紀略・皀帽傳經笑》，《丁耀亢全集》（下冊），第285頁。

〔註120〕丁耀亢：《陸舫詩草》卷五《曹子顧太史寄草堂資三百緡，時爲子顧作〈西湖傳奇〉新成》，《丁耀亢全集》（上），第200頁。

〔註121〕丁耀亢：《西湖扇》，第742頁。

〔註122〕同上書，第774頁。

〔註123〕同上注，第776頁。

二月改入鑲紅旗教習。旗人子弟八九十人的規模，共設有教習五人，授讀四書五經。然而，眾弟子是：

> 環立而進拜，虎頭熊目之士班班也。弓矢刀觹觹，伏甲而趨。出其懷，雖有經書刀筆以請益。韋冠帶劍，少拂其意則怒去。〔註124〕

丁耀亢「自春徂秋，跨蹇投旗，風沙積面，冒雨銜泥，以訓習之語彙曰《氍雪錄》，教以慈善，化其貪鷙」〔註125〕。如此不辭辛勞，是因為其生徒來自邊地異族，習慣於刀光劍影，羈縻少馴，如果不以「四書」等漢家經典，黽勉教化，則難以剔除貪鷙、驕悍的惡習。經此一役，眾多不能雍雍揖遜者亦頑石點頭，丁耀亢對自身曾有「以聖教行於蠻夷」的行藏出處頗為得意，其後不惜筆墨在《續金瓶梅》第五十八回《遼陽洪皓哭徽宗》再度演繹，設置雷同人物形象洪皓以自況。儘管丁耀亢嗟歎自身：

> 昔管寧以避亂投遼，洪皓以朔漠談經，予實愧之。四十年窮經東省，卒無一就，乃由別徑而入北籍，止傳一氍，猶羈雞肋不已，亦大可哀矣。〔註126〕

一段苦不堪言「年華虛度」的經歷，其實卻正是丁氏躊躇滿志之時，雖云有愧於管寧、洪皓，實際上是提請注意，丁耀亢不得已「入北籍」，意在「傳經」，正是傚仿古代先賢。其文化心理的優越感、訓導蠻夷的成就感，讓這位身經易代、家兄殉國的文士有了些許慰藉。是故當其升遷惠安知縣，卻終究以疾引退，僅止於「身居九夷，行及蠻貊」的廣文之職。

　　罹難女子宋蕙湘第一首詩主要是述其被執背景，意指易代之際令人痛心的系列場景：降臣屈膝、將軍戰死、君王被繫。《名媛詩緯》附王端淑評語曰：「首作君國云亡，讀之氣竭；其三只一『齊』字，激動世人。」〔註127〕王氏《吟紅集》載其和宋蕙湘題壁詩達二十八首，分別為十一（「來」韻）、七（「笳」韻）、五（「天」韻）、五（「姝」韻）。揆其用意，不無召喚「魂兮歸來」之思。在《次宮妃宋蕙湘四韻》中，王端淑聚焦於宋氏的宮人身份，通過「空庭」、「殘夢」、「暗雲」、「落花」等冷色詞，著力渲染淒清孤寂的氛圍，呼喚「君王秉燭」歸來。「結斷同心」、「妾心甘傍君前死」〔註128〕，不啻

〔註124〕丁耀亢：《出劫紀略·皂帽傳經笑》。
〔註125〕同上注。
〔註126〕丁耀亢：《出劫紀略·皂帽傳經笑》。
〔註127〕王端淑：《名媛詩緯》卷一，「宮集」。
〔註128〕王端淑：《吟紅集》卷十三。

爲作者自況，誓死忠於故王朝，表達了高潔的遺民心緒。

綜上所述，丁耀亢、王端淑諸輩以罹難女子題壁詩爲話頭而進行文學創作，折射出頗爲複雜的故國心態。王端淑《名媛詩緯》卷二十一除刊選宋娟之作外，同卷尙錄有漢陽女子、素嬌、吳芳華、湘江女子、呂林英、秦影娘，卷二十三有姑蘇女子、衣氏、王菊枝、葉子眉、趙雪華諸人作品，或擬作和詩以張其目，於哀歎其人之悲慘遭遇的同時，又希冀其能矢志節烈，故認爲「陷身緘書，以冀蔡琰之歸，徒增醜耳」〔註129〕，藉以發抒「凡士氣不振，而乾坤貞烈之氣多種（按：應爲鍾）於婦人」〔註130〕的深沉感喟。

四、性別角色的詩學批評

作爲名門風烈之後，王端淑嗣守先世遺緒，過著「山河破碎風飄絮，身世浮沉雨打萍」的遺民生活，始終未易其志。其輯選女性作品，首在推揚才女忠孝節烈，緬懷先賢豐功偉績。與此同時，《名媛詩緯》亦全面揭櫫了王端淑的詩學取徑。林玫儀從「近體取法三唐」、「五古詩格取晉」、「崇古卑今之詩學發展史觀」、「兼重性情與格調」、「重才情學問而尤重氣韻」、「論詩學起衰救敝之道」六方面予以全面、精準梳理。本節即在前輩學者的研究成果上，順承上文論述思路，討論王端淑的詩學意旨。

由表一所列祁門閨秀可見，王端淑通過著錄祁氏遺民女性群體，品評她們的詩歌創作，直指當下頹靡不堪的詩壇。

一是推崇渾厚典雅之作。如論商景蘭詩「深厚典雅」，祁德瓊詩「嚴整深厚，直追風雅處，則不可與近日閨媛一概言也」；祁德淵詩「從無豔態，一歸大雅」。若從旁尋繹，王端淑激賞渾厚典雅的詩歌風格，實際上源自以陳子龍爲首的雲間詩派。《名媛詩緯》卷十三著錄閨秀吳玽，即稱「雲間格調渾厚高雅，大樽先生（按：指陳子龍）實爲巨擘」。緊接著於「章有湘」條又云：

> 詩自啓、禎以來，飢寒狼狽之態遍於天下，再變而纖靡之音習以成俗，求起一代之衰者而不可得。大樽先生起而振之，爲詩家柱石，言聲氣，言格調，使《雅》《頌》各得其所；去纖媚，去輕浮，使鄭聲不敢亂眞，其功豈不大哉？玉筐諸詠，得大樽先生遺意。〔註131〕

〔註129〕王端淑：《名媛詩緯》卷二十一，「新集」之「呂林英」條。
〔註130〕同上注。
〔註131〕王端淑《名媛詩緯》，卷十三，「正集十」之「章有湘」條。

為糾正前後七子學古之弊，公安三袁倡導「獨抒性靈，不拘格套」，自創清新熟滑之體，一時文士如撥雲見月，靡然從之。然而，其下者則流於「衝口而發，不複檢括」〔註132〕的輕佻油滑媚俗極端。有感於此，竟陵派標舉「幽深孤峭」詩風以救其弊。至天啟、崇禎年間，鍾惺詩文集不斷刊行，譚元春則躋身「之子獨雄視，萬夫稟號令」〔註133〕的地位。然而，竟陵諸子僅僅以「幽眇峭獨之指，文其單疎僻陋之學」，導致「天下變為幽獨之清吟，詰盤之斷句，鬼趣勝，人趣衰，變聲數，正聲微」〔註134〕，錢謙益、陳子龍諸有識之士於是深憂之。

圖為陳子龍、李雯、宋徵輿輯刻《皇明詩選》，崇禎十六年（1643）吳門蔣復貞刊梓，國家圖書館藏。

　　面對國事蜩螗，陳子龍、李雯不滿當時唯求矯激、詆誣相加，或是一味追求繁縟雕繪的詩習，重新祭起復古大旗，強調詩歌創作「蕩軼而不失其貞，頫怨而不失其厚，寓意遠而比物近，發詞淺而蓄旨深」〔註135〕，重申「主文

〔註132〕 袁中道：《阮集之詩序》，袁中道著、錢伯城校點：《珂雪齋集》，上海古籍出版社，1989 年，第 462 頁。
〔註133〕 沈德符：《譚友夏夜話》，《清權堂集》卷十一，《續修四庫全書》「集部」，第 1377 冊，第 155 頁。
〔註134〕 錢謙益：《〈南遊草〉敘》，《初學集》卷三十三，錢謙益著、錢曾箋注、錢仲聯標校：《錢牧齋全集》，上海古籍出版社，2003 年，第 2 冊，第 960 頁。
〔註135〕 陳子龍：《〈佩月堂詩稿〉序》，陳子龍著、王英志輯校：《陳子龍全集》，北京：

誦諫」、「溫柔敦厚」的詩教傳統，以紹續風雅。另一方面，與其自身風流倜儻、豪情萬丈的性情氣度有關，陳子龍推崇文采斐然的六朝、初晚唐詩文，格高調美的漢魏盛唐氣象，形成一種與眾不同的「高華」風格：

> 所謂高，是指他的詩歌表達了對國家民族命運的熱誠關注，迴
> 蕩著愛國主義的主旋律，體現出詩人的高尚人格，格調悲壯慷慨。
> 所謂華，是指他的詩歌文采斐然。〔註136〕

崇禎十三年（1640）六月，陳子龍補紹興推官，攝諸暨縣令，主持賑災、平亂、鄉試，功績卓然。其與李雯、宋徵輿戮力披閱明代詩選、各家文集百十種，編就《皇明詩選》十三卷，收錄一百八十五人，計一千餘首詩作。此舉志在賡續前後七子「考鍾伐鼓」、「振竦天下」的偉業，更期廓清當前公安、竟陵末流「淺陋靡薄，浸淫於衰亂」的弊習：

> 一篇之收，互為諷詠；一韻之疑，共相推論。攬其色矣，必準
> 繩以觀其體；符其格矣，必吟誦以求其音；協其調矣，必淵思以研
> 其旨。大較去淫濫而歸雅正，以合於古者九德、六詩之旨。〔註137〕

陳子龍此前倡導詩歌創作取材「雅」、辨體「嚴」、依聲「諧」、連類「廣」、託興「永」。為求「移風易俗，返於醇古」，《皇明詩選》存錄前七子李夢陽、何景明，以及後七子李攀龍、王世貞詩歌數量最多，而僅選錄公安派袁宏道詩作一首，竟陵數子則遭全盤刪削，隻字未提。雲間詩派成為明季肅清公安、竟陵流弊的勁旅，〔註138〕，後學葉矯然頌揚陳氏於詩道陵夷之際適時而出，復興古學的現實意義，曰：「論明人詩，正大和平，折衷風雅，無如陳臥子先生。」〔註139〕居停紹興期間，陳子龍又與祁彪佳諸名士往來頻繁。毛先舒亦稱師：

> （毛先舒）十八歲著《白榆堂詩》，鏤之版，華亭陳子龍為紹興
> 推官，見而咨嗟。於其赴行省，特詣君，君感其知己，師之。〔註140〕

人民文學出版社，2011 年，第 789～790 頁。

〔註136〕廖可斌：《明代文學復古運動研究》第十章，北京：商務印書館，2008 年，第 425 頁。

〔註137〕陳子龍：《〈皇明詩選〉序》，上海：華東師範大學出版社，1991 年。

〔註138〕參閱陳廣宏：《竟陵派研究》「結語：略論明末至清代對於竟陵派的評價」，上海：復旦大學出版社，2006 年，第 478 頁。

〔註139〕葉矯然：《龍性堂詩話初集》，郭紹虞編選、富壽蓀校點：《清詩話續編》，上海古籍出版社，1983 年，第 949 頁。

〔註140〕毛奇齡：《毛稚黃墓誌銘》，《西河集》卷九十九，《文淵閣四庫全書》本。

雲間詩說風生水起，一時傳言「（西泠）十子皆出臥子先生之門」、「西泠派即云間派」，陳子龍堪當吳越地區群彥領袖。

當《皇明詩選》編選刊刻時，適逢聖肇丁母憂扶櫬返越，王端淑跟隨抵里，《名媛詩緯》仍繼續編輯不輟。即使未能有幸向陳子龍直接執贄請教，然與毛先舒諸輩書札往來，潛移默化之間，王端淑亦受風頭甚勁的陳子龍及其詩學觀念影響甚深。其展讀毛先舒詩集，稱「今來得佳篇，爰展錦雯綺。恍在春風中，敢思蓴鱸美」〔註141〕，頗欣賞毛先舒文學創作的宗趣。而其自身詩歌寫作，亦多憂時念亂、悲憤峭激之作，明確反對女子創作的綺靡習氣，「女子不可作綺語豔辭，予已言之再四矣」〔註142〕，《吟紅集》載其偶一爲之的《戲擬閨秀詩》，亦不忘添注「博哂」以表置身「事」外。《名媛詩緯》選錄女性作品，如卷十四刊錄署名「不避世桃源中人」之作，王端淑即言：

> 採人之詩，諸體俱備，然皆哀怨憤恨之辭也，入格者頗多，以工竣不獲多收。俟二集出時，當借爲一部之冠。〔註143〕

可見其以寄託遺民情懷的「哀怨憤恨」爲渾厚典雅的底蘊。王端淑推崇「雅正」詩旨，在激賞漢魏古詩與盛唐氣象、貶斥宋詩數端上，與陳子龍並無二致。然而，王端淑的詩學主張，並非亦步亦趨雲間詩派。

二是貶斥前後七子。陳子龍在《〈彷彿樓詩稿〉序》一文中雖指謫前後七子於六朝詩文「取境太狹」，「天然之資少」、「意主博大，差減風逸；氣極沉雄，未能深永」的不足，並具體點出，李夢陽「每多累句」、何景明「弱篇靡響」、李攀龍「好襲陳華」、王世貞「時見卑詞」，但臥子先生撰寫此文，僅藉以批評剽竊因襲與信口開河兩種物極必反的不良取徑，其情感基調仍然是「北地、信陽力返風雅，歷下、琅琊復長壇坫，其功不可掩，其宗尚不可非也」〔註144〕。《皇明詩選》擇錄前後七子之詩凡七百餘首，頂禮膜拜之至可見一斑。

王端淑選刊祁德茝詩歌時，則稱賞其「詩獨清雋，虛字俱老，無七才子習氣，由此而進，木落霜降，漸入高老矣」。評騭祁德淵詩歌創作亦云：

> 發英以絕色絕才爲詩，從無豔態，一歸大雅，盛唐氣格，直接蛾眉，忠敏之家教使之然也。然歷下殊非至境，景陵盡入時蹊。今

〔註141〕王端淑：《讀毛馳黃詩集》，《名媛詩緯》卷四十二。
〔註142〕王端淑：《名媛詩緯》卷五，「正集三」「李玉英」條目。
〔註143〕王端淑：《名媛詩緯》卷十四，「正集十二」。
〔註144〕陳子龍：《陳忠裕全集》卷二十五，《陳子龍全集》，第 788 頁。

人鬚眉如戟，而止拾糟粕，非北面歷下，則臣事景陵，甘心奴使，
見此自應愧死地下。〔註145〕

《名媛詩緯》卷四評沈清詩「蒼健樸老」，「如此運筆，方許言詩。今之名士
動稱漢魏、盛唐，視之定當愧服」〔註146〕。鄧太妙詩歌因「絢爛歸平澹」
〔註147〕而入選十二首；夏惠姑詩作「清肅有骨，典則高老，而靈異之氣直逼
三唐」〔註148〕，被譽爲閨媛翹楚。其餘如卷六文氏、劉雲瓊、嘉定婦、徐
氏，卷十三越郡女子、漢寧王氏、黃荃，卷十五顏畹思、周禮，亦復如此，
注重她們詩歌創作的「清」、「老」取向。此前竟陵派尋思理傷於浮淺，前後
七子論格調流於膚廓，於是針對當下詩歌非竟陵則復古的非此即彼偏狹路
徑，王端淑推舉詩體清雋、用字老健、「從無豔態」，以進至「大雅」、「盛唐
氣格」。一言以蔽之，可謂其推崇「高老」。「老」之於詩學批評，杜甫、李白
等盛唐詩人均曾採用，明清文人更喜從文體、文法角度談論〔註149〕。徐渭講
究「稚中藏老」〔註150〕，毛先舒亦言「方鈍似老」〔註151〕，並進一步析微曰：
「漢詩樸處似鈍，其氣爲之也」，「六朝詩典處似方，其學爲之也」〔註152〕。
而明末費經虞則明確標舉「高老」：

獨踞萬仞，高不可攀；氣橫九州，老境無敵。然如蒼松翠柏中
含生新之色，始稱上乘。若枯枝斷梗，則非所貴矣。〔註153〕

這是一種睥睨萬物的詩歌氣象，也是一種經由清逸流麗之筆漸至蒼老勁健，
有別於垂垂老矣的境界。凡此，均與王端淑倡言「水清山瘦，木殞霜降，人
愛其潔，孰知從繁華富貴中來，剝落推遷，所謂絢爛歸平澹」〔註154〕殊途同
歸。同爲糾偏前後七子蹈襲前人體裁法度的弊病，陳子龍宗尚「高華」之
體，王端淑則傾向於質樸之辭，而此恰爲清初遺民群體一種較爲普遍的風習，這

〔註145〕王端淑：《名媛詩緯》卷十三，「正集十一」。
〔註146〕王端淑：《名媛詩緯》卷四，「正集二」。
〔註147〕王端淑：《名媛詩緯》卷八，「正集六」。
〔註148〕王端淑：《名媛詩緯》卷十七，「正集十五」。
〔註149〕參閱汪湧豪：《中國文學批評範疇及體系》，上海：復旦大學出版社，2007年，第274頁。
〔註150〕徐渭：《跋朱太僕〈十七帖〉卷尾》，《徐渭集》卷二十，北京：中華書局，1983年，第575頁。
〔註151〕毛先舒：《詩辯坻》卷四，《清詩話續編》，第78頁。
〔註152〕同上書，第88頁。
〔註153〕費經虞：《雅倫》卷二十，清康熙四十九年刻本。
〔註154〕王端淑：《名媛詩緯》卷八，「正集六」。

既是現實情境「殘山剩水」反覆衝擊視覺的結果，更是深刻反省故國朝野奢靡無度，以及自覺探尋「禮失求諸於野」的行為使然〔註155〕。

　　三是重才學、靈趣。明代前後七子極力鼓吹「文必西漢，詩必盛唐，大曆以後書勿讀」〔註156〕，取法偏狹；竟陵末學更屬「空腸寡腹」之輩，王夫之《夕堂永日緒論內編》譏評曰：

　　　　如欲作李、何、王、李門下廝養，但買得《韻府群玉》、《詩學大成》、《萬姓統宗》、《廣輿記》四書置案頭，遇題查湊，即無不足。若欲吮竟陵之唾液，則更不須爾；但就措大家所誦時文「之」、「於」、「其」、「以」、「靜」、「澹」、「歸」、「懷」熟活字句，湊泊將去，即已居然詞客。〔註157〕

此言不免嘲諷過甚，卻正中前後七子、竟陵派學識淺薄的軟肋，這是清初文人普遍的觀點。錢謙益譏刺李夢陽雖宣稱不讀唐以後書，引據唐以前文獻，卻紕繆百出。朱彝尊亦斥責竟陵空疏詭譎習氣。為矯其弊，清初文人士大夫倡導博覽群書，而有「出語皆與古人相應」、「文章有根據」、「下筆知取捨」〔註158〕數方面實效，黃宗羲更不無偏激地認為「多讀書，則詩不期工而自工」〔註159〕。

　　王端淑《名媛詩緯》卷七選錄才女徐媛之詩，言其「性好學詩，博極群籍，凡古文、碑銘、騷賦、歌詞，罔不究心」〔註160〕，藉以批評前後七子學古不得其法，才短思澀而專事模擬，以致流於餖飣瑣屑；竟陵末流更因「以空拳取勝」，致使「抱奇懷才之士笑為儉腹、為劣才」〔註161〕。《名媛詩緯》曾記載，丁啟光編選王端淑詩歌入此選本時，「玉映嘗謂余曰：『詩貴體格，而學識濟之』」〔註162〕。王端淑推崇才學，認為不僅能提升詩歌格調，歸於「高老」之境，更能助長女子剛烈之氣，如卷十三選錄容湖女子詩歌，云：

〔註155〕參閱楊念群：《何處是江南？——清朝正統觀的確立與士林精神世界的變異》第四、五章：「文質之辨：帝王與士林思想的趨同與合流」，第149頁。

〔註156〕張廷玉等撰：《明史》卷二百八十七，「列傳」第一百七十五，北京：中華書局，1974年，第7382頁。

〔註157〕王夫之著、戴鴻森箋注：《薑齋詩話箋注》，北京，人民文學出版社，1981年，第112頁。

〔註158〕馮班：《鈍吟雜錄》卷三，1920年上海博古齋影印借月山房匯鈔本。

〔註159〕黃宗羲：《詩曆題辭》，《黃梨洲詩集》，北京：中華書局，1959年，第2頁。

〔註160〕王端淑：《名媛詩緯》卷七，「正集五」。

〔註161〕王端淑：《名媛詩緯》卷三，「正集一」。

〔註162〕王端淑：《名媛詩緯》卷四十二。

「有眞正才學，方具眞正節烈。」然而，爲避免「以才學爲詩」，炫耀博學而竟至「眞樸淪喪」之另一極端，王端淑又提請注意詩歌以氣韻爲上，「《毛詩》之妙在意言之外，繪景寫情，宛然生動，故以學問才情爲詩，猶詩之次也」〔註163〕。並拈出「靈趣」作爲「詩心」，評鑒才女之詩：

> 詩有心，心之所在，運則如煙，入則如發。（《名媛詩緯》卷三）
> 詩有靈趣，在遣煙運墨之間。淺人以字句爲詩，詩之趣盡矣。
> 《三百篇》皆趣也，趣之外有骨、有韻、有聲、有光，皆不離於趣也。今之言詩者，變爲假氣象，假格調，而趣亡矣。（《名媛詩緯》卷五）

在王端淑看來，拘泥於字斟句酌，抑或規摹「弘壯整練」風致，而無視性情氣韻發抒，是一種假氣格。「趣」之於詩論，由來已久，晚明文人更是靡然宗之。例如，王端淑所言《三百篇》不外乎「趣」，明季陸時雍《詩鏡總論》即曾曰：「詩貴眞，詩之眞趣在意似之間」，「《三百篇》皆其然而不必然之詞」〔註164〕，是爲隨緣自適的眞性情。袁宏道論「詩以趣爲主」〔註165〕，講究有別於「理」、源自自然之「趣」；鍾惺倡導「孤衷峭性」以養「趣」；湯顯祖闡述「趣」與「禪」相通、若有若無之美。王思任《袁臨侯先生詩序》云：

> 弇州論詩，曰才，曰格，曰法，曰品，而吾獨曰一趣可以盡詩。
> 近日爲詩者，強則峭峻谿刻，弱則淺託淡玄，診之不靈也，嚼之無味也，按之非顯也；而臨侯遇境攄心，感懷發語，往往以激吐眞至之情，歸於雅含和厚之旨，不斧鑿而工，不彙篇而化，動以天機，鳴以天籟，此其趣勝也。〔註166〕

王思任不滿當前「峭峻谿刻」或「淺託淡玄」兩種味同嚼蠟卻盛行一時的詩學取向，標舉不作空談、遇境攄心，以眞至之情形諸吟詠，形成一種自然渾成卻又不失雅正和厚的「趣」。由此可見，王端淑論「靈趣」的詩學觀念，一定程度上受到其父王思任啓發。

〔註163〕 王端淑：《名媛詩緯》卷六，「正集四」。
〔註164〕 陸時雍：《詩鏡總論》，丁福保輯：《歷代詩話續編》本，北京：中華書局，1983年，第1420頁。
〔註165〕 袁宏道：《西京稿序》，袁宏道著、錢伯城箋校：《袁宏道集箋校》，上海古籍出版社，1983年，卷五十一，第1485頁。
〔註166〕 王思任著、任遠點校：《王季重十種》，杭州：浙江古籍出版社，2010年，第70頁。

綜上所述，王端淑以如椽大筆撰就明代女性詩史，選錄節烈（遺民）女子文學作品，痛砭明季詩壇的柔靡膚廓之音。其初衷，本擬直接染指編選明代男性文人詩篇。《名媛詩緯》「凡例」嘗吐露：

> 選事各有當為，如海內前後諸君子進退閨閣，固多紀盛。余素有操選之志，然恐以婦人評騭君子篇章，於誼未雅。以閨閣可否閨閣，舉其正也。〔註167〕

此言雖旨在為其堂而皇之編撰婦女詩史，尋求合乎傳統選家規範而採取的以退為進的敘述策略，然而，其「以婦人評騭君子篇章」的未竟之志，時隔百餘年後，終由汪端《明三十家詩選》予以實現。

圖為汪端《明三十家詩選》，卷首牌記曰「同治癸酉十月蘊蘭吟館重刊」，日本早稻田大學柳田泉文庫。

　　汪端（1793～1838），字允莊，號小韞，出身浙江顯宦世家，陳文述子媳，著有《自然好學齋詩鈔》十卷、《元明逸史》十八卷。其自稱前生為高啟登堂入室弟子，故而一生孜孜為其招魂，深恨磔殺高啟的明太祖朱元璋，以及芟薙文士的明成祖朱棣，認為他們屠戮過甚，以致明代「百餘年間風雅淪喪，讀書種子從此斷絕道衍」〔註168〕。其歌詠忠臣孝子、節婦烈女，意在通過「詩史」挑戰諸如「勝者王侯敗者賊」的正統史觀，表達個人的倫理觀念、

〔註167〕王端淑：《名媛詩緯》「凡例」。

〔註168〕汪端：《明三十家詩選初集》「凡例」，清道光二年（1822）刻本。

歷史評價。「是非得失之故，興衰治亂之源，尤三致意焉」〔註 169〕，「不特三百年詩學源流朗若列眉，即三百年之是非得失亦瞭如指掌」〔註 170〕，其膽識抱負，令人擊節歎賞。相較而言，心繫故國的明遺民王端淑則對明初暴戾之主未置一詞，《名媛詩緯》「宮集」稱頌太祖馬皇后「恭儉聖善」，成祖權貴妃有「左芬、徐惠之風」，並藉國嬪郭爰的傳記，極力贊許明宣宗朱瞻基「英明神聖，為一代令主，且詩文歌賦，以及草、隸、篆、楷無不精絕，至今奉為異寶」〔註 171〕。

因汪端心中鬱積數恨，比如明祖草菅名儒，沈德潛推崇七子而貶抑高啓，夫婿陳裴之的塾師蕭樊村亦墨守歸愚（沈德潛）、偏祖空同（李夢陽）更甚，為此，在詩學批評上，汪端「誓翻五百年詩壇冤案」〔註 172〕，撰就《明三十家詩選》。以「清蒼雅正」為宗，極力表彰明初文士高啓、劉基、貝瓊、楊基，一掃前後七子板滯、公安派佻仄、竟陵派幽詭之弊。當然，汪端亦不忘選刊陳子龍、曹學佺、夏完淳諸位兼具忠孝節義與詩文才藝的名家之作。其論陳子龍曰：

> 忠裕詩襟懷宏邁，天骨開張，立赤幟為雅宗，挽狂瀾於既倒。
> 諸體皆鎔鑄古調，而神理自存，如臨淮將郭令軍營壘，旌旗忽焉變色。其論詩宗旨雖以七子為歸，然國變以後之作，激昂沉著，恐王李諸人皆瞠乎其後矣。而崑山吳氏《圍爐詩話》因痛貶王李，遂敢集矢於公，豈非妄人哉？集中七律最為擅場，然著色太濃處，未免大陸，才多之累，茲錄其意格渾雅者。〔註 173〕

此論與王端淑所言如出一轍：贊許陳子龍挽既倒之狂瀾的不朽勳業，推揚其雄渾勁健的詩歌格調，卻不輕易苟同恣意鋪陳穠麗詞藻，轉而堅守她們共同認定的「清蒼」詩風。

由於王端淑學識卓爾不群，《名媛詩緯》成為後世輯錄才女作品的重要參考文獻。平湖沈季友窮搜博討，費時近十年，廣泛吸收前輩朱翰《檇李英華》、

〔註 169〕 參閱蔣寅：《汪端的詩歌創作與批評初論》，袁行霈主編：《國學研究》，北京大學出版社，2001 年第 8 卷。

〔註 170〕 梁德繩：《〈明三十家詩選〉序》。

〔註 171〕 王端淑：《名媛詩緯》卷一「宮集」。

〔註 172〕 陳文述：《孝慧汪宜人傳》，胡曉明、彭國忠主編：《江南女性別集二編》，合肥：黃山書社，2010 年，第 307 頁。

〔註 173〕 汪端：《明三十家詩選初集》卷七。

蔣之翹《檇李詩乘》成果，彙集鄉邦文獻《檇李詩繫》四十二卷。是書卷三十四、三十五著錄嘉興一郡才女，凡七十八人，其中採擷王端淑《名媛詩緯》者達二十五人。或直接援引著錄，如「蓬萊宮人」、「女仙四人」；或據以甄綜別錄，如明初朱祚次女，《檇李詩繫》著錄為朱孺人妙端，言：「妙端，字靜庵」，並附錄《名媛詩緯》不同的記述——朱祚次女乃朱令文，「令文，字仲嫻」〔註174〕。但在更多情況下，則是援引王端淑的精當評語。沈季友天資聰穎，少精製藝，工詩、古文辭，蕭山毛奇齡一見即譽為曠世逸才，「年二十六，刊《南疑集》行世，一時紙貴，名動江左」〔註175〕。沈氏年少即具盛名，見賞於清初諸大家。其輯錄地方文獻、撰寫諸家小傳時，全盤摒棄他家成說，卻在「閨秀」卷的有限篇幅內，屢次徵引王端淑評語，可見其對王氏學識深信不疑，推崇備至。

第二節　黍離銅駝之悲——鄒漪輯刊女性作品的文化救贖與情志寄託

王端淑編選《名媛詩緯》，數次稱述鄒漪及其輯錄的三種女性作品集。比如，《名媛詩緯》卷十八「季嫻」條云：

> 夫人名重淮南，所訂閨秀詩選，傳播海內非一日矣。諸名姝得夫人品定，可藉以不朽。流綺《十名家之選》濫列余名，夫人其有以勖余也夫。〔註176〕

其他如「避秦人」、「謝瑛」、「王芳與」、「杜氏」、「王毓貞」、「王德嘉」諸傳記，亦援引鄒氏撰著為證。明季清初，鄒漪次第輯錄《詩媛八名家集》、《詩媛十名家集》、《詩媛名家紅蕉集》三種，篇幅雖小，卻具有彌足珍貴的文獻輯佚、校勘價值。尤其是作者對才藝超群、膽識過人的女性群體心悅誠服，成為研讀易代之際諸多文士驚悸沮喪心態下為何頂禮膜拜才女的典型例案〔註177〕。

〔註174〕沈季友：《檇李詩繫》卷三十四「朱孺人妙端」條，《文淵閣四庫全書》本。
〔註175〕阮元：《兩浙輶軒錄》卷十。沈季友，字客子，號南疑，浙江平湖人，沈楙子。康熙二十六年（1687）副榜貢生，著有《學古堂詩集》六卷、《迴紅集》一卷，編撰《檇李詩繫》四十二卷。
〔註176〕王端淑：《名媛詩緯》卷十八，「正集十六」。
〔註177〕現今學界對鄒漪及其所編選本的研究基本闕失。挖掘鄒漪史料者，以杜桂萍、

鄒漪（1615～？），字流綺，江蘇梁溪（今無錫）人，鄒式金子。其熟稔明季掌故，撰寫《明季遺聞》四卷〔註178〕、《啓禎野乘》初集十六卷、續集八卷行世，爲諸多史家著作明季野史提供了詳盡可靠的文獻資料。而又因訂補吳偉業《綏寇紀略》，有「篡改」史實嫌疑而飽受全祖望等史家批評。此外，鄒漪與清初諸詩文名家往來密切，編選過《五大家詩鈔》、《名家詩選》，頗具影響力。終其一生，鄒氏以編輯出版明末清初史料、詩文澤及後世〔註179〕。

一、故國史料之輯存

甲申之變（1644），李自成揮師北京，順治帝建元，並率兵入關。眼見敗局已定，崇禎皇帝朱由檢自縊於煤山，臨終遺詔「百姓不可殺，百官不可留」，至今亦令人感慨萬千〔註180〕。是年孟夏，鄒漪撰就《明季遺聞》，在「自序」、「凡例」中稱述清廷：「皇清入關，伸義剿賊」、「所幸皇清入關，伸義復仇」〔註181〕，並以同樣筆調運之於其他著述，易使人疑心其遺民身份，故諸多史籍辭典徑直視其爲非遺民。而本文從側面釐析其遺民心態，旨在爲研讀其編刊女性著述之舉提供不可或缺的文化心理鋪墊。

細核鄒漪上引各言，乃是承繼《明季遺聞》「明運告終，實由流寇蹂躪海內幾十餘年」的基本史實與敘述語境而來，故對「史相公書有云『國家定鼎燕都，乃得之於闖賊，而非得之於明朝』」〔註182〕的觀點深信不疑。而且，作爲訓練有素的專門史家，作者對自三代以迄唐宋「繼世有天下者，莫不禍亂代起，以開中興」的治亂規律了然於胸：舉凡夏、商、周、漢、唐諸代，均能平息邊亂內難，享有祈年保民之譽。迨至明季，雖有祖宗功德昌盛於前，

馬銘明《〈雜劇三集〉編纂問題考論》（刊於《古籍整理研究學刊》，2009 年第 6 期）一文及馬銘明碩士論文《〈雜劇三集〉研究》最爲詳實。

〔註178〕道光年間，沈梿德續輯《昭代叢書》而成「壬集補編」，將鄒漪《明季遺聞》節錄爲一卷，首卷刪去記載李自成事蹟，又顛倒原書卷二、卷三的次序，末卷僅及李成棟反正、其妾自刎。而《長恩閣叢書》收錄《明季遺聞拾遺》一卷，即原書「雲南緬甸」一章，記述永曆由滇亡緬之事。參見謝國楨：《增訂晚明史籍考》，上海：華東師範大學出版社，2011 年，第 454、565 頁。光緒末年，上海國學社據日本原刻本翻印，改題爲《明季南北遺聞》。

〔註179〕張劍編《明清江蘇文人年表》（上海古籍出版社，1986 年，第 809 頁）「清康熙十八年」條，言鄒漪著作尚有《流漪（綺）詩集》，不知何據。

〔註180〕顧炎武：《明季實錄》卷一，清鈔本。

〔註181〕鄒漪：《明季遺聞》「自序」及「凡例」，《續修四庫全書》「史部」，第 442 冊，第 579 頁。

〔註182〕同上注。

然而啟、禎朝野唯諾成風，賄賂競尚，致使「跋前躓後而憂患多，左方右圓而才智詘」，迅即土崩瓦解。偏安一隅的南明王朝在危如累卵的險惡形勢下，依舊泄泄沓沓，「除聲色貨利之餘無朝政，自誥命贈廕而外無功能」〔註183〕，使「多難興邦」之期冀最終化為夢幻泡影。華夏數千年興衰迭更，至明季因陷入內憂外患泥淖而未能有效承續，是故鄒漪仰天長籲：「燕都之變，人耶而實天也；金陵、閩粵之失，天耶而即人也。」其著述恪守史家立場，筆法冷峻犀利，既未聲色俱厲撻伐異族政權，亦不見呼天搶地悲慟朱明王朝。鄒漪的遺民心緒，斷非「皇清」與「流寇」之語可輕率論定。黃宗羲曾撰文細微釐辨「遺民」的諸多類型，「遺民之正」只存於「未嘗廢當世之務」、「止於不仕而已」〔註184〕。至於是否與新朝權貴交往，則可以存而不論，故其在康熙年間應允朝中官員之請而撰寫諸多碑銘、傳記文字，中稱康熙帝為「聖天子」、清朝為「國朝」、清朝軍隊為「王師」〔註185〕。此類行跡，在遺民群體中並不少見。

相較而言，其父鄒式金遺民心態更為決絕。鄒式金（1596～1677），字仲愔，號木石，又號香眉居士。崇禎十三年（1640）進士，先後官南京戶部郎中、福建泉州知府。曾輔助南明隆武帝抗清，兵敗後隱居故鄉，終老於家，著有《宋遺民錄》、《香眉亭集》等〔註186〕。目前，僅存其與鄒漪共同編選的《雜劇三集》。據鄒氏家譜記載，木石公在崇禎十七年（1644）：

> 由南京戶部郎中出知福建泉州府，便道歸里，稱母觴。即聞國變，以義不避難，赴閩泉州府任。……（福州破），公先已僧服而歸隱眾香庵，避世三十年不下樓。〔註187〕

《泉州知府木石公小傳》一文則更為詳細地描述了鄒式金在鼎革之後深居簡出的生活情形：

〔註183〕 同上注。
〔註184〕 黃宗羲：《謝時符先生墓誌銘》，《南雷詩文集》（上），《黃宗羲全集》，杭州：浙江古籍出版社，1993年，第411頁。
〔註185〕 參見郭英德《黃宗羲的人生定位與文化選擇——以康熙年間為中心》一文，陳平原、王德威、商偉編：《晚明與晚清：歷史傳承與文化創新》，武漢：湖北教育出版社，2002年，第28頁。
〔註186〕 鄒式金是否在入清後知泉州府，存在不同記述，傅惜華、莊一拂、曾影靖、陸萼庭等學者持鄒氏出仕清廷的觀點，周妙中、柯愈春則提出質疑，杜桂萍依據《鄒氏宗譜》等史料詳細推考，確證了鄒式金的遺民身份，可參閱。
〔註187〕 鄒仁溥：《鄒氏宗譜》卷二，光緒十九年木活字本。

> 洪閣學欲疏薦公出山，力辭乃免。闢地爲園，敬植花竹。性好
> 書畫、古玩，嘗以五百金易一鼎。託跡林泉，亦耽禪理。居恒白衣
> 素冠，遇嘉會亦不改易……又築眾香庵於雙河口，注釋內典數種。
> 晚棲惠山之麓，其地曰「讀書臺」。一編之外，佛火清熒而已。平時
> 所儲書籍、古帖、彝器，積久散去，亦無所惜。〔註188〕

洪承疇曾兩次邀請出仕新廷，鄒式金皆不就，且一如眾多遺民行事，終年不出戶庭，白衣素冠。該傳言其收藏書畫古玩，出手闊綽，一擲千金，遭遇散佚亦不見惋惜，無疑與耽溺禪悅修煉成「木石」心性有關，卻從中得見鄒氏家族擁有殷實的經濟基礎。茲以蓄養戲曲家班爲證。鄒式金曾言：「憶幼時侍家愚谷老人，稍探律呂；後與叔介弟教習紅兒，每盡四折，天鼓已動。」〔註189〕即向叔祖鄒迪光研習曲律，又與胞弟鄒兌金教演家班〔註190〕。流風所及，至鄒漪輩，亦能略窺堂奧。其跋《雜劇三集》云：「家大人幼侍愚公先叔祖於歌舞之場，魯於桃花扇影中，悉其三昧。而余亦過庭之餘，習聞緒論。」〔註191〕然而，「舞榭歌臺，風流總被雨打風吹去」，康熙十三年（1674），鄒漪在家境日衰的窘況下，爲求「備放失舊聞」及「表章前輩著述」，變賣家財刊刻吳偉業《綏寇紀略》而被禍，繼莊廷鑨《明史》案之後，險又釀成一文字獄。施閏章《爲鄒流綺致金長真》記曰：

> 梅村先生《綏寇紀聞》一書，鄒流綺以故人子弟之義，賣屋剜
> 廁，一以備放失舊聞，一以表章前輩著述，良爲盛事，但不合輕借
> 當事姓氏參評，致有此舉。蓋懲前史之禍，不得不申明立案，非有
> 深求於鄒也。聞其中絕無觸犯，惟《凡例》所列有「大事記」等語，
> 似多蛇足，而實無此書也。今拘繫赴解，舉家號哭，悉焚他書，笥
> 橐爲空，毗陵士大夫甚憐之。鄒既貧且老，莫爲手援，萬一決裂，
> 不特鄒禍不測，且恐波及梅村先生。梅村往矣，遺孤惴惴，巢卵是

〔註188〕同上書，卷三。

〔註189〕鄒式金：《雜劇三集》「小引」，北京：中國戲劇出版社，1958年。

〔註190〕鄒迪光，字彥吉，無錫人。家居惠山愚公谷，故稱鄒愚公。萬曆二年（1574）
進士，授工部主事，官湖廣提學副使。萬曆十七年罷歸後，築園亭，蓄戲班。
著有《鬱儀樓集》、《調象庵集》等。曾約請湯顯祖至無錫觀看家班所演習的
《紫簫》、《還魂》諸本，湯顯祖撰《答鄒愚公毗陵秋約二首》（《玉茗堂詩》
卷十一），未能成行。鄒迪光家班，與申時行、張岱家班齊名於世。鄒兌金，
字叔介，著有《空堂話》、《醉新豐》兩種雜劇作品。

〔註191〕鄒式金：《跋〈雜劇三集〉》，同上書。

懼。夫束天下文士之手，寒先輩地下之心，或亦當事大賢所不忍爲
也。〔註 192〕

吳偉業與鄒式金交好，曾爲其《雜劇三集》撰序，而創作的《通天台》、《臨
春閣》二種劇作，也被刊列其中。吳偉業纂輯《綏寇紀略》，備述崇禎朝以迄
明亡之流寇禍害，鄒式金亦欣然序之〔註 193〕。依據施閏章所言，因該書「大
事記」語涉違禁之例，致使鄒漪銀鐺入獄。此際清廷忙於肅清三藩之亂，無
暇顧及，且施氏致信揚州知府金鎮，言之切切，經其與曹溶全力幹旋，鄒漪
才得以幸免於難。然而，事情並未止於此，鄒漪訂補刊刻《綏寇紀略》，接連
遭遇唾罵。明遺民林時對首先發難：

> 有心淆亂黑白，是小人之過，而《綏寇紀略》爲流漪所竄改，
> 深爲可恨。……其修怨於故君如此，令人思食其肉。〔註 194〕

林氏斥責鄒漪一本此前編寫野史《明季遺聞》的理路，爲輾轉降清的張縉彥
出脫。全祖望斥其爲「不肖門生」〔註 195〕，大肆篡改業師吳梅村著作，凡此，
訾議過甚。倒是萬斯同、閻若璩等人持論較爲平允通達：

> 此書第一受張縉彥賄，第二受李明睿囑，妝點粉飾，總不足信，
> 已被蕭震特疏參處。但也有些好處，此萬季野所以不廢也。〔註 196〕

言人人殊。《綏寇紀略》之史料價值毋庸置疑，朱彝尊認爲「終勝草野傳聞」
〔註 197〕，可備國史採擇；史家如趙翼雖不滿該書仿蘇鶚《杜陽雜編》、何光遠

〔註 192〕 施閏章：《學餘堂文集》卷二十七，施閏章著，何慶善、楊應芹點校：《施愚
山集》，合肥：黃山書社，1992 年，第 551 頁。

〔註 193〕 討論《綏寇紀略》，不得不說及另一野史《鹿樵紀聞》，因書題爲「婁東梅村
野史撰」，是否即吳梅村所編，堪稱一樁史學公案。陳令升質疑作者是吳偉業
（黃宗羲《南雷文約》卷三《陳令升先生傳》），明遺民林時對謂此書出於一
遺老之手，吳梅村得之，遂以行世（全祖望《鮚埼亭集外編》卷二十九《跋
〈綏寇紀略〉》）。朱彝尊《曝書亭集》卷四十四《跋〈綏寇紀略〉》、錢林《文
獻徵存錄》、撚敍《隙光亭雜識》等書確信作者是吳梅村。道光年間顧師軾《吳
梅村年譜》予以著錄是書。近人謝國楨、馮其庸、葉君遠均認爲非吳偉業所
著。吳德翔撰寫的碩士論文《〈綏寇紀略〉與〈鹿樵紀聞〉》（黃永年指導）予
以釐清，證實是僞書，可備一說。

〔註 194〕 全祖望：《林都御史時對》，《續耆舊》卷三十五，《續修四庫全書》「集部」，
第 1682 冊，第 611 頁。

〔註 195〕 全祖望：《跋〈綏寇紀略〉》，《鮚埼亭集外編》卷二十九，《全祖望集匯校集注》，
第 1325 頁。

〔註 196〕 閻若璩：《與劉紫函書》，《潛邱札記》卷六，《文淵閣四庫全書》本。

〔註 197〕 朱彝尊：《跋〈綏寇紀略〉》，朱彝尊著、王利民等校點：《曝書亭全集》，長春：

《鑒戒錄》體例，每卷以三字命題，不免有小說家纖仄之議，但推崇其記載詳贍、文筆雅潔〔註198〕。概而言之，涉足訂補刊刻《綏寇紀略》，鄒漪幾近喪身殞命，「舉家號哭，悉焚他書，笥橐爲空」，亦備受他人辱罵，實在是一件費力不討好的事情。

雖然如此，鄒漪亦不輕易改志，於康熙十八年（1679），賡續《啓禎野乘》（初集），裒輯啓、禎兩朝散佚舊聞，撰就續書。《啓禎野乘》初集以表彰先哲爲心，文風平正質樸。舉凡公車疏牘、鉅公誌狀、輿論口碑、先達緒論，無不採擇，有者加詳，無則反略，頗足徵實。較之初集「感星辰劍履之傾頹，懼滄海桑田之變易」〔註199〕的編撰初衷，《啓禎野乘》續集更有所指：

慨自世衰道微，廉恥漸滅，臣弒其君，子逆其父，士賣其友，

弟子背其師，妻妾棄其夫，幾不知忠孝節義爲何物。〔註200〕

諦審之，作者痛斥世道不古、綱常崩壞，不爲無因。一方面，隨著時世推移，遺民群體具體行跡，經由易代之際的慷慨陳詞、憤激義舉而轉爲冷靜深刻的文化反省。顧炎武細辨易姓改號之亡國與「率獸食人，人將相食」〔註201〕之亡天下的分野，不廉不恥則禍敗亂亡將至；陳確、張履祥則明言「春秋之世，夷狄亂華，臣弒君，子弒父，下凌上替，妾婦乘其夫，小人加君子」〔註202〕。據此可見鄒漪言下之意，當下種種數典忘祖、寡廉鮮恥之舉始自「夷狄亂華」。故與張履祥倡導「舉直錯枉」、「遏惡揚善」以復興三代古訓相呼應，鄒漪屏居西村，搜討志傳、墓表，輯錄忠臣義士、孝子烈婦篇章而成《啓禎野乘二集》。另一方面，此際三藩之亂已漸平息，清廷盡可「用全副精神對付這問題（按：指念書人），政策也因時因人而變」〔註203〕，推行了一系列懷柔羈

吉林文史出版社，2009 年，卷四十五，第 491 頁。

〔註198〕趙翼：《綏寇紀略》，《簷曝雜記》卷六，北京：中華書局，1997 年，第 108 頁。

〔註199〕鄒漪：《〈啓禎野乘〉自序》，《四庫禁燬書叢刊》「史部」，第 40 冊，第 318～319 頁。

〔註200〕鄒漪：《〈啓禎野乘二集〉自序》，《四庫禁燬書叢刊》「史部」，第 41 冊，第 48 頁。

〔註201〕顧炎武：《正始》，顧炎武著、黃汝成集釋、欒保群、呂宗力校點：《日知錄集釋》，上海古籍出版社，2006 年，卷十三，第 756 頁。

〔註202〕張履祥：《備忘四》，陳祖武點校：《楊園先生全集》，北京：中華書局，2002 年，第 1191 頁。參閱楊念群《何處是江南？——清朝正統觀的確立與士林精神世界的變異》第二章「禮制秩序的重建與『士』、『君』關係的重整」，第 78 頁。

〔註203〕梁啓超：《中國近三百年學術史》，《飲冰室合集》，北京：中華書局，2008 年，

麋舉措,籠絡士子,消解其對抗情緒。康熙十七年(1678),徵召博學鴻儒科,並於次年三月召試體仁閣,詩、賦各一。一百七十餘人應試者,取錄五十人,已仕者按品階晉級,未仕者概授檢討。眾多文士群趨其門,如蟻附膻。有感於此,鄒氏借批駁禮崩樂壞,傳統君君臣臣、父父子子綱常蕩然無存,含沙射影予以譏彈。鄒漪「雖近於迂腐,而仍不失為氣節之士。惟作者向不持門戶之見,故不為黨社中人所稱許」〔註204〕,其「雖體解吾猶未變」、榮榮孤傲之姿,令人景仰。而言及其身後之事,所編多種著作迭遭查禁。乾隆四十三年(1778),湖廣總督三寶奏呈查繳湖北省應毀書目,以及乾隆四十五年(1780),浙江巡撫李質穎查繳違礙書籍,鄒漪《啓禎野乘》初集、二集因「皆天、崇時人專傳,紀載失實。初集有錢謙益序文」〔註205〕,遭致禁燬。《五大家詩鈔》因著錄牧齋詩文,為閩浙總督三寶奏繳,於乾隆四十四年(1779)年獲准禁燬〔註206〕。《明季遺聞》四卷也列入乾隆四十七年(1782)四庫館正總裁英廉等所編《全毀書目》,未能幸免。頗為弔詭的是,曾使鄒漪險遭不測的《綏寇紀略》一書,卻以「記事尚頗近實」〔註207〕,經浙江巡撫採進,入選《四庫全書》。

歷經王朝天崩地坼的突變,目睹士子前赴後繼之剛烈,鄒漪本著史家秉筆直書的態度,詮次而成明季野史——《啓禎野乘》初集(刊於 1644 年)、《明季遺聞》(刊於 1657 年)表彰殉難諸賢;《啓禎野乘》續集(刊於 1679 年)譏刺靦顏仕清之徒。鄒漪之遺民心史於此可見。時彥屈大均曾倡導:「士君子生當亂世,有志纂修,當先紀亡而後紀存。不能以《春秋》紀之,當以《詩》紀之。」〔註208〕康熙元年(1662),鄒漪從延續盛明文脈的角度,又與父鄒式

第 10 冊,第 14 頁。
〔註204〕謝國楨:《(增訂)晚明史籍考》「按語」,第 124 頁。謝先生指出,《啓禎野乘》對李國楨、楊維垣等頗有恕辭,這些言論雖會遭致清流譏彈,但也自是公論。傳奇《鐵冠圖》、李漁小說《無聲戲》等文學作品評判李國楨、張縉彥,與鄒氏《啓禎野乘》立場相一致。《啓禎野乘》具有重要的史料價值,如最早記載陳繼儒焚儒服一事,《明季北略》、《明史》、《松江府志》、《華亭縣志》等文獻關於陳繼儒傳記,均襲述《啓禎野乘》而成。凡此種種,非只一端。
〔註205〕李質穎:《浙江巡撫李質穎奏查繳違礙書籍並繕清單呈覽摺》,中國第一歷史檔案館編:《纂修四庫全書檔案》,上海古籍出版社,1997 年,第 1205 頁。
〔註206〕孫殿起:《清代禁書知見錄》,上海:商務印書館,1957 年,第 31 頁。
〔註207〕永瑢等撰:《四庫全書總目》卷四十九,「史部」五,北京:中華書局,2008 年,第 443 頁。
〔註208〕屈大均:《翁山文鈔》卷一《東莞詩集序》,《屈大均全集》,北京:人民文學

金合作編刊《雜劇三集》。

之所以名曰「三集」，即承續沈泰編《盛明雜劇》初、二集而來。學者杜桂萍指出：

> 爲《盛明雜劇》初集、二集這一在前朝影響甚巨的選本「續貂」，對於以遺民自詡的編選者來說，其包藏著故國雖隕而文脈未斷的期冀：以人存劇，以劇存史，以有形之文本存無盡之愛國心也。〔註209〕

儻於是年莊廷鑨刊行《明史輯略》，爲陰險毒辣的李廷樞、吳之榮纏訟不休的前車之鑒，鄒氏父子直接刪削「盛明」一詞，題爲「雜劇三集（或曰新編）」這樣無關痛癢的書名。然而，不同於沈泰《盛明雜劇》初、二集「非快事韻事、奇絕趣絕者不載」〔註210〕的選錄旨趣，鄒氏父子更鍾情於「抒其禾黍銅駝之怨」、「寫其擊壺彈鋏之思」、「寄其飲醇近婦之情」、「發其問天遊仙之夢」〔註211〕諸作品。《雜劇三集》共選錄十九人、三十四種劇作，其中遺民作家有鄒式金、鄒兌金、查繼佐、陸世廉、張龍文、孫源文、黃家舒、土室道民，以及出仕新朝國子監祭酒前，創作了劇本《通天台》、《臨春閣》以寓亡國之痛的吳偉業。鄒式金撰寫《雜劇三集》「小引」，稱：

> 夫子刪《詩》，曰：「雅、頌得所，然後樂正」。未嘗分詩、樂爲二。……欲歌，欲泣，欲背裂，欲魂銷，言之者無罪，聞之者足以戒，倘亦《小雅》之志、風人之遺乎。憶幼時侍家愚谷老人，稍探律呂；後與叔介弟教習紅兒，每盡四折，天鼓已動。今風流雲散，舞衫歌扇，皆化爲異物矣！是刻亦過雁之一唳也，爲之三歎！〔註212〕

　　　出版社，1996年，第3冊，第279頁。
〔註209〕杜桂萍、馬銘明《〈雜劇三集〉編纂問題考論》。
〔註210〕沈泰：《盛明雜劇》「凡例」，北京：中國戲劇出版社，1958年。
〔註211〕鄒式金：《雜劇三集》「小引」，北京：中國戲劇出版社，1958年。
〔註212〕同上注。

不滿時下北曲、南曲娛樂觀眾的價值取向，釐清「曲」之風雅教化傳統源遠流長：自古聖賢標舉詩樂爲一，《論語》「子曰：吾自衛反魯，然後樂正，雅、頌各得其所」〔註213〕。魯哀公十一年，孔子自衛返魯，是時道衰樂廢，乃正之。其後歷朝士大夫競談詩學而使曲樂形同「廣陵散」。迨至明代，朱有燉、王九思、康海倡始於前，沈璟、湯顯祖、徐渭、范文若繼起於後。而今面對「王道衰，禮義廢，政教失，國異政，家殊俗」〔註214〕的歷史劇變，鄒式金重申戲劇創作教化諷諫的社會功能。鄒漪跋《雜劇三集》，緊承其父意旨而進行闡發，「庶幾詩樂合一，或有當於吾夫子自衛反魯之意乎」〔註215〕。意思是說，編刊戲曲選集，一是希望引領戲曲創作覆歸雅正，二是期以孔子「自衛反魯」之舉自許。康熙元年，南明政權遭遇重創：桂王朱由榔被絞殺，魯王朱以海病逝。至此，「魯陽之望」都絕，遺民群體開始轉而尋求文化自省與救贖，復三代、崇古禮之風悄然興起，孔子「自衛反魯」之舉就具有了鮮明的文化象徵意義：黃宗羲「始有潮息煙沉之歎」〔註216〕，著手寫作《明夷待訪錄》；顧炎武「歎禮教之衰遲，傷風俗之頹敗」，以「則古稱先，規切時弊」〔註217〕爲旨，始撰《日知錄》。顧氏刊行潛心三十餘年撰就的古音學巨著《音學五書》，意在「考正三代以上之音」，並自詡爲「以續《三百篇》以來久絕之傳」〔註218〕：

> 天之未喪斯文，必有聖人復起，舉今日之音而還之淳古者。子曰：「吾自衛反魯，然後樂正，雅、頌各得其所」。實有望於後之作者焉。〔註219〕

鄧之誠精闢地指出了該書應時刊行之價值：

> 蓋漢魏而後，四裔之人入居中土，聲音始雜，茲編微意，在復中華之舊而已。引「自衛反魯，然後樂正，雅、頌各得其所」爲喻。

〔註213〕何晏：《論語注疏》卷九，《十三經注疏》本，北京：中華書局，2009年，第5410頁。

〔註214〕孔穎達：《毛詩正義》卷一，《十三經注疏》本，第566頁。

〔註215〕鄒漪：《〈雜劇三集〉跋》。

〔註216〕全祖望：《書明夷待訪錄後》，《鮚埼亭集外編》卷三十一，《全祖望集匯校集注》，第1391頁。

〔註217〕潘耒：《〈日知錄〉序》，《日知錄集釋》，第2頁。

〔註218〕顧炎武：《與人書二十五》，《亭林文集》卷四，顧炎武著、華忱之點校：《顧亭林詩文集》，北京：中華書局，1983年，第98頁。

〔註219〕顧炎武：《〈音學五書〉序》，《亭林文集》卷二，同上書，第26頁。

蓋光復之功，不在衣冠禮樂之下。〔註220〕

王夫之遁跡衡山，編選《古詩評選》、《唐詩評選》、《明詩評選》諸選本，亦有「與尼山自衛反魯、正樂刪詩之意息息相通，迥非唐宋以來各選家所能企及」〔註221〕之譽。鄒式金、鄒漪父子傚仿聖賢，在康熙元年編刊《雜劇三集》，復歸華夏禮樂，延續故國文脈，其心可鑒，其情可嘉。

二、輯刊女性著述心態抉微

如前所述，甲申之變，鄒漪初刊《啟禎野乘》，後於康熙初年刊行續集。在續集卷八「陶烈婦傳」條，作者如是說：

> 乙酉以來，婦以兵而受辱者甚多，以兵而□者亦不少。特閨門之秀，隱而弗彰，近在吾鄉尚有逸者，況稍遠乎？越中諸烈，皆本之王玉映。玉映表章節義，與予千里同心，此固李易安所掩面而避席，蘇若蘭之斂手而執鞭者也。彼世之人，語及節義，非緘嘿不言，即詆訶相及，視玉映何如哉！〔註222〕

《啟禎野乘》初集卷十五、十六，續集卷八專錄貞節烈婦，凡七十餘人。或嘉許其具松柏之姿，經風霜而彌茂，如無錫虞氏，煢煢撫孤，及子貴，亦不矜喜，益節儉自守，名臣黃道周、馬世奇交章稱頌。或激賞她們根柢學問，蘊蓄經略，非學士大夫所能及，如歙縣節婦項氏，明敏果斷，為保全家門和睦而甘願捨棄貲財，攜孤子另闢數畝瘠地荒林度日，十九年伶仃困苦而無怨尤。鄒漪表彰其人之深明大義、敢於擔當，藉以批判甲申年間流寇日亟，朝中士大夫對撤薊帥以救神京之事優柔寡斷，無人力舉其事，以致貽誤時機。「設令節婦得以仰首伸眉，持籌軍國大計，必將獨斷而決行之。」〔註223〕而令鄒漪嗟歎「扶綱植倫，乃在閨閫」〔註224〕之奇女子劉淑，則有詩文集《個山集》傳世。至於《啟禎野乘》刊載《女仙傳》，在彰顯女史節烈的主題下，撮述葉紹袁《續窈聞》一文，揄揚集才人、佳人、仙人於一身的明末才女葉

〔註220〕鄧之誠著，趙丕傑選編：《五石齋小品》，北京出版社，1998年，第289頁。

〔註221〕蕭度：《船山古近體詩評選總序》，《船山全書》編輯委員會編：《船山全書》，長沙：嶽麓書社，2011年，第14冊，第879頁。

〔註222〕鄒漪：《啟禎野乘》「二集」卷八，《四庫禁燬書叢刊》「史部」，第41冊，第235頁。

〔註223〕鄒漪：《啟禎野乘》「初集」卷十六，《四庫禁燬書叢刊》「史部」，第41冊，第44頁。

〔註224〕同上書，第24頁。

小鸞，顯得頗為突兀（詳見第一章論述）。編刊明季野史，裒輯節烈女性事蹟，以為當世文士和婦女的言行樹立典範，確乎不宜無視上下文語境而亟亟補刊詩文作品，似應另闢篇章。遺民薛寀序鄒漪《明季遺聞》，曰：「惟吾流綺，家擅史才，博雅宏通，覃精時務。年來著述頗富，幾於等身。既旌詩媛，隨輯遺聞。」〔註225〕所謂「旌詩媛」，即指順治十二年（1655）鄒漪編刊《詩媛八名家集》。

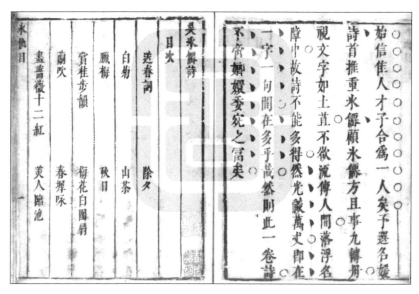

上圖為鄒漪《詩媛八名家集》，順治十二年刻本，國家圖書館藏。

　　《詩媛八名家集》由鄒氏鷺宜齋刊行，計收錄王端淑、吳琪、吳綃、柳如是、黃媛介、季嫻、吳山、卞夢珏八家。目前，該刊本分藏於國家圖書館、中國科學院圖書館、哈佛燕京圖書館，具體細目如次：

名　錄 ＼ 藏　地	國家圖書館	中國科學院圖書館	哈佛燕京圖書館
王端淑（詩九十六首、詩餘三首）	×	✓	✓
吳　琪（詩九十九首、詩餘十首）	✓	✓	✓
吳　綃（詩八十三首、詩餘四首）	✓	✓	✓
柳如是（詩二十九首）	✓	✓	✓

〔註225〕薛寀：《〈明季遺聞〉序》，《續修四庫全書》本，第578頁。

黃媛介（詩六十三首、詩餘九首）	×	✓	✓
季　嫻（詩五十六首）	×	✓	×
吳　山（詩三十七首）	✓	✓	×
卞夢珏（詩三十首）	✓	✓	✓

《詩媛八名家集》刊載吳綃詩集《吳冰仙詩選》詩歌八十三首、詩餘四首，而目錄僅標注七十二首，具體闕《草花雜詠》三首、《竊得鸞枝》、《佛手柑》、《鶯》六首、詩餘【疎簾淡月】《詠懷》、【憶王孫】《秋夜》、【蝶戀花】《病懷》、【醉花陰】《望遠》四首。

八位詩媛名家的詩文集，王端淑《吟紅集》、季嫻《雨泉龕合刻》、吳綃《嘯雪庵詩集》、柳如是詩詞集幸存至今。黃媛介《南華館古文詩集》、《越遊草》、《湖上草》、《如石閣漫草》、《離隱詞》數種已經亡佚。鄒漪全本《詩媛八名家集》則刊錄黃媛介詩詞七十二首。由於胡文楷所據國家圖書館藏本闕黃媛介詩卷，又未能目見《詩媛八名家集》另外兩種藏本，故其輯錄《黃媛介詩》，頗費心力，不得不從旁耙梳，援據《燃脂集》、《擷芳集》、《彤奩續些》、《國朝閨秀柳絮集》眾多文獻，都爲一卷，凡七十一首〔註226〕。而其輯錄吳琪詩歌，則相對省心省力，從《擷芳集》補詩三首、《澹仙詩話》補詩一首、《江蘇詩徵》補詩五首，外加直接迻錄鄒漪《詩媛八名家集》之《吳蕊仙詩選》百餘首作品，集爲《吳蕊仙詩》一冊〔註227〕。此外，吳山、卞夢珏母女作品存世數量，亦以該刊本收錄爲最。就此而言，《詩媛八名家集》具有殊爲珍貴的文獻輯佚價值。

此外，《詩媛八名家集》亦爲釐清現存才女作品的版本異同，提供了諸多校勘訊息。例如，柳如是別集，現存三種：崇禎十一年（1638），陳子龍刊刻《戊寅草》，收錄柳氏此前創作作品。次年，汪然明刊印河東君於該年吟詠之作，題爲《湖上草》，第三種則是鄒漪《詩媛八名家集》之「柳如是詩選」〔註228〕。究其所本，鄒漪與錢謙益往來頻繁，牧齋先生序《啓禎野乘》，稱述

〔註226〕 胡文楷：《歷代婦女著作考》（增訂本），第 664 頁。
〔註227〕 同上書，第 105 頁。
〔註228〕 王士祿《宮閨氏籍藝文考略》卷九「柳是」條，稱鄒漪《詩媛十名家集》曾從柳如是詩集《戊寅草》選錄（《宮閨氏籍藝文考略》「當代下」，《藝文雜誌》，1936 年第 4 期，第 20 頁）。陳寅恪《柳如是別傳》援引《燃脂集》，附加按語：「《佚叢甲集》『牧齋集外詩』附《柳如是詩》，卷尾載武陵漁人跋云：『蘇

鄒漪：

> 恥國史之淪墜，慨然引爲己任，先後纂述有成編矣，而又不自
> 滿，假以予爲守藏舊老，不擇其矇瞽而問道焉。余敢以兩言進：一
> 則曰博求，二則曰虛己。……往予領史局，漳浦石齋先生每過余，
> 揚搉史事，輒移日分夜。……鄒子，漳浦之高弟也，卒能網羅纂集
> 以繼其師之志。〔註229〕

作爲黃道周高足，鄒漪繼承業師未竟之志，爲輯撰一家之言，曾問道於牧齋
先生。錢謙益亦慨然應允，授「博求」、「虛己」著書立說的四字箴言，並賦
詩《金陵寓舍贈梁溪鄒流綺》一首：

> 第二泉流乳水腴，跳珠漱石潤凋枯。讀書昔巳過袁豹，紬史今
> 當繼董狐。金匱舊章周六典，玉衣原廟漢三都。冶城載筆霜風候，
> 還與幽人拜鼎湖。〔註230〕

　　誇獎鄒漪學識淵博，媲美東晉名士袁豹；又能秉筆直書，勝似春秋史官
董狐。而其心繫故國，綴輯南明史事，更讓錢氏由衷佩服與欣賞。得益於
兩人之間的交情，鄒漪輯刊柳如是詩，錢謙益恰能提供旁人不易尋獲的第
一手文獻。據學者周書田統計，《詩媛八名家集》之《柳如是詩選》，四首來
自牧齋《初學集》；四首鈔於牧齋《有學集》；十三首源自錢謙益、柳如是
《東山酬和集》。此外，六首見於柳如是《湖上草》，卻與之有異同（如下表）
〔註231〕。《詩媛八名家集》之《柳如是詩選》目錄闕失、正文卻存錄詩作
《劉夫人移居金陵，賦此奉寄》、《小至日京口舟中》、《冬日泛舟》三首。而
《劉夫人移居金陵，賦此奉寄》、《詠睡蝶》二首則僅見於該合刻本，爲他書
闕載。

> 息翁新購《詩媛八名家》，令急爲借讀，內有河東君一，特爲錄出。』與此作
> 《詩媛十名家》者不同。」（《柳如是別傳》，第459頁）對鄒漪選錄《戊寅草》
> 抑或《湖上草》並未有疑義。筆者推斷，《詩媛八名家集》之《柳如是詩選》
> 採擇《湖上草》，而《詩媛十名家集》之柳如是作品，則增補了《戊寅草》，
> 姑記於此。

〔註229〕錢謙益：《〈啓禎野乘〉序》，《錢牧齋全集》，第686頁。
〔註230〕錢謙益：《有學集》卷八，《錢牧齋全集》第肆冊，第377頁。
〔註231〕柳如是撰，周書田、范景中輯校：《柳如是集》，第116頁。

詩集 詩題	柳如是詩選	湖上草
清明行	春風曉帳櫻桃飛，繡閣花驄麗晴綺。 桃枝柳枝偏照人，碧水延娟玉爲柱。 朱蘭入手不禁紅，芳艸紛甸自然紫。 西泠窈窕雙廻鸞，蕙帶如聞明月氣。 可憐玉鬢茱萸心，盈盈豔作芙蓉生。 明霞自落鳳窠裏，白蝶初含團扇情。 丹珠泣夜涼波曲，夢入鴛圍漾空淥。 斯時紅粉飄高枝，豆蔻香深花不續。 青樓日暮心茫茫，柔絲折入黃金床。 盤螭玉燕情可寄，空有鴛鴦棄路旁。	春風曉帳櫻桃起，繡閣花驄綺晴旨。 桃枝柳枝偏照人，碧水延娟玉爲桂。 朱蘭入手不禁紅，芳艸紛勻自然紫。 西泠窈窕雙廻鸞，蕙帶如聞明月氣。 可憐玉鬢茱萸心，盈盈豔作芙蓉生。 明霞自落鳳巢裏，白蝶初含團扇情。 丹珠泣夜柳條曲，夢入鴛閨漾空淥。 斯時紅粉飄高枝，豆蔻香深花不續。 青樓日暮心茫茫，柔絲折入黃金床。 盤螭玉燕無可寄，空有鴛鴦棄路旁。
西 泠 （二首）	西泠月照紫霞叢，楊柳絲多待好風。 小苑有香皆冉冉，新花無夢不濛濛。 金吹油壁朝來見，玉作靈衣夜半逢。 一樹紅梨更惆悵，分明遮向畫樓中。 燈昏月底更傷神，馬埒隨風夜拂塵。 楊柳已成初雁哀，桃花猶作未鶯春。 青驄點點餘芳艸，紅淚年年屬舊人。 金縷還能移鳳吹，相思何異洛橋津。	西泠月炤紫蘭叢，楊柳絲多待好風。 小苑有香皆冉冉，新花無夢不濛濛。 金吹油壁朝來見，玉作靈衣夜半逢。 一樹紅梨更惆悵，分明遮向畫樓中。 燈昏月底更傷神，馬埒隨風夜拂塵。 楊柳已成初雁哀，桃花猶作未鶯春。 青驄點點餘新跡，紅淚年年屬舊人。 芳草還能邀鳳吹，相思何異洛橋津。
雨中游斷橋	野橋丹閣捴通煙，香氣虛無花影前。 北浦因誰芳草後，西泠眞有恨情邊。 看桃子夜論鸚鵡，折柳孤亭憶杜鵑。 神女生涯應是夢，何妨風雨炤嬋娟。	野橋丹閣捴通煙，春氣虛無花影前。 北浦問誰芳草後，西泠應有恨情邊。 看桃子夜論鸚鵡，折柳孤亭憶杜鵑。 神女生涯倘是夢，何妨風雨炤嬋娟。
于忠肅祠 （於祠）	缺「自公替淩後，幾人稱犖卓？所以 徒步客，慟哭霸王略。」	
西 泠 （《湖上草》作 《西湖絕句》）	愁看芳草映漁磯，紫燕翻翻濕翠衣。 寂寞春風香不起，殘紅應化雨絲飛。	愁看屬玉弄花磯，紫燕翻翻濕翠衣。 寂寞春風香不起，殘紅應化雨絲飛。

　　由上表可知，一些是由於刻工失誤，如「柱」（桂）、「甸」（勻）、「圍」（閨），或闕失《于忠肅祠》部分詩句，其餘諸多語句則顯然是版本不同所致。鄒漪初擬輯刊柳如是詩歌，時《湖上草》早已印行，錢謙益未直接出示該刻本，而使鄒漪長籲短歎，「惜不得其全集行世」〔註232〕。經百計搜求，鄒漪僅得廿餘首，數居現存八名家作品之末，這與其在弁言中鄭重許諾「予論次閨閣諸名家詩，必以河東爲首」，極力推許柳如是頗具「閒情淡致，風度天然。盡洗鉛華，獨標素質」、「遺眾獨立，令粉黛無色」的孤傲之姿，以及再三強調「然

〔註232〕鄒漪：《詩媛八名家集》「凡例四」。

則其冠冕閨閣諸名家，豈獨茲今而已哉」的評定品階相去甚遠〔註233〕。至於錢謙益不以《湖上草》見示鄒漪，清末民初袁思亮認爲錢謙益因「小肚雞腸」而焚燒《湖上草》刻版〔註234〕，可備一說。

　　儘管如此，得益於前輩錢謙益鼎力協助，鄒漪輯刊柳如是詩集，還是有事半功倍之效。其刊刻其餘名媛詩集，亦復如此。《詩媛八名家集》「凡例三」述及：

> 予與睿子、文玉、予嘉、世功誼稱兄弟，稔知諸夫人宏才絕學，僭爲表章。他若徐小淑、陸卿子、王修微、沈宛君輩，久矣名登仙籍，兼之詩滿國門，概不復列。〔註235〕

一方面，強調選錄同時代之詩媛名家，才女徐小淑、陸卿子、王修微、沈宜修雖聲譽遠播，也因謝世已久而刊落。另一方面，借刊行文學總集以表彰同儕（或他們的妻妾、親屬），由來已久。鄒漪與丁聖肇（王端淑夫婿）、許文玉（吳綃夫婿）、管勳（吳琪夫婿）、楊世功（黃媛介夫婿）情深義重，亦與李清（季嫻侄）素有往來。鄒漪《啓禎野乘二集》曾記載，其在乙酉（1645）年季冬，過從李清居處，獲見李氏所輯十烈女傳記，故膽抄其中崑山兩烈婦、劉烈婦數條入《啓禎野乘》〔註236〕。後來李清爲叔母季嫻《雨泉龕合刻》撰序，稱：「梁溪鄒流綺八名家女詩又亟稱其才德並全，匯帙以梓。」〔註237〕鄒漪獲取季嫻詩集《雨泉龕初集》，應離不開友朋李清的熱心協助。於才女吳琪，鄒漪曾「寓吳門，熟知蕊仙以能詩名」〔註238〕；於閨塾師黃媛介，鄒漪自言「今年夏，予遊湖上，皆令僑寓秦樓之側，飛章疊韻，屬和遙賡，甚樂也」〔註239〕。《詩媛八名家集》念念不忘刊載上述才女題詠鄒漪父子的詩歌，例如，吳綃《題鄒流綺鷥宜齋，次黃皆令韻》、吳琪《題鄒流綺鷥宜齋，和黃

〔註233〕鄒漪：《詩媛八名家集》之《柳如是詩選》。
〔註234〕陳寅恪《柳如是別傳》第四章記載：「袁思亮君《題高野侯藏河東君〈與汪然明尺牘〉及〈湖上草〉》【念奴嬌】詞後附記云：『柳如是〈與汪然明尺牘〉及〈湖上草〉各一卷。如是歸錢牧齋後，然明刊之，以數十冊寄牧齋，牧齋拉雜摧燒之，並求其板毀焉。』」（《柳如是別傳》，第378頁）袁氏何以稱說錢牧齋因嫉妒而有焚琴煮鶴之舉，陳寅恪亦未能釋解。
〔註235〕鄒漪：《詩媛八名家集》「凡例三」。
〔註236〕鄒漪：《啓禎野乘二集》卷八，《四庫禁燬書叢刊》，「史部」，第41冊，第233頁。
〔註237〕李清：《〈雨泉龕合刻〉序》，清順治刊本。
〔註238〕鄒漪：《詩媛八名家集》之《吳蕊仙詩選》「小引」。
〔註239〕同上書，《黃皆令詩選》「小引」。

皆令韻〉、黃媛介《題鄒流綺驚宜齋，齋額故漳海黃石齋先生書贈》、〈呂霖生
吏部以姬贈鄒流綺，漫賦小言奉賀〉、吳山《題鄒木石先生姜王姬小影》、卞
玄文《題鄒木石先生姜王姬小影》，凡此，均證明編者與上述才女素有交往，
明白無誤告訴讀者，此書編刊采輯有據。與此同時，鄒漪也藉才女題詠以提
升自家聲譽。

　　基於個人交往而編刊才女作品，至於選擇何人詩作，則不能草率行事。
屈大均倡導文人士大夫應以《春秋》、《詩》紀存紀亡，鄒漪一生以如實存錄
明季詩文、史事為志業。承此前編撰《啓禎野乘》之餘興，亦與後來編次《明
季遺聞》、《雜劇三集》相始終，輯刊《詩媛八名家集》亦潛藏了鄒漪的遺民
心緒。《詩媛八名家集》「凡例四」曰：

> 是集所載，若王玉映著書等身，直是一代史才。所刻《吟紅全
> 集》，自當單行宇宙。世有識者，定以予為知言。而蕊仙與冰仙，言
> 妙天下，瓊圃枝枝是玉，旃檀片片皆香，生瑜生亮，何吳氏之多才
> 也。皆令新篇，不勝選刻，未免珊瑚漏網。二卞藏稿由搜致竟爾，
> 金玉其音。至虞山柳夫人，盡洗鉛華，獨標素質，惜不得其全集行
> 世，可謂「紫府高閒詩博士，青山遺逸女尚書」，卓然名家者矣。若
> 昭陽季靜姱之舉體溫雋，玉潔珠光，矢口幽妍，松蒼竹翠，尤粉黛
> 所絕少。〔註240〕

王端淑、黃媛介、吳山、卞玄文以遺民身份著稱，論文第一節已經論述。柳
如是在明亡後的出色表現，亦令人敬畏〔註241〕。何以說才女吳琪、吳綃、季
嫻其人其詩亦寓含故國之思，而令鄒漪黽勉刊行？

　　吳琪，字蕊仙，號佛眉、上蓮道人，長洲孝廉吳康侯女，管勳妻，早寡。
風流放誕，後復歸趙氏〔註242〕。晚棲息禪寂，名上鑒，號輝宗。工詩能文，
尤精於繪事，如詩作《畫積雪圖》、《畫扇並題壽李老夫人》四首、《春曉鄰娥
以扇索畫，短言辭之》、《賣畫》數首，頗見其書畫才藝殊勝。最為人稱道的
則是「詩中往往有遠山數峰，遙青靄翠，與煙飛霧結、美女簪花之格，亦墨
苑之三絕，香奩之獨步也」〔註243〕，詩中有畫，畫中有詩，且融合禪趣，意
境幽深清遠。為此，鄒漪推為「詞壇巨擘」，沈德潛《清詩別裁集》亦選錄《春

〔註240〕鄒漪：《詩媛八名家集》「凡例四」。
〔註241〕詳參陳寅恪：《柳如是別傳》第五章《復明運動》，第843頁。
〔註242〕王士祿：《宮閨氏籍藝文考略》。
〔註243〕鄒漪：《詩媛八名家集》之《吳蕊仙詩選》「小引」。

晴晚眺》一首〔註244〕。歸適管予嘉後，吳琪「翻書賭茗，掃黛添香，二十年
如一日也」〔註245〕，夫婦恩愛有加。管氏任職於洪承疇軍帳，甲申之變，卒
於任上。洪與鄒式金交情匪淺，鄒漪編撰明季野史，未能指斥洪承疇而引起
諸多史家憤忌。緣於此種情誼，鄒漪對這位「具絕世之慧才，擅絕世之高韻，
種絕世之幽情」的故友遺孀格外眷顧，不僅選詩百餘首，詩作數量高居八名
才媛之首，而且後來誠邀其爲另一女性選本《詩媛名家紅蕉集》作序。吳氏
詩歌採入《詩媛八名家集》，更主要是由於：

> 蕊仙屛居一室，焚香啜茗，撫今弔古，發爲詩歌，悲感淋漓，淒
> 清宛轉。聽哀猿於靜夜，月凍三巴；落飛雁於高秋，雲平九塞。間作
> 和平之奏，亦多冷豔之辭。情似二南，藻非六代，有才如此。〔註246〕

詩歌創作悲涼淒清，寄託遙深。例如，明季西湖女子吳芳華結縭三月，從夫
避難，遭遇亂兵，被挾北去，題詩旅壁：

> 胭粉香殘可勝愁，淡黃衫子謝風流。但期死看江南月，不願生
> 歸塞北秋。掩袂自憐鴛夢冷，登鞍誰惜楚腰柔。曹公縱有千金志，
> 紅葉何年出御溝。〔註247〕

王端淑編選《名媛詩緯》，對吳芳華「但期死看江南月，不願生歸塞北秋」詩
句拍案叫絕。吳琪和詩一首，在詩小序中重拈此句，哀歎「紅顏之無主」、「薄
命之多艱」〔註248〕。而其《和金陵宮女宋蕙湘詩》三首，亦自表同樣幽懷，
被掠女子流落邊城，歸期無望。

　　吳琪自身是這場歷史暴亂的受害者，夫婿死於甲申之難，家產離散，「支
離困頓於荊榛豺虎之間」〔註249〕，《村居》、《中秋夜索典，空箱剩衫，戲語綠
姨》、《自適》數詩慨歎貧病不堪，「百日曾無一日歡」〔註250〕。爲此，常與才
女周瓊「樽前紅燭夜談兵」，或作六橋、三竺之遊〔註251〕。兩人合刻詩集《比

〔註244〕 朱彝尊：《清詩別裁集》卷三十一，上海古籍出版社，1975 年，第 564 頁。
〔註245〕 抱陽生編著，任道斌校點：《甲申朝事小紀》卷二《吳琪和女郎吳芳華題壁詩
　　　　有序，並附吳琪傳》，北京：書目文獻出版社，1987 年，第 52 頁。
〔註246〕 鄒漪：《詩媛八名家集》之《吳蕊仙詩選》「小引」。
〔註247〕 王端淑：《名媛詩緯》卷二十一，「新集」。潘衍桐《兩浙輶軒續錄》卷五十二
　　　　選刊吳芳華逆旅題壁詩，首二句作「脂粉香殘未可收，烽煙滿目擁邊愁」。
〔註248〕 鄒漪：《詩媛八名家集》之《吳蕊仙詩選》。
〔註249〕 抱陽生編著：《甲申朝事小紀》卷二。
〔註250〕 鄒漪：《詩媛八名家集》之《吳蕊仙詩選》。
〔註251〕 周瓊：《贈吳蕊仙》，鄒漢儀：《天下名家詩觀》卷十二。

玉新聲》，黃媛介爲之撰序。周瓊，字羽步，又字飛卿，吳江人。「不以世務
經懷，傀俄有名士態」〔註252〕，曾寓居如皐冒辟疆深翠山房數月，《水繪庵即
事和冒巢民》一詩曰：

> 禾黍離離玉樹寒，故宮車輦夢中看。凋傷始識人情異，喪亂深
> 知歷世難。絕塞烽沙雙目飽，首陽薇蕨幾人餐。五湖煙月雖無恙，
> 回首西風落炤殘。〔註253〕

周氏禾黍銅駝之悲表露無遺，於此可證吳琪與之泛舟五湖的故國心態。

較之「情似二南」、尊奉溫柔敦厚詩教的吳琪，與之堪稱姊妹的另一閨秀
吳綃，則顯得奔放灑脫。吳綃，字素公，一字冰仙、片霞，吳水蒼女，常熟
許瑤妻，著有《嘯雪庵集》，初集凡三卷，計詩集一卷、題詠一卷、新集一
卷，二集一卷。周之標置於《女中七才子蘭咳集》之冠，王端淑譽其爲「吳
中女才子第一」〔註254〕。鄒漪在《吳冰仙詩選》「小引」中，亦稱讚其集風流
勝韻的佳人才子於一身，不僅出身望族，精擅琴棋書畫，與許文玉伉儷相偕，
而且：

> 至其至性純孝，尊人嘗有疾，刺血書禱輒愈。待文玉諸姬侍，
> 憐愛不啻同胞，遠近胥頌關雎之德焉。既而文玉壬辰登第，冰仙貴
> 矣。居身清素，不異道民釋子。案頭香一爐，茶一盞，書數卷，筆
> 幾枝，侍兒日磨墨以供揮灑。故其爲詩，清新圓淨，不著一塵，如
> 花香，如月光，如水波，如雲態，務貴自然，尤善深入，極才人之
> 能事。〔註255〕

於此，鄒漪極力強調吳綃頗具傳統女性的諸多美德，詩作清麗婉約，故選其
詩也聚焦於這類詠物之作，間有離別惆悵的作品，選錄時間稍後於許文玉順
治九年（1652）進士及第。而鄒漢儀《天下名家詩觀》述吳綃「詩多題詠花
鳥之作，而自其從官河朔來，則進於蒼涼沉壯，無復玉臺綺麗之習」〔註256〕。
夫婿出仕清廷，吳綃的詩風卻經由此前「花香」、「月光」、「水波」的清新圓
淨之作，一轉而爲古拙沉鬱風格。因此，鄒漪謂其依然清素閒居，生活一仍
故常，儼然道民釋子，卻說明其情感上對夫婿仕清的離異。

〔註252〕陳維崧：《婦人集》，王英志主編：《清代閨秀詩話叢刊》，第 27 頁。
〔註253〕鄒漢儀：《天下名家詩觀》卷十二。
〔註254〕王端淑：《名媛詩緯初編》卷十三，「正集十一」。
〔註255〕鄒漪：《詩媛八名家集》之《吳冰仙詩選》「小引」。
〔註256〕鄒漢儀：《天下名家詩觀》卷十二，《四庫禁燬書叢刊》第 1 輯，第 654 頁。

　　《吳冰仙詩選》主要選錄吳綃早期（或夫婿出仕新朝之前）作品，尚不能明見其故國情懷。康熙三十四年（1695）初刊的《嘯雪庵詩集》及常熟瞿氏藏影鈔本《嘯雪庵二集》刊載吳綃晚年作品，淒清酸楚，令人不忍卒讀。例如，《先司成自詹事移南雍，蘭陵以貴游子弟，有文譽於一時。余年始二十餘，從良人於公署。司成私宅有紅蓮碧沼，夏日清晏，□然無塵，筆墨相賞，亦不事當年風月也。沼中蓮開並頭，客以爲余夫婦之瑞，作百韻詩爲賀。瞬目三十年，恍如一夢，高門鬼瞰，藐然孤身，梗泛萍流，復來此□，追尋往跡，步步恨□。自赤鳥開國，江馬南遷，李唐納□，迄於有明，興亡之感，可歎者多矣。余一女子，蓋不足云也，聊成數律，讀者其知吾志》一詩〔註257〕，次第歌詠國學、鍾山、石頭城、清溪、雞籠山、烏衣巷、秦淮河、玄武湖、棲霞寺、桃葉渡、東山、鳳凰臺：

> 此中王氣屬何人，陵谷空悲萬事新。四世稱尊如過隙，百年江表亦窮塵。可憐老樹迷歸雀，猶有荒蕪臥石麟。身謝國亡都一種，伯圖帝業定誰眞。（《鍾山》）

> 甲第朱門成往事，溪流曲□浪□□。舊曆有恨無人解，更詠亡陳壁月詩。（《清溪》）

> 暫別回頭成過客，重來舉眼似還家。賞心亭下閒遊處，卻把殘樽弔麗華。（《秦淮河》）

千百年的繁華勝景，如今淪爲滿目瘡痍的故跡，一幅「殘山剩水」圖景，令人扼腕歎息。尤其是父親曾任職國子監（「南雍」），吳綃自小薰習於傳統儒家文化，暢想當年「庠序承平尚古風，笄年從宦寓南雍。春秋禮物羅籩豆，晨夕衣冠聽鼓鐘」〔註258〕，這種文化銘刻，卻終因異族入主中原而化爲「傷逝」：「荒廟精靈無血食，上庠禮樂只平蕪。細看山色千年在，何處英雄似伯符。」〔註259〕作者寄希望於能有類似三國時期屈事袁術的孫策諸賢才重現，以一統江山。

　　上述吳琪、吳綃二位才媛，雖不及王端淑、吳山清晰界定自我的遺民身份，但悼念亡明情懷仍約略可見。相較而言，鄒漪選錄季嫻詩歌，已極稱其「舉體溫雋，玉潔珠光，矢口幽妍，松蒼竹翠，尤粉黛所絕少」〔註260〕。季

〔註257〕吳綃：《嘯雪庵二集》，《四庫未收書輯刊》第 7 輯，第 124 頁。
〔註258〕吳綃：《國學》，同上書。
〔註259〕吳綃：《雞籠山》，同上書。
〔註260〕鄒漪：《詩媛八名家集》「凡例四」。

嫺，字靜姎，一字辰月，號元衣女子，江蘇泰興人，著有《雨泉龕詩文合刻》，編刊《閨秀集》五卷行世〔註261〕。其詩集刊於順治初年，因夫婿李長昂之故，遺民余颺、侄李清序之。

　　明季興化李氏堪稱一個龐大的遺民族群，確考者有十八人之多，他們秉承先祖李春芳遺訓：

　　　　李氏，江南素族也。高祖文定公以殿試第一起家，受嘉、隆兩
　　　　朝眷顧，彌留之際，戒子孫世世無忘國恩。吾斯公一門殉節，赫赫
　　　　如此，文定公爲有後矣。〔註262〕

李氏遺民群諸成員，主要集中於李春芳曾孫、玄孫輩〔註263〕，或追隨南明王室、以身殉國，或拒仕新朝、邈然高蹈，或著書立說、以存信史，如李長科《廣宋遺民錄》、李清《南渡錄》，是即爲全祖望所說「永錮其子弟以世襲遺民」〔註264〕，如此規模，在遺民史上甚是少見。鄧長風繪製李氏世系簡表，對位居李氏支系的曾孫輩李長昂，因無著作、傳記等史料佐證，難以確考其是否遺民。清咸豐年間重修本《興化縣志》卷九「藝文志二」著錄明代各家撰述，並附「閨秀著述」，記：「《雨泉龕詩文集》，李長昂室季嫺著；《閨秀集》，李季嫺選。」〔註265〕錢岳、徐樹敏《眾香詞》「季嫺」小傳曰：

　　　　明銓部因是先生女，兄冠月給諫、詵兮柱史、天修水部皆錚錚
　　　　於朝。適興化李維章提舉，子爲霖，河南觀察。有《雨泉龕集》，錢
　　　　塘陸雲龍爲之序。其侄廷尉清、子觀察溁俱誌其集行世。〔註266〕

從中可知，李長昂字維章，曾爲明代提舉〔註267〕，其子出仕清廷，官河南觀

〔註261〕　季嫺另著有《近存集》、《百吟篇》、《學禪譚語》、《前因紀》、《學古餘論》數
　　　　種，參見胡文楷：《歷代婦女著作考》（增訂本），第389～390頁。

〔註262〕　《李氏世譜》之《興化李氏傳略》，李氏師儉堂刻本，1928年。

〔註263〕　參見鄧長風：《晚明戲曲家李長祚與興化李氏遺民群》，上海古籍出版社，1999
　　　　年，第65頁。郭馨馨《明末清初李長科世系、著述考述》（《蘇州大學學報》
　　　　（哲學社會科學版），2010年第5期）一文，依據新見資料《興化李氏傳略》，
　　　　訂補鄧文一些訛誤。

〔註264〕　全祖望：《題徐狷石傳後》，《鮚埼亭集外編》卷三十。

〔註265〕　趙彥俞等修纂：《（咸豐）重修興化縣志》，《中國地方志集成——江蘇府縣志
　　　　輯》，南京：江蘇古籍出版社，1991年，第321頁。

〔註266〕　錢岳、徐樹敏：《眾香詞》卷三。據季嫺《雨泉龕詩文集》「凡例」，季嫺之子
　　　　爲李溁（爲霖），鄧長風所述李長昂之子是李沆，而將李爲霖歸爲李長煒子，
　　　　當誤。鄧漢儀《天下名家詩觀三集》「閨秀別卷」著錄季嫺，云「觀察李雨商
　　　　尊慈」，知李溁又字雨商。

〔註267〕　劉雲份《翠樓新集》「季嫺」條云：「父吏部郎，翁大宗伯，大弟翰林，三弟

察，與李清、李柟父子經歷頗為相似〔註268〕。而著名出版家陸雲龍與李氏、季氏家族過從甚密〔註269〕，李漁所編《尺牘初徵》中即有《與季天中諫給》、《謝季訒兮侍御》、《答李蒼水庶常》、《貽李維章借帳》數通信札〔註270〕。陸雲龍與李清交契三十餘年，甲申事變後，為避烽燹，應李氏之邀，「移家昭陽，分宅而居，內外事咸推心相諉」〔註271〕。故陸雲龍為季嫻詩文集撰序，正是寄居李清家期間，並因蚊蚋侵擾而曾致信李長昂，求借帷帳。

論及才女季嫻，身份尊顯，心態亦更為隱微。朝夕相處的是一個矢志堅守氣節的李氏遺民族群，而令其魂牽夢繞的娘家季氏家族卻全然不關心朝代更迭，惟汲汲於維護門庭顯貴。父季寓庸依附宦官，毀壞民舍二千餘間，在開封建造魏忠賢祠〔註272〕。因名在逆案而坐徒三年，納贖為民〔註273〕，落得一身罵名，「歸莊譏其驕，王時敏家書言其刻」〔註274〕。雖然在乙酉、丙戌之亂時，季寓庸曾多方周濟貧困之人〔註275〕，但無補於事。為此，《季氏族譜》附錄《因是府君行略》，語多隱曲〔註276〕。季嫻弟季振宜字詵兮，號滄葦。清

御史。夫李長昂，巡鹽御史，子漢，興化進士。近代榮貴，罕有其比。」《四庫全書存目叢書》「集部」，第395冊，第174頁。

〔註268〕 李漢，後改名為霖，字雨商，順治五年（1648）舉人，十六年（1659）進士，官刑部郎中，「康熙癸卯廣西正主考，知荊州府，轉湖廣督糧道、雲南按察使。」（《（咸豐）重修興化縣志》卷七），李漁《與李雨商荊州太守》（《笠翁一家言文集》卷三）可資佐證。李柟，康熙八年（1669）鄉試，十二年（1673）進士。李氏第五代也有開始求仕新朝者，如李瀅、李漢、李汴，及第六代李儒琛、李國宋、李棟等，詳見鄧氏一文。

〔註269〕 陸雲龍，字雨侯，號蛻庵，自稱吳越草莽臣、鹽官木強人、羅剎狂人等，所屬書坊有翠娛閣、崢霄館等名號，著有《翠娛閣近言》四卷及《魏忠賢小說斥奸書》小說，並刊刻《翠娛閣評選鍾伯敬先生合集》、《翠娛閣評選皇明十六名家小品》、《翠娛閣評選明文奇豔》、《翠娛閣行笈必攜》等多種文集。其中《明文奇豔》、《行笈必攜》刊有明末諸多才妹詩文，詳見另章討論。

〔註270〕 李漁：《尺牘初徵》卷八、十一，《四庫禁燬書叢刊》「集部」，第153冊，第642、686頁。

〔註271〕 陸敏樹：《陸蛻庵先生家傳》，轉引自井玉貴：《新近發現的陸雲龍傳記資料〈陸蛻庵先生家傳〉及其他》（《文獻（季刊）》，2003年第4期）。

〔註272〕 張廷玉：《明史》卷三百六十，「列傳」第一百九十四《閻鳴泰傳》。

〔註273〕 李遜之：《崇禎朝記事》卷一，《四庫禁燬書叢刊》「史部」，第6冊，第488頁。

〔註274〕 鄧之誠：《清詩紀事初編》卷四，上海古籍出版社，1984年，第512頁。

〔註275〕 徐樹丕：《識小錄》卷四，《涵芬樓秘笈》影手稿本，上海：商務印書館，1916年。

〔註276〕 楊激云：《（光緒）泰興縣志》卷五，《江蘇府縣志輯》，南京：江蘇古籍出版

廷甫定中原，即行鑽營，於順治四年（1647）考中進士，官至戶部郎中、浙江道御史。弟季開生字天中，亦於順治六年（1649）高中進士，選翰林院庶吉士，累遷至禮部給事中、兵部右給事中。諸多士子因明清鼎革而飽受創痛，季氏家族依然門庭赫奕、世業昌熾。

徘徊於李氏、季氏迥然不同的家族環境，季嫻難以抉擇其對清廷的態度。但接踵而來的系列變故，再次讓其目睹宦海風險，動輒罹禍，生死難以自卜。順治十二年（1655），季開生上疏諫買揚州秀女，被責妄誣，獲罪流放尚陽堡，五年後，卒於戍所〔註277〕。季嫻拳拳服膺孝道，曾為母割股療親，詩集懷親之作有《季秋思親》四首、《夢親》、《除夕憶母》、《思親》、《中秋思父並憶霖兒》；又深念手足情誼（如《天中大弟北試，漫賦代柬》、《贈天中大弟北上》、《冬曉念滄葦三弟北行》、《贈天修四弟公車北上》），《得天中大弟訊》、《寄慰天中大弟》、《秋夕懷天中大弟》、《哭天中大弟》、《雨後步桃花下憶天中弟》數詩，乃因思念季開生而作。不管是作為錚錚鐵骨的諫臣，亦或是巧言令色的詔臣，季氏父子三人在仕途上均未能善終〔註278〕，而子孫李為霖又踏上了這條漫漫長途，不能不讓季嫻時刻為之禱祝（《憶霖

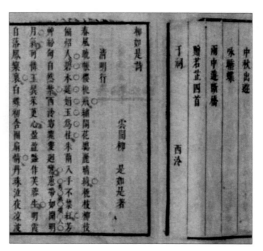

上圖為鄒漪《詩媛十名家集》，每家詩前有紅印「鶯宜齋藏板」牌記，清初刻本，來自雅昌拍賣。

社，1991年，第507頁。子季振宜也有「狼藉異常」之類流言。陸隴其《三魚堂日記》卷八記載，癸亥（康熙二十二年）五月廿一日，其與新泰縣陳孝廉相晤，言及「滄葦（季振宜）初任蘭溪，得數十萬；河東巡鹽，又數十萬，狼藉異常，以惡疾終。」《續修四庫全書》「史部」，第559冊，第556頁。

〔註277〕趙爾巽等撰：《清史稿》「列傳」三十一。《雪橋詩話》云：「順治十二年秋，乾清宮落成，敕遣内監至江南採辦器物，途中多有訛言，上疏諫，下刑部杖，贖流尚陽堡，謫居五年，卒於戍所。」（楊鍾義撰，雷恩海、姜朝暉校點：《雪橋詩話》卷二，北京：人民文學出版社，2011年，第68頁）鄧之誠《清詩紀事初編》卷四記載，季開中「居四年，為光棍毆死，聲言欲焚其屍，官司不問，疑有主使也」。

〔註278〕康熙九年（1670），編修劉志紀劾督撫貪縱不法，季振宜居中消弭，奪職歸，未幾卒。見鄧之誠：《清詩紀事初編》，第512頁。

兒》、《憶霖兒北試》、《夏日思霖兒》、《秋深憶霖兒》、《寄慰霖兒》、《步梅下思霖兒》、《寒夜聽兒媳撫琴因念霖兒》）。正由於此，其日夜念佛，相繼撰寫《前因記》、《發願文》、《施濟說》、《祭被焚女文》、《戒殺文》、《放生文》、《破執文》七篇〔註279〕，虔誠爲家人祈福。

　　從目前存世的全本《詩媛十名家集》可知，所謂「十名家」，即在此前八位詩媛的基礎上，增選避秦人、謝蘭陵詩集〔註280〕。王端淑《名媛詩緯》卷十八「避秦人」條曰：「避秦人，江南無錫人，或云丁姓，某大僚女也。梁溪鄒文庠斯漪輯女中八名家，列其詩於內。」〔註281〕說避秦人詩集列於《詩媛八名家集》，當誤，應刊於《詩媛十名家集》。緊接「謝瑛」條，王端淑又援引鄒漪詩評曰：「無錫鄒子稱夫人詩忠厚和平，無繁音，無靡響，不減《卷耳》、《葛覃》諸什。」鄒漪編刊《詩媛八名家集》、《紅蕉集》，均未刊錄才女謝氏詩歌，由此推知，王端淑引述鄒氏評論，仍是源自《詩媛十名家集》之《謝蘭陵詩選》「小引」。胡文楷《歷代婦女著作考》認爲，因鄒漪在《詩媛名家集》序言歎賞浦映淥詩歌「字字豔卻字字幽，字字淺卻字字深」，而無錫顧貞立自號避秦人，故增選的兩位詩媛名家是顧貞立與浦映淥〔註282〕。顧氏存錄與否，可備一說。然胡文楷引述《詩媛名家集》序言，恰在鄒漪編刊《詩媛名家紅蕉集》得到印證，該集評述並選刊浦映淥詩歌二十一首。而且，浦映淥與「謝蘭陵」雖同籍無錫，姓氏與字號卻相去甚遠，不能貿然等同。

　　而從王端淑《名媛詩緯》所選避秦人詩歌九首，謝瑛詩歌八首，亦可探究一二。避秦人《秋日雜感》詩句，如「西風吹斷故園遊，剩水殘山處處愁」（其一）、「六朝花草已如煙，莫向樽前奏管絃」〔註283〕（其二），《再歸涇里，

〔註279〕季嫻《雨泉龕合刻》，凡八卷，其中文集一卷，即上述七篇禱祝文，可見其信佛虔誠之至。

〔註280〕2005年秋季藝術品拍賣會，上海國際商品拍賣有限公司提供全本《詩媛十名家集》。胡文楷記述北京圖書館藏有殘本，存吳綃、吳琪、柳如是、吳山、卞玄文五家。其餘五家，胡氏依據錢岳、徐樹敏《眾香詞》、王士祿《燃脂集》、鄒漪《詩媛名家》「自序」等文獻，一一推考，分別爲王端淑、黃媛介、季嫻、顧貞立、浦映淥。依據目前所存全本《詩媛十名家集》，浦映淥不在其中。而國圖殘本，目前也不獲尋見。詳見胡文楷編著，張宏生等增訂：《歷代婦女著作考》（增訂本），第848～849頁。

〔註281〕王端淑：《名媛詩緯》卷十八，「正集十六」。

〔註282〕胡文楷：《歷代婦女著作考》，第849頁。

〔註283〕王端淑：《名媛詩緯》卷十八。

與諸弟話兒時事，惻惻在懷漫賦》一詩曰：「南國山河存古蹟，西鄰佳麗說遺鈿。年來幾許傷心事，盡贈斜陽慘淡煙。」概而言之，《詩媛八名家集》刊錄八名才媛，均能不同程度地抉發其人或其詩隱含的故國情懷。

鄒漪編刊《詩媛八名家集》，「凡例」云：

> 名媛詩文，莫盛今日。即以越州而論，就予所見，如朱趙璧、張楚纕、鄭明湛、祁修嫣、祁湘君、祁卞容、丁步孟、王玉隱輩，指不勝屈。其他若海昌李是庵、蘭上王家令、武林王芬從、興化李萍子、婁東王功史、南蘭浦湘青、巢淑呎、松陵葉蕙綢、海虞瞿若婉、天台胡茂生、西湖柳紫畹、邗水王月妹，莫不戶藏天錦，家握隋珠，而郵致爲艱，統載嗣集，並求惠教，跂予望之。〔註284〕

對當時遍佈各地的才女能娓娓道來，如數家珍，這固然是鄒漪「癖耽盦制，薄遊吳越，加意網羅」〔註285〕所致，也與其孜孜結識有莫大關係。詩媛八名家外，鄒漪與葉文、瞿珍、張婉諸才女亦有唱和往來。張婉寄居儒商汪然明「不繫園」期間，與鄒氏過從甚密，王端淑《名媛詩緯》即選錄其詩《甲午夏日，偕鄒流綺先生過朱薲堂。予時倦暑，汪然明先生因設檀床、玉枕、文席、香山，清供具備，有詩紀事，步韻和之》〔註286〕。葉文作詩《寄鄒流綺》、瞿珍賦寫《題鄒流綺鷺宜齋》，諸如此類，不一而足。鄒漪繼而立下刊行才女作品的宏願，並盼望熱心讀者能助一臂之力。果不其然，鄒漪嗣後又選評刊刻《詩媛名家紅蕉集》二卷。上卷二十八人，凡詩一百九十七首；下卷三十八人，凡詩一百八十三首。誠邀吳琪撰序，刊錄瞿珍詩九首、葉文詩四首、張婉詩四首。鄒漪熱心編輯才女詩歌，刊本均題署「詩媛名家」，後來也如法炮製《名家詩選》、《五大家詩鈔》〔註287〕，就中商業色彩頗爲顯眼（另見論

〔註284〕鄒漪：《詩媛八名家集》「凡例」。
〔註285〕鄒漪：《詩媛名家紅蕉集》「自序」，清初刊本。
〔註286〕王端淑：《名媛詩緯》卷二十一。
〔註287〕康熙七年（1668），鄒漪《名家詩選》三十卷刊行，收錄清初詩人三十家，人各一卷。謝正光《清初人選清初詩匯考》及朱則傑《〈清初人選清初詩匯考〉『待訪書目』補遺》均未著錄。《名家詩選》今存二十四卷，計有金之俊《金豈凡詩選》、薛所蘊《薛行屋詩選》、程正揆《程端伯詩選》、曹溶《曹秋嶽詩選》、周亮工《周櫟園詩選》、趙進美《趙蘊退詩選》、彭而述《彭禹峰詩選》、柯聳《柯素培詩選》、姜圖南《姜眞源詩選》、王錫琯《王玉叔詩選》、曹爾堪《曹顧庵詩選》、劉蓁芳《劉航石詩選》、劉槤《劉岸先詩選》、董以寧《董文友詩選》、王崇簡《王敬哉詩選》、魏裔介《魏石生詩選》、楊思聖《楊猶龍詩選》、盧綋《盧澹崖詩選》、施閏章《施愚山詩選》、王士禛《王貽上詩選》、

文第四章），這是一名編輯家的職業本能使然。

小 結

　　明清鼎革，遺民群體因感受異族入侵的痛楚，紛紛搜討先朝文獻，輯錄成編，抒發胸中塊壘，珍存尚有餘溫卻不複重演的歷史事件。如何紀錄，怎樣書寫？總體而言，全力表彰殉國烈士，痛斥靦顏變節之徒，是紀錄明史的情感基調與立足點。至於是否大力撻伐流寇之亂，將清兵入關歸於天命氣數，則有針鋒相對乃至拳腳相加的辯論。

黃永《黃雲孫詩選》、嚴沆《嚴灝亭詩選》、錢升《錢日庵詩選》、鄒祇謨《鄒訏士詩選》等。從入選各家看，大多是鄒氏熟識的舊交，既有曹溶、魏裔介、王錫琯等達官貴人，也有布衣寒士、名不見經傳者。選本具有較高的文獻存錄價值，許多文士詩歌作品賴以傳世。例如，著名文士鄒祇謨作品，得益於族叔鄒漪輯《鄒訏士詩選》以存，計一百五十五首。王士禛任揚州推官期間，相識鄒漪。順治十八年（1661），王士禛有《惠山下鄒流綺過訪》一詩；是年冬杪，又撰《歲暮懷人》懷念鄒漪。次年，王士禛行經梁溪，又賦《高橋曉望惠山，卻寄修遠、留仙、心甫、流綺》一詩。鄒漪與王士禛諸多交往中，應有討論選刊王氏詩歌的議題。王士禛早年詩作，結集爲《落箋堂初稿》一卷，兄王士祿爲之刊刻，今不傳。此後，順治十六年（1659），周南、王士禧選《琅琊二子近詩合選》（又名《表餘落箋合選》）十一卷，計收錄王士禛詩二百八十八首，鄒漪據以選錄一百二十首，題曰《王貽上詩選》。因未目見《表餘落箋合選》，張承先偶觀鄒氏選本，爲此前王士禛《漁洋精華錄》、《帶經堂集》刊落，遂於乾隆四十二年（1777），與秦嚴玉、朱緜生商議覆刻，題名《漁洋山人集外詩》。

依據有關文獻記載，鄒漪另編刊《十名家詩選》、《百名家詩》。《十名家詩選》僅見於諸英《跋〈漁洋集外詩〉》一文，言其於乾隆三十八年（1773）在婁東寓舍獲見鄒漪刊刻《十名家詩選》。除此之外，不復有其他記載。諸氏所言《王貽上詩選》，應是鄒漪三十卷本《名家詩選》之殘本。當然，也存在隨刻隨刊的可能，如《名家詩選》今存二十四卷，不見全帙。鄒漪跋《雜劇三集》，曰：「余既有《百名家詩選》，力追盛唐之響，茲復有三十種雜劇，可奪元人之席」，《百名家詩》應該已經成稿，但未能刊行。

鄒漪《五大家詩鈔》刊於康熙十九年（1680），凡三十八卷，計有錢謙益（八卷）、熊文舉（八卷）、宋琬（八卷）、吳偉業（七卷）、龔鼎孳（七卷）。《五大家詩鈔》具有文獻輯佚價值。例如，吳梅村詩作，在顧湄、周瓚編《梅村集》，以及董康藏《梅村家藏稿》之外，可從鄒氏《五大家詩鈔》之《吳梅村先生詩》增補《述苑先、申之譚闈事四首》、《無題》、《蜀中馬仁石師復園》、《元日早期》、《贈留都錢大鶴職方》、《秋感》、《題袁重其霜哺篇》七首，詳見馮其庸、葉君遠著：《吳梅村年譜》附錄一《吳偉業佚作輯存》，北京：文化藝術出版社，2007年，第477頁。

一如本章前言所說，史家本著思維（情感）定勢，大肆考求、極力嘉許動亂之際的節烈女性群體事蹟，輕描淡寫、略而不論事實上存在著的女性變節事實。遺存文獻告訴我們，所謂歷史的「一家之言」，存在驚人的相似之處。惟其如此，我們才可以指認，遺民群體也試圖通過建構純淨的節烈女性譜系，書寫難以忘懷的故國史詩。王端淑《名媛詩緯》選刊意旨頗爲顯見，「以緯存經」，輯錄有明一代女性作品，於節烈群體（貞烈女子與殉國士子）尤三致意焉。作爲職業編輯家，鄒漪刊刻女性作品，雖暗寓商業盈利目的，但擇取女性名家詩集，亦別有幽懷，與其矢志不渝刊刻其他明季史料內在理路並無二致。細核《詩媛八名家集》、《詩媛名家紅蕉集》女性作家主體的身世遭遇與文學創作，亦能一窺鄒漪的家國情懷。

附錄：王端淑《吟紅集》版本比勘表

藏地 卷次	湖南圖書館	日本內閣文庫
卷首	先「總目」，後「小引」	王子璵序；吳國輔序；王登三小敘；丁聖肇敘；刻《吟紅集》小引人名錄；先「小引」，後「總目」
卷二	《一矢冤》	
卷三	《寶劍歌爲李席玉壽 代睿子詠》；《無衣二章》（六句）；《喜周公勳盟兄別駕常州》（代）；《續九歌三章》；《送聞莆楊衷玄廣文之青陽令叔德山先生任》（代）	
卷五	《贈張子美學憲》（代）；《嵊邑吳亮公父母太翁昆老以現任司訓太君李母雙壽》（代）	
卷六	《癸巳上元後一日，代睿子壽塗四長別駕四十初度》；《次錢穉農、錢子方坐雨聯句韻》	
卷七	《壽純所二伯翁代長裕》；《聞張振公嬌舅父榮任雲間》（代）	
卷八		《鄰婦》；《初雪》；《予年十二，夢隨羽士陟廣寒，園曰青蕪，□作〈青蕪園記〉記此》

卷九		《兵憲耿玉齊，睿子同年也。候命臺署，忽逢勁旅，其社友唁之，有「安知非福豈□譚」句。玉齊步韻惠箋，睿子屬余代和，仍用原韻》；《甲午馬日，王泰然將軍、吳奉璋別駕、李枚臣明府、孫天印中翰、趙我法參戎枉過草堂，睿子出予集請教，閱竟，留飲。泰然以春燈雪月頒令，我法遂拈首句，各續一律，代睿子詠》；《仍用前首句，代睿子送吳濳之孝廉還燕》；《代壽李席玉初度》
卷二十二		《朱茂才公鴻儒》；《楊文學公雪門》
卷二十六	刻本缺此卷	刻本缺此卷
卷二十七	《茹仔蒼小像贊。仔蒼，予姪女子也，高才善詠》；《化愚大師壽贊》；《李席玉小像贊》（代）；《題李枚臣明府像贊》（代）；《季雍七弟行樂圖贊》（代）	
卷二十八	《盟銘》；《題吳夢勳別駕五十壽銘》	
卷三十	《金衣公子》（存「中州女譬謳」詩題）	《金衣公子》（中州女譬謳）、《答某》、《羅墳看芙蓉》、《雨中》
卷末		邢錫禎跋

第三章 文士雅集與女性作品總集之纂輯

　　女性作品總集編刊，自明代中後期後層出迭見；迨至清初，更是蔚爲大觀。相形之下，前者因草創之初，作品難以裒輯，甚且因許多刊本志在射利，迎合時尚，倉促編成，本非有意傳世的著作。其中舛誤之多，不遑細辨。總體而言，清初女性作品輯刊，因文人士大夫群體虔誠膜拜才女，嚮往才子佳人式的婚姻家庭生活，故而將編刊女性作品視爲精神寄託，孜孜不倦。更因文士雅集酬唱，相互提供信息，商討刊刻事宜，使此時期女性作品之刊刻，呈現出煥然一新的面貌。

　　誠如梁乙眞所言：

> 　漁洋詩標神韻，籠蓋百家，盡古今之奇變，其聲望披靡天下；
> 當時士大夫識與不識，皆仰之如泰斗。且喜獎挹後進，士女得其一
> 言，聲價十倍者，所在多有。故余於本編開端之初，即首述漁洋。
>
> 　蓋漁洋之影響於婦女文學者，實不在袁簡齋、陳雲伯下也。〔註1〕

本章論述，以女性作品刊本陳維崧《婦人集》、王士祿《燃脂集》，以及鄧漢儀《天下名家詩觀》「閨秀」卷之編撰爲中心，探討在清初詩壇領袖王士禛主盟的文士雅集活動中，如何交互商討，成就學術著述。

〔註1〕 梁乙眞：《清代婦女文學史》第二編第一章「王漁洋與婦女文學」，上海：中華書局，1932 年，第 51 頁。

第一節　冒襄「水繪園」與陳維崧《婦人集》的編撰歷程

　　孔尚任《桃花扇》第四齣【偵戲】記述，阮大鋮因備受時流詬罵，日夜尋思自贖。恰逢明季貴公子如皋冒襄、宜興陳貞慧、桐城方以智，置酒雞鳴埭，欲借演新出劇本《燕子箋》，阮大鋮喜出望外。不料，冒襄三人酒斟十巡，戲演半本，醉意甚濃，既稱善阮氏「真才子，筆不凡」，亦痛斥其「仗人勢，狗一般」〔註2〕。「引滿泛白，撫掌狂笑，達旦不少休」〔註3〕，明季四公子之詩酒風流，可見一斑。依吳梅村所述，陳貞慧、侯方域儀觀偉然，雄懷顧盼，冒辟疆舉止蘊藉，吐納風流。彼此儀態舉止貌似相去甚遠，然均高自標樹，「深相結，義所不可，抗言排之。品核執政，裁量公卿，雖甚強梗，不能有所屈撓」〔註4〕，曾在《留都防亂公揭》聯合署名，聲討阮大鋮。而陳貞慧與冒襄在金陵，時常「飾車騎，通賓客，尤喜與桐城、嘉善諸孤兒遊，遊則必置酒，召歌舞」〔註5〕。《桃花扇》上演觀劇罵阮插曲，即為諸輩真實生活的寫照。

　　明室既覆，滄海桑田，侯方域、陳貞慧相繼去世，冒襄則不廢賓客，精心經營水繪園的遺民世界，縱情於耳目聲色之娛與山水詩文之樂〔註6〕。寓居水繪園最久者，當屬通家子陳維崧。陳維崧（1625～1682），字其年，別號迦陵，陳貞慧長子，工詩詞、文章。順治十四年（1657），陳維崧借宿秦淮寓館，與冒襄訂水繪園讀書之約，並於次年多杪順利成行。陳氏詩作《將發如皋留別冒巢民先生》云：

　　　　憶我過如皋，太母正懸悅。是為戊戌冬，層冰莽寒屬。同行一

〔註2〕　孔尚任著，王季思、蘇寰中、楊德平合注：《桃花扇》，北京：人民文學出版社，1982年，第31～32頁。

〔註3〕　吳梅村：《冒辟疆五十壽序》，吳梅村著，李學穎集評標校：《吳梅村全集》，上海古籍出版社，2007年，第773頁。

〔註4〕　吳梅村：《冒辟疆五十壽序》。

〔註5〕　陳維崧：《奉賀冒巢民老伯暨伯母蘇孺人五十雙壽序》，陳維崧著，陳振鵬標點，李學穎校補：《陳維崧集》，上海古籍出版社，2010年，第1654頁。

〔註6〕　李孝悌：《冒辟疆與水繪園中的遺民世界》，氏著：《戀戀紅塵——中國的城市、欲望與生活》，上海人民出版社，2007年，第54頁。李孝悌認為，冒辟疆在水繪園中的交遊與狂歡活動，不完全是一種掩人耳目的行為。其對精緻生活的享樂與耽溺，和他的情操、志節與儒生行徑一樣，同樣地真實強烈而引人注目。

老僧，衣垢鞋襪敝。擔囊甫到門，僕馬立街砌。先生喜我來，圓方
選芳脆。令弟喜我來，傾筐爭擁篲。令子喜我來，齊肩若棠棣。雜
沓溢賓徒，歡噱及奴隸。阿雲年十五，娟好立屏際。笑問客何方，
橫波漾清麗。先生顧我言，此會有神契。坐我深翠房，令我習文藝。
白日張華筵，中夜明燈繼。東皋瞻才華，數子悉英銳。我時一詩成，
和者盡佳製。先生更遒拔，刻燭布奇勢。……〔註7〕

此詩爲陳維崧追憶當年初來乍到時情景：其一，自父親陳貞慧於順治十二年
（1655）病卒，家道益落。時有陰險歹毒之輩，視陳維崧兄弟如刀俎魚肉，
迫使其流散各方。故陳維崧初到冒襄寓所，貧困交加。而此年六月，庶母時
氏逝世，更是雪上加霜。陳氏詩作《戊戌多日過雉皋訪冒巢民老伯，宴集得
全堂，同人沓至，出歌童演劇，即席限韻四首》〔註8〕，詩句如「卻憑紅燭照
艱難」，「霜枯狡兔誰能逐」，即刻畫出其人生困頓的處境。其二，冒襄與陳貞
慧世交最篤。「定生歿後，巢民每中元節爲盂蘭會追薦先人於定惠寺，必附薦
定生，率以爲常」〔註9〕。因此，冒襄「推先人誼，於維崧即子蓄之」〔註10〕，
邀集親朋好友，盛情款待，並賦詩《戊戌仲冬九日，陳其年初過寒廬，宴集
同人，即席限韻，分賦四首》，弟冒褒亦有和詩《陳其年至自陽羨，伯兄招
宴，即席限韻》〔註11〕。冒褒（1644～?），字無譽，號鑄錯老人，冒襄弟，
「兄襄鞠育教誨，褒亦事兄如父」，「十困棘闈不售，晚年杜門卻掃，圖史自
娛」〔註12〕，著有《鑄錯老人集》。冒襄長子冒嘉穗，字穀梁、禾書，號珠
山，貢生，著有《寒碧堂集》。次子冒丹書（1639～），字青若，貢生，著有
《枕煙堂集》。依此前引詩，「令弟喜我來，傾筐爭擁篲。令子喜我來，齊肩
若棠棣」，冒氏一家殷勤款待，令陳維崧賓至如歸，「從今頻握手，日夜得招
攜」〔註13〕。而所編《婦人集》，亦有冒褒注、冒丹書補，貢獻良多（詳見後

〔註7〕 陳維崧：《湖海樓詩集》卷一，《陳維崧集》，第562～563頁。
〔註8〕 冒襄輯：《同人集》卷六，《四庫全書存目叢書》「集部」，第385冊，第260
頁。
〔註9〕 阮元：《廣陵詩事》卷十，《叢書集成新編》第79冊，第668頁。
〔註10〕陳維崧：《奉賀冒巢民老伯暨伯母蘇孺人五十雙壽序》。
〔註11〕阮元：《淮海英靈集》「丁集」卷一，清嘉慶三年小琅嬛仙館刻本。
〔註12〕《（嘉慶）如皋縣志》，陸勇強：《陳維崧年譜》，北京：中國社會科學出版社，
2006年，第132頁。
〔註13〕冒褒：《鑄錯軒詩茸》之《冬夜同諸子招陳其年集愛日堂，即席限韻》，《叢書
集成三編》第42冊，第651頁。

文）。其三，冒襄喜搬用家班演劇，以佐宴飲。冒氏家樂頗負盛名，始自先祖冒夢齡，「雪月之夜，燈火徹夜不絕，酒人歌吚之聲，與絲竹相錯雜」〔註14〕，如是者幾數十年。尤其是，阮大鋮去世後，冒襄收容阮大鋮舊日戲班，使其家班陣容更為強大，聲名藉甚，而伶童最擅演阮氏劇本《燕子箋》、《春燈謎》。素有《燕子箋》情結的冒襄〔註15〕，時常在水繪園搬演此劇。故友之子初訪，亦免不了重溫舊事，陳維崧感慨賦詩，云：

> 當年燈火隔江繁，回首南朝合斷魂。十對寶刀春結客，三更銀
> 甲夜開尊。亂余城郭雕龍散，愁裏江山戰馬屯。今日淒涼依父執，
> 烏衣子弟幾家存。此首專贈巢民先生。〔註16〕

陳維崧結識冒家樂班男伶徐紫雲，甚昵之，生出一段風流韻事。「阿雲年十五，娟好立屏際。笑問客何方，橫波漾清麗」，這是陳維崧數載後回憶其初遇徐紫雲的情形，恍如昨日重現。

　　陳維崧居停水繪園八年（順治十五年至康熙四年），冒褒、冒嘉穗、冒丹書陪侍其側，詩文唱和頻仍，戮力編選詩文集。而早在崇禎十一年（1638），陳維崧執贄請業，從復社名士吳應箕遊，展讀其《國瑋集》，「絕歎為經術暢茂，搜葺詳雅」〔註17〕。然因吳應箕抗清殉難，此書稿本藏劉廷鑾處，刊刻無望。有感於此，陳維崧欲紹續先師遺志，重新勒定一書。順治十八年（1661），經歷寒窗四載，終與冒嘉穗兄弟編就《今文選》。冒襄題序曰：

> （陳維崧）顧獨折節於余。余於兩兒雅弟蓄之。戊戌迄辛丑，
> 陳子在如皋四載矣。每見其巾箱中有《今文選》一書，朱墨狼藉，
> 縑緗稠雜。取而讀之，則此四載中，陳子與兩兒朝夕選集者也。余
> 觀其首尾明淨，酷有裁制，蕭氏高齋以後，罕覯此書。〔註18〕

〔註14〕陳維崧：《小三吾倡和詩序》，《陳迦陵散體文集》卷一，《陳維崧集》，第33頁。

〔註15〕據記載，崇禎十二年（1639），冒襄與陳貞慧、方以智觀閱《燕子箋》罵阮；三年之後，冒襄與董小宛重逢，於秦淮河畔再次搬演《燕子箋》，「時秦淮女郎滿座，皆激揚歎羨，以姬得所歸，為之喜極淚下」（張明弼《冒姬董小宛傳》）。順治初年，陳瑚、瞿有仲造訪水繪園，冒襄亦搬演《燕子箋》。

〔註16〕陳維崧：《戊戌冬日過雉皋訪冒巢民老伯，宴集得全堂，同人沓至，出歌童演劇，即席限韻四首》之二。

〔註17〕陳維崧：《與張芑山先生書》，《陳維崧集》，第84頁。

〔註18〕冒襄：《〈今文選〉序》，《巢民文集》卷二。

冒襄爲之批校數月，刪削改定，敦請王士禛審閱後，鬻田刊行。《今文選》凡八卷，收錄夏允彝、陳子龍、宋徵輿、李雯、吳應箕、黃周星、張明弼等明季士子七十五人的文學作品。首列夏允彝氣勢磅礡的抒情文《太湖賦》，其他如張自烈《與兒生訣書》、陳濟生《姜考功傳》、陸陛《爲外母與外父書》數篇，均可見此書旨在表彰明清之際文壇勝事，揄揚英烈〔註19〕。

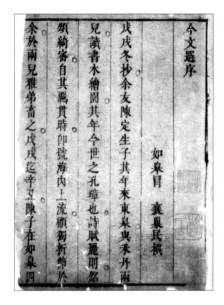

　　《婦人集》則是陳維崧與冒襃、冒丹書合作編就的另一嘉惠學林的著述。此書雖僅有一卷，但因收錄時限亦止於明清之際，諸多女性事蹟或詩詞爲編者親眼所見，或友朋提供確切信息，故而記載頗爲詳實，信而可徵。其敘說才女詩詞、書畫技藝，成爲湯漱玉《玉臺畫史》徵引最多的文獻。

　　如論文開篇所述觀劇罵阮，即崇禎十二年（1639），陳貞慧前往金陵應鄉試，時名士吳應箕、冒襄、方以智、侯方域畢集於此。劇本《桃花扇》中，侯方域與陳貞慧、吳應箕暢遊秦淮水榭，探訪佳麗。聽聞名妓李香君妙齡絕色，平康第一，侯方域按捺不住，孤身前往。經楊龍友引介周旋，得以與李香君喜結連理。此時阮大鋮在復社士子圍剿下，惶惶如喪家之犬，欲求救於侯方域，故進獻酬資二百餘金，以佐妝奩酒席。侯方域不解其中緣故，又經楊龍友大肆煽惑，允應調息紛爭。而李香君義正嚴辭，謂：

〔註19〕　路工：《〈今文選〉——明末忠烈的「紀念冊」》，氏著：《訪書見聞錄》，上海古籍出版社，1985年，第135頁。

官人是何說話？阮大鋮趨附權奸，廉恥喪盡，婦人女子，無不唾罵。他人攻之，官人救之，官人自處於何等也？

官人之意，不過因他助我妝奩，便要徇私廢公。那知道這幾件釵釧衣裙，原放不到我香君眼裏。〔註20〕

此爲孔尚任在康熙三十八年（1699），依據弘光遺事，敷陳的精彩戲劇關目，李香君守正不阿、梗直明辨的形象呼之欲出。

需要指出的是，復社諸名士相聚金陵時，陳維崧亦跟隨父親寓居此地，熟知觀劇罵阮、李香君勸諫諸事原委。而且，陳維崧「負笈從吳次尾、侯朝宗入雍，以萬金治裝求友，才名踔厲」〔註21〕，得到吳應箕、侯方域諸長者的嘉許。尤其是，侯方域與陳貞慧商訂結親之後，於順治九年（1652）應邀短暫寓居宜興，並爲陳維崧詩文撰序，讚賞其才情橫絕一世，可與陳子龍、李雯鼎足而三〔註22〕。以此，陳維崧《婦人集》撰寫「李香君」條目，即基本依據侯方域《李姬傳》，彰表李香君俠而慧，明辨是非，爲明季名士張溥、夏允彝稱頌，並略述香君養母李貞麗亦爲豪俠女子，夜輸千金而毫不吝惜，喜好結識天下豪傑。而出於爲尊者諱飾，陳維崧亦闕略李貞麗與陳貞慧、侯方域與李香君交契之事。賴冒褒補注，始詳細注明侯方域與李香君曾經海誓山盟，誓詞收錄於陳維崧《篋衍集》〔註23〕，並迻錄侯方域《與陳處士》書札，記述侯方域與陳貞慧往來信函中亦激賞李香君風調皎爽不群。

明季遺事，銘刻著父輩陳貞慧、業師吳應箕、侯方域、冒襄等復社士子意氣風發的光景。陳維崧與冒褒編刊《婦人集》，無疑會濃墨重彩書寫與上述名士交遊唱和的頗具士大夫氣習的女性。著錄李香君，因陳維崧當時逗留金陵，應有聽聞，且有侯方域《李姬傳》可資參閱，故可輕而易舉編就李香君事蹟。當然，得益於近水樓臺之便，陳維崧之編輯取材，無過於其身處水繪園時，聆聽冒襄在茶餘飯後的精細敘說。

〔註20〕 孔尚任：《桃花扇》第七齣【卻奩】。參閱夏燮《吳次尾先生年譜》「崇禎十二年」、徐鼒《小腆紀年附考》卷六。
〔註21〕 冒襄：《往昔行跋》，《同人集》卷九，第 377 頁。陸勇強《陳維崧年譜》，第 46 頁。
〔註22〕 陳貞慧幼子陳宗石與侯方域女兒結爲連理。陸勇強《陳維崧年譜》，第 64 頁。
〔註23〕 查考陳維崧《篋衍集》，不見刊載。

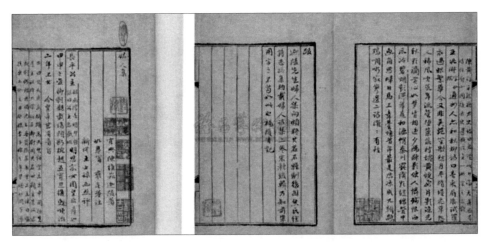

上圖爲陳維崧《婦人集》，清乾隆年間楊復吉精抄本。

　　《婦人集》所著錄的女子秦淮董小宛、姑蘇陳圓圓、儀徵吳湘逸，均與冒氏有著千絲萬縷的因緣。冒襄與董小宛之淒婉戀情，早已成爲文人茶餘飯後的談資。而明季清初女子陳圓圓，即冒襄《影梅庵憶語》眷戀之陳姬，亦吳梅村筆下「衝冠一怒爲紅顏」〔註24〕之女子。陳維崧《婦人集》曰：

　　　　姑蘇女子圓圓字畹芬，戾家女子也，色藝擅一時。如皋冒先生嘗
　　　　言，婦人以姿致爲主，色次之。碌碌雙鬟，難其選也。蕙心紈質，
　　　　澹秀天然。生平所覯，則獨有圓圓耳。崇禎末年，戚畹武安侯劫置
　　　　別室中，侯，武人也，圓圓若有不自得者。李自成之亂，爲賊帥劉
　　　　宗敏所掠。我兵入燕京，圓圓歸某王宮中爲次妃。

崇禎十四年（1641），冒襄前往衡嶽省覲，聽聞陳姬擅梨園之勝，數度造訪而不逢。及相見——

　　　　（陳圓圓）演戈腔《紅梅》，以燕俗之劇，咿呀啁哳之調，乃出
　　　　之陳姬身回，如雲出岫，如珠在盤，令人欲仙欲死。〔註25〕

陳姬央請冒襄攜遊，觀賞光福梅花。時冒襄急於省親，無法久留。後返西湖，經朋友襄助，兩人再次相會。陳圓圓淡妝登舟謁見冒氏母親，並私語冒襄，其甫脫樊籠，欲擇人以棲。因兵荒馬亂，械鬥時有發生，冒襄無法允諾攜往。商議再三，才訂盟約，並即席賦八絕句以歸。然而，待冒襄將家事安

〔註24〕　吳梅村：《圓圓曲》，《吳梅村全集》，第78頁。徐釚《本事詩》逐錄此文，並
　　　　　抄錄陳維崧《婦人集》「陳圓圓」條目作爲吳梅村《圓圓曲》詩小序。
〔註25〕　冒襄：《影梅庵憶語》。

置妥當，踐行諾言之際，陳圓圓已被國戚田弘遇門客威逼擄走。故冒襃在《婦
人集》補注冒襄臨行贈別陳圓圓絕句二首：「瀟湘一幅小庭收，葳蕤香餘暮色
幽。細細白雲生枕簟，夢圓今夜不知秋。」「秋水波迴春月姿，淡然遠岫學雙
眉。清微妙氣輕噓吸，谷裏幽蘭許獨知。」另有二首詩作，冒襄為避人言，
題曰《戲作豔詩》，存錄於《巢民詩選》〔註26〕。歷史不容假設，冒襄與陳圓
圓一段情緣，因「順、康間，詞人不敢道其舊歡；後則陳亦已成大名，少年
事不足談矣」〔註27〕，遂湮沒不彰。

　　至於吳湘逸（1643～1661），乃董小宛侍兒，名湄蘭，又據後漢繁欽《定
情》詩，取名扣扣。順治十八年，吳扣扣病卒，時陳維崧寓居水繪園數年，
「雅聞姬清麗能文，然未悉其詳」〔註28〕，故冒襄娓娓道來吳之事蹟，以為
陳維崧撰寫悼文《吳姬扣扣小傳》提供素材。據冒襄說，吳湘逸八歲從父練
習書法，十歲受戒茹素，跟隨冒母念經誦佛，晨夕不輟。因冒襄痛念姬妾董
小宛生前曾云：「是兒可念，君他日香奩中物也。」且添香煮茗，正闕紅顏，
而妻子蘇元芳又從旁勸說，吳湘逸終得以陪伴其側，習誦詩詞、古文，甚而
評騭冒襄唱和詩詞。尤令冒襄折服的是，吳湘逸知大體、立節概，性情與才
識不異董小宛。「一家之中，上而余母、余內人，暨子弟甥諸媳，相為憐愛，
無不加膝」〔註29〕。陳維崧《婦人集》言吳扣扣「資性穎異，好讀書，《文
選》、杜詩，一二遍即能復誦」，即本諸《吳扣扣小傳》。而冒襄詩作《辛丑晚
春，久雨初霽，攜小姬湘逸看畫堤，桃花閉門，湘中小閣。山濤過訪不值，
有四絕句，戲為和答，並付湘逸》，冒襃擇取其中二首，題為《同湘逸水繪庵
看桃花》，增補《婦人集》「吳湘逸」條。

　　欣聞吳湘逸由冒襄納為妾，當時寓居冒氏深翠山房的才女周瓊賦詩曰：
「絮語花陰夜未央，細聆音韻轉悠揚。君今幸作吹簫侶，儂願期為雙鳳凰。」
〔註30〕如論文第二章指出，周瓊居停八月有餘，與冒襄詩詞唱和頗多，如
《水繪庵即事和冒巢民》一詩，感喟於國初開科取士，許多高蹈遠引之士紛

〔註26〕　冒襄：《巢民詩選》，《叢書集成三編》第42冊，第569～570頁。另見王利民
　　　　　等著：《冒辟疆與董小宛》，北京：中華書局，2004年，第81頁。
〔註27〕　孟森：《董小宛考》，《心史叢刊》，北京：中華書局，2006年，第203頁。
〔註28〕　陳維崧：《吳姬扣扣小傳》，《陳迦陵散體文集》卷五，《陳維崧集》，第121頁。
〔註29〕　同上注。
〔註30〕　陳維崧：《婦人集》。王英志主編：《清代閨秀詩話叢刊》，南京：鳳凰出版社，
　　　　　2010年。以下凡徵引《婦人集》者，均引自該書。

紛以「西山薇蕨已精光」爲由，急忙「腹中打點舊文章」〔註31〕，而冒襄毅然隱居水繪園，經營其相當精緻的遺民生活，令周瓊歎服不已。其另賦詩贈冒襄曰：「贈藥爲憐司馬病，解衣應念少陵貧。慚非駿骨逢知己，羞把蛾眉奉路人。」〔註32〕感謝其殷勤款待，頗有知己之遇。周瓊不時將才女吳琪詩畫贈送冒氏家人，冒丹書因此有《松陵周羽步以吳蕊仙畫梅扇寄余內人，代賦一絕》答謝〔註33〕。此後，鄧漢儀又從冒襄得知，周瓊「已有所歸矣」〔註34〕。

陳維崧居如皋八年，耳聞目睹冒氏數位紅顏知己的才情與膽識，《婦人集》對此作了如實記述。而冒襄姬妾蔡含、金玥精擅書畫，陳維崧《壽

上圖爲冒丹書《婦人集補》，清宣統三年（1911）如皋《冒氏叢書》本。

冒巢民先生七十》一文譽之曰：「插花獻罘者誰子，此是紅閨雙畫師。先生有兩姬人善丹青。」〔註35〕然而，蔡、金二位女性卻未見著錄於《婦人集》。原因在於，蔡含於康熙四年三月（1665）歸適冒襄〔註36〕，而此年冬季，陳維崧離開水繪園，可證《婦人集》成書，應在康熙二、三年間〔註37〕。《婦人

〔註31〕 獨逸窩退士：《笑笑錄》，王利器：《歷代笑話集》，上海古籍出版社，1981年，第519頁。

〔註32〕 周瓊：《贈冒巢民》，徐世昌：《晚晴簃詩匯》卷一百九十九。

〔註33〕 徐釚：《本事詩》卷十一，第364頁。

〔註34〕 鄧漢儀：《天下名家詩觀》「閨秀」卷，《四庫禁燬書叢刊》「集部」，第1冊，第636頁。

〔註35〕 陳維崧：《湖海樓詩集》卷七，《陳維崧集》，第874頁。蔡含、金玥善繪，湯漱玉《玉臺畫史》引據朱彝尊、王士禛、厲鶚等人題詩。

〔註36〕 陸勇強：《陳維崧年譜》，第214頁。冒襄亦在數年內迎娶金玥。

〔註37〕 另有兩則文獻可資佐證：周亮工《尺牘新鈔》卷一載錄王士禛致陳維崧書札，其中所述《燃脂集》僅「百六十卷」，《朱鳥逸史》十餘卷，而王士祿撰寫《徵閨秀詩文書》，已明言《燃脂集》「約得一百七十餘卷」，由此可推知王士禛這封信札應不晚於康熙元年（1662）。時王士祿自里中歸京，掌教國學，故王士

集》悉數著錄與冒襄情緣甚深的女性。在此之外，冒氏家族其他才女，如冒襄妻室宮婉蘭工詩善畫，著有《梅花樓詩集》。陳維崧述之曰：

> 麹室唱酬，才情朗暢，伉儷之篤，亞於塤篪矣。婉蘭尤工畫墨梅，雪葉風枝，翛然有偃蹇瑤臺之思。〔註38〕

一方面，冒襄與才女董小宛的凄豔故事，早已成為眾人熱議的話題；而吳湘逸、陳圓圓，以及周瓊、宮婉蘭，乃至此時移居如皋洗缽池的吳琪〔註39〕，均與水繪園有不同情誼。陳維崧彙刊女性作品（事蹟），自不致闕漏這些聲噪一時的女性；另一方面，水繪園作為冒襄廣交天下傑士的場所，徵歌逐舞，宴請無虛日：

> 海內賢士大夫未有不過從，數數盤桓不忍去者。負販之交，通門之子，雲集於是，常數年不歸，主人日為之致饘，不少倦。名賢題詠水繪，積至充棟。四十載賓朋之盛，甲於大江南北。〔註40〕

曾經在金陵痛罵阮大鋮的故家子弟，如陳維崧、戴本孝、方中德、魏允楠、彭師度等，均曾作客此間。數年寄棲在蘇北通衢要衝之處而又與揚州相去不遠的如皋，陳維崧與南來北往的諸多名士交往頗為密切。一仍編刊《今文選》的情形：「去秋石城，陸子翼王、彭子古晉、黃子俞邰俱許惠我名篇，輔予不逮」〔註41〕，《婦人集》亦得到了他們的熱心幫助，茲舉數例為證：比如，順治十七年（1660），陳維崧與白楠、陳士益讀書於常州陳玉璂東園〔註42〕。康熙三年（1664），陳玉璂下第，出都南還，抄錄廣陵女子詩作，與陳維崧相晤之際〔註43〕，呈送女子題壁詩。《婦人集》記曰：

禎擬寄贈陳維崧《婦人集》，並囑託王士祿謄寫《朱鳥逸史》副本相寄。康熙三年（1664），王士祿冤白出獄而流寓至揚州，與陳維崧相晤，極大地充補了《婦人集》的篇幅（見正文論述）。其二，據王士禎《書先考功兄年譜後》記述，時至康熙四年，王士祿已撰就《燃脂集》二百三十餘卷，條目粗備。該書取資《婦人集》之處頗多，如據以迻錄女性的姓氏及著述，或援引陳維崧評鑒女性詩詞之言論。

〔註38〕 陳維崧：《婦人集》。冒襄女冒德娟，字嬿婉，亦工詩詞，著有《自怡軒詩集》。鄧漢儀述曰：「予與無譽誼切葭莩，稔知其閨閣貞靜勤敏，而書史獨嫻，左芬、謝蘊自爾一往風秀。采其數章，允為林下傳誦。」徐世昌《晚晴簃詩匯》卷一百八十三。

〔註39〕 鄧漢儀：《天下名家詩觀》「閨秀」卷。

〔註40〕 鄧林梓：《匿峰廬記》，《同人集》卷三，第89頁。

〔註41〕 陳維崧：《今文選》「凡例」，清初刻本。

〔註42〕 陸勇強：《陳維崧年譜》，第158頁。

〔註43〕 陳維崧與陳玉璂晤面，有如下兩種可能：一是在王士禎邀請筵席的場合，參

廣明弟名玉瓚自北歸，以郵亭女子一詩示予。予爲憮然。詩曰：
「凌波卸卻換宮靴，女作男妝實可嗟。扶上高樓愁不穩，淚痕多似
馬蹄沙。」蓋流人羈子過之繫念矣。詩更有自序云：「乙酉六月一日，遇難
寶林莊，徬徨無地，灑淚而書，以爲異日話尋之具。廣陵十七歲女子張氏淚筆書於
方順橋店中。」〔註44〕

陳維崧見此題壁詩，悵觸感懷：一是自身兩試落第〔註45〕，感愧於冒襄長達
七年的細微照顧。而其深深愛戀的徐紫雲剛剛新婚，意味著「六年孤館相依
傍」〔註46〕即將成爲美好的回憶，不復再演，故陳維崧決計遠遊燕冀，賦詩
《將發如皋，留別冒巢民先生》。因此意已決，了無牽掛，冒襄堅留未果。此
時此刻，其與故交好友陳玉瓚重逢於揚州，「同是天涯淪落人」，感慨殊多。
二是依據冒襄補注，廣陵女子遭鼎革之難，賦詩題壁。而陳維崧家遭劇變，
兄弟星散。「只緣家難滯他鄉」〔註47〕，寓居水繪園數年之後，行將作游子
羈客。

　　類似的文獻增補，所在多有。唐允甲在康熙元年（1662）途經鄭州時，
見驛亭刻有姑蘇女史芳芸題壁詩，抄錄全文，而後出示給正在編撰女性作品總
集的王端淑和王士祿。陳維崧《婦人集》所載，因唐允甲恃憑記憶而進行口
述，故僅爲殘句：「猶記其末句云……。予閨人亦有和韻」〔註48〕。也正是在這
樣一種文化漫談氛圍中，陳維崧又獲知唐氏閨人閻素華是以長板橋頭人的身份
侍奉其側，頗負盛名，「羅羅贏秀，孤情絕照，綽有林下風。」〔註49〕又如，
順治十八年（1661），周亮工遇赦南還至揚州，經由冒襄引薦，陳維崧如願與之
結識。次年，獲睹其新著《尺牘新鈔》，受邀爲之撰序。基於此，《婦人集》
著錄閨秀周明娖，曰：「曾覽其尺牘一卷，清遙秀映，允爲玉臺之名構矣。」

　　　閻蔣寅：《王漁洋事蹟微略》，北京：人民文學出版社，2001年，第107頁。
　　　此外，董以寧《正誼堂詩集》之詩作《病中喜廣明北歸，過舍小集，同諸子
　　　席上有贈，分得十四》，其一曰：「壯遊原意氣，別恨奈江淹。與爾升沉異，
　　　同人慰藉兼。銜杯忘病肺，得句欲掀髯。轉爲銷魂久，相看喜更添。」陳維
　　　崧亦有可能因此次宴飲而獲得陳玉瓚謄抄的女子題壁詩。
〔註44〕陳維崧：《婦人集》。
〔註45〕陳維崧屢應鄉試不利，備受刁難。參閱嚴迪昌：《陽羨詞派研究》，濟南：齊
　　　魯書社，1993年，第167頁。
〔註46〕陳維崧：【賀新郎】《雲郎合巹，爲賦此詞》，《陳維崧集》，第1526頁。
〔註47〕陳維崧：〔惆悵詞〕之三，《湖海樓詩集》卷一，《陳維崧集》，第538頁。
〔註48〕陳維崧：《婦人集》，第31頁。
〔註49〕陳維崧：《婦人集》，第40頁。

〔註50〕並從《尺牘新鈔》迻錄周氏《與仲嫂》與《與夫子》各兩封書札。

在此期間，陳維崧編撰《婦人集》，以王士禛南下官司揚州時創獲最多（見後論述）。王士禛早歲以《秋柳》詩名聞天下，和詩者達數百人，其中不乏大家閨秀。《婦人集》所載秣陵女子紀映淮唱和《秋柳》詩句「棲鴉流水點秋光」〔註51〕，乃王士禛於順治十七年（1661）在案牘之餘造訪紀映鍾時獲悉，並賦詩歌詠，編入《秦淮雜詩》。陳維崧時常與之從遊，輯錄女性作品或事蹟便顯見出更多成效。《婦人集》著錄海昌彭炎、金陵林四娘等，均係王士禛相告：「王十一爲余述林四娘事，幽窈而屑瑟，蓋《搜神》、《酉陽》之亞也。」〔註52〕其他如婁江女子、李小鳳等，亦由冒褒引據王士禛相關詩作予以補充說明。王士禛《歲暮懷人絕句三十首》之二十，言其與陳維崧、董以寧、鄒祗謨、黃永諸子雪夜暢飲觀劇：

> 籍籍蘭陵四才子，陳黃鄒董各名家。難忘雪夜吳兒曲，簷角寒
> 梅正開花。陳秀才維崧、黃比部永、鄒進士祗謨、董秀才以寧，昔夜雪同飲許
> 士宅觀劇也。〔註53〕

黃永，字雲孫，官刑部侍郎，因奏銷案罷歸，與夫人浦映淥伉儷最篤。《婦人集》輯錄浦氏詞作【滿江紅】《題周絡隱〈坐月浣花圖〉》、【賀新郎】《往事》二首。《坐月浣花圖》乃江夏女子周炤自繪，「雙鬟如霧，烘染欲絕。圖尾有小篆二。一曰絡隱，或曰炤，又字絡隱雲。」〔註54〕文士李以篤常常攜帶其畫作以示友人，陳維崧爲賦【多麗】《爲李雲田、周少君寶鐙題〈坐月浣花圖〉》，其他如董以寧、方文、王士祿、宗元鼎、尤侗均有題詩。董以寧又撰寫《周炤傳》，冒褒據以補注《婦人集》，並增錄周炤詩作《次林文貞韻寄王玉映》、《聞外君耩香子將歸》二首。

如上所引，王士禛稱許陳維崧、黃永等爲「毗陵四子」，聲名噪甚。而陳維崧與董以寧、鄒祗謨雖歡聚於此，卻相識已久。鄒祗謨與王士禛合編《倚聲初集》，選刊陳維崧詞作三十九首。而陳維崧《婦人集》亦較多引據鄒、董二人的著述或相關事蹟。早在順治七、八年（1650～1651）間，陳維崧已與

〔註50〕 陳維崧：《婦人集》，第 37 頁。

〔註51〕 陳維崧：《婦人集》，第 14 頁。

〔註52〕 《婦人集》所涉王推官、王十一，均指王士禛，這是因爲王氏是祖父象晉第十一孫，又曾任揚州推官。

〔註53〕 王士禛：《漁洋詩集》卷十二，《王士禛全集》，第 340 頁。

〔註54〕 陳維崧：《婦人集》。

二人詩詞宴遊，成莫逆之交：

> 憶在庚寅、辛卯間，與常州鄒、董遊也，文酒之暇，河傾月落，
> 杯闌燭暗，兩君則起而爲小詞。方是時，天下塡詞家尚少，而兩君
> 獨矻矻爲之，放筆不休，狼藉旗亭北里間。其在吾邑中相與爲倡和，
> 則植齋及余耳。〔註55〕

此爲陳維崧作詞之始，醇酒婦人，好旖旎語，尚受陳子龍雲間詞派流韻餘響
之影響。而庚寅夏季，鄒祗謨與虞山才女吳永汝婚事，因訟事糾紛，未能如
願〔註56〕。鄒氏賦《惜分飛》四十四闋傷悼之，而吳氏數首詞作《訣別詞》、
《如夢令》、《蝶戀花》，均載入《婦人集》。此外，鄒祗謨《金屋歌》記述恭
順侯吳維華姬妾金屋偶因他事失寵〔註57〕，援筆作書，敘說辛楚，並徵引《長
生殿》典故，終於博得吳氏歡心，寵愛如初。鄒祗謨另一傳記敘說女子李小
鳳，受主家耿章光平陵之難牽累，法當沒官，賴馬大將軍及蘭陵劉生救贖。
陳維崧均據以採擇，錄入《婦人集》。

　　而好友董以寧提供的信息，除上述《周炤傳》之外，其《楚遊聞見錄》
記述椎髻跣足、慘紅袒服的襄王宮女鄭妗，亦刊入《婦人集》。尤其是，董以
寧叔母顧諟，「以國破家亡，流離不偶。每吟舊事，不勝恌歎」〔註58〕。董以
寧叔父刻其遺集百餘篇，名曰《翰墨有遺跡》。

　　於此可見，陳維崧《婦人集》雖成書於水繪園，但其中有些信息則是陳
維崧寓居冒襄處所之前獲悉，上述名士鄒祗謨、董以寧即是其例。此外，如
順治九年（1652），江西康範生往金陵就婚之際，與陳維崧初識於吳門。爾後，
康範生致信，並附送妻室所繪一柄畫箑。陳維崧甚感驚喜：

> 玉臺倡和，丹扇逢迎，令我陳思，彌殷嘉羨。大篇遠賦，逾稔
> 隆情；更玩丹青，歎深多藝。初不曉足下擅此伎倆，豈近作管夫人
> 弟子耶？〔註59〕

贊許其畫竹深諳管夫人技法，「綠篠明玕，便覺白日欲翳」〔註60〕。

〔註55〕陳維崧：《任植齋詞序》，《陳維崧集》，第52～53頁。
〔註56〕蔣寅：《鄒祗謨生平事蹟輯考》，氏著：《清代文學論稿》，南京：鳳凰出版社，
　　　　2009年，第182頁。
〔註57〕徐釚：《本事詩》卷十，第322頁。
〔註58〕陳維崧：《婦人集》。
〔註59〕陳維崧：《答康小範書》，《陳維崧集》，第86頁。
〔註60〕陳維崧：《婦人集》。

　　水繪園作爲冒襄傾力構建的一個讓明季江南風華聲教得以賡續的隱逸場域，陳維崧與冒嘉穗、冒丹書兄弟在此地編刊《今文選》。該書凡八卷，收錄夏允彝、陳子龍、宋徵輿、李雯、吳應箕、黃周星、張明弼等明季士子凡七十五人的文學作品。首列夏允彝氣勢磅礴的抒情文章《太湖賦》，其餘有張自烈《與兒生訣書》、陳濟生《姜考功傳》、陸陛《爲外母與外父書》等，旨在「宣述石城之勝事，揄揚吳會之英流。」〔註61〕

　　繼此舉之後，陳維崧又與冒褒叔侄搜求女性作品或事蹟，從另外一個面向延續了《今文選》的要旨，既彰顯明季清初詩文、書畫創作均令文士歎服的才女，更如實載錄甲申、乙酉之變遭逢亂世的節烈行爲，藉以傷悼家國劇變給眾多女性以及編者自身帶來的巨大創痛。就此而言，《婦人集》與王端淑《名媛詩緯》有著共通性。

　　《婦人集》開篇記述長平公主因易代鼎革，「御劍親裁，傷頰及腕。越五宵旦，復蘇」〔註62〕。與之同樣遁入空門者，有前明宮女妙音，時常講述甲申宮中舊事。吳兆騫《白頭宮女行》評曰：

　　　　天家龍種尚飄零，賤妾蛾眉亦何有。晚樹沉沉禁苑斜，山川滿
　　目思悲笳。傷心欲到扶風市，零落金箱憶漢家。〔註63〕

　　滿目瘡痍，遙憶漢家，在宮闈之外，亦見之於名媛詩詞。被陳維崧譽爲「南宋以來，閨房之秀，一人而已」的才女徐燦，傷心吟詠「衰楊霜遍灞陵橋，何處是前朝」〔註64〕。明季王端淑、黃媛介、吳山、周瓊甘貧樂道，亦令人肅然起敬。女子秦氏被擄不屈，投崖殞身。宮女費氏手刃數名亂賊之後從容自盡。更有甚者，臨淮老妓某某主動請纓替東平侯劉澤清前往偵查失守宮廷的情形，手持匕首，間關數千里，越過敵營而歸。江西劉淑出身忠烈門庭，值遇甲申鼎湖之變，遂興建義旗，發願討伐弒義帝之人。鄒平王氏善騎射，南渡時曾統帥大軍，治軍號令之嚴，令其夫君劉孔和頗爲敬憚。可以說，《婦人集》標舉了諸多身赴國難的奇女子、守節殉國的烈女烈婦，甚至以勇武洗雪國恥的俠女。

　　陳維崧編錄眾多節烈女性事蹟、詩詞，既是回應此前品評閨秀，時輩所

〔註61〕　冒襄：《〈今文選〉序》。另參閱路工：《〈今文選〉——明末忠烈的「紀念冊」》，
　　　　　氏著：《訪書見聞錄》，上海：上海古籍出版社，1985年版，第135頁。
〔註62〕　同上書。
〔註63〕　同上書。
〔註64〕　同上書。

提出的質疑：

> 　　或謂：「鉛黛之餘，偏饒韻致。筆墨之外，別有寄託。當今那得
> 如許寧馨？」余沉思久之，忽曰：「噫，自有人眾，或嗤余爲呆。」
> 〔註65〕

更寄寓了其痛念故國的心緒。雖不能稱之爲「遺民」，但身爲「王謝」家的家孫，陳維崧寓居水繪園期間的詩集《射雉集》，創作風格已由「高渾鮮麗」轉向「跌盪頓挫」〔註66〕。詞集《烏絲詞》亦大抵摒棄聲華裙屐之好，更多地是在蕭條瓠落的困境中，作「哀豔無端互激昂」式的宣洩〔註67〕。《射雉集》已不可蹤跡，但翻檢《烏絲詞》，「往事不堪重憶得」、「故園歸歟行樂」〔註68〕之類獨自傷今悼往的詞句，比比皆是。而諸如詞作【滿江紅】《陳郎以扇索書，爲賦一闋》，乃應曲中老教師陳九之子索求題扇而作。「對君家，兩世濕青衫，吾衰醜」〔註69〕，與世交之子交遊，陳維崧會發抒如此感慨。同樣，冒襄亦有「不堪追往昔，幽恨杳難平」〔註70〕、「讀書莫弔古，弔古寸心酸」〔註71〕的歎息，乃是感傷於陵谷更替的苦澀辛酸之音。《柬內》一詩曰：「挑盡銀缸夢不成，秋蛩唧唧暗心驚。誰將碎雨零風恨，斜側紅蕤話到明。」〔註72〕此即爲冒襄與宮婉蘭「麴室唱酬」的基調。當是時，張煌言、鄭成功不斷揮師攻打長江。因江南義軍多倡於文士，令清廷尤爲痛恨，大興科場案、通海案，荼毒士子。陳維崧諸多親朋好友，如吳兆騫、潘隱如、孫暘、陸慶曾，即因順天、江南科場案而羅禍，慘遭流徙；周世臣、陳于鼎、魏耕亦先後因通海案而被誅戮。尤其是順治十八年（1661），清廷又進而羅織奏銷案，企圖使江南士人噤若寒蟬。爲此，水繪園的雅集酬唱，實際蒙上了多重陰影，冒襄與妻室挑燈夜話，才會「秋蛩唧唧暗心驚」。陳維崧賦詩弔祭先

〔註65〕 同上書。
〔註66〕 陳維岳：《〈湖海樓詩集〉跋》，《陳維崧集》，第 1821 頁。
〔註67〕 參閱嚴迪昌《陽羨詞派研究》論述陳維崧詞的藝術風格，第 183 頁。
〔註68〕 陳維崧：【蝶戀花】《春閨同周文夏賦》、【宣清】《春夜聞雁》，《烏絲詞》，留松閣刻本。
〔註69〕 同上書。
〔註70〕 冒襄：《客金陵，喜晤戴二旡忝，兼懷戴大務旃》，《鑄錯軒詩輯》，《叢書集成三編》第 42 冊，第 649 頁。
〔註71〕 冒襄：《詠懷》，同上書。
〔註72〕 同上書，第 650 頁。宮婉蘭之父宮偉鏐，崇禎進士，官翰林院檢討，入清不仕，以布衣遺民終老。

父，也因「海警正亟，措辭用韻，備極艱險」〔註73〕。故陳維崧與冒褒合編《婦人集》，亦是長歌當哭，藉集錄鼎革之際諸多節烈女子的事蹟及詩詞，發紓胸中塊壘。

綜括而言，經年寄跡於充滿雅致、逸樂氣息的水繪園，在父執冒襄的悉心呵護與傾力相助下，陳維崧與冒氏叔侄相繼編纂了兩種選本。《婦人集》之集纂，得益於編者曾經耳聞目睹的明季遺事、水繪園關涉的殊多奇異女子以及招徠的大江南北名士所提供的珍貴訊息。而由於編撰者自身經歷了風流聲華猝然遠逝的人生變故以及置身於彌漫著哀淒情緒的隱逸場域，使得這部女性作品集染上了頗為濃厚的悼往傷今色彩。

第二節　「紅橋修禊」：女性著作編選過程中的訊息流通

論及陳維崧編刊《婦人集》，朋輩之中提供信息最多者當數王士祿。而陳維崧與之相識，常相討論，則有賴一代文宗王士禛之積極引介。王士禛（1634～1711），字子真、貽上，號阮亭、漁洋山人，山東新城人。順治十七年（1660），王士禛官揚州司理，五年後離任赴京。在此期間，他相當出色地處理了繁雜的政務，「仁而明，勤而敏，廉而能慎」，「實今日之循吏」〔註74〕。例如，清廷遣派大員前往江寧查處通敵大案，諸多士子在威逼拷問之下牽連被禍。王士禛則採取較為審慎的態度，據案裁決，而將隨意誣告他人的不法之徒下獄；同時又苦口婆心游說身邊同僚，解囊相助，填補揚州地區拖欠朝廷的巨額賦稅〔註75〕。而其「晝了公事」，批閱簿牒；「夜接詞人」〔註76〕，不廢吟詠：

> 吾友新城王貽上為揚州法曹，地殷務劇，賓客日進，早起坐堂皇，目覽文書，口決訊報，呼譽之聲沸耳，案牘成於手中。已而放衙，召

〔註73〕冒褒：《哭陳其年太史倡和詩》，《同人集》卷九，第395頁。

〔註74〕孫言誠校點：《王士禛年譜》，北京：中華書局，1992年，第28頁。按：此年譜「禛」作「禎」，論文凡徵引之處，均依從原書。

〔註75〕李孝悌：《士大夫的逸樂——王士禛在揚州（1660～1665）》，氏著：《戀戀紅塵——中國的城市、欲望與生活》，第127頁。蔣寅：《王漁洋事蹟徵略》，第85頁。

〔註76〕孫言誠點校：《王士禛年譜》，第28頁。

客刻燭賦詩，清言霏霏不絕。坐客見而詫曰：王公真天才也。〔註77〕

揚州五年，洵爲王士禛詩詞創作高峰期。尤其是其倡導倚聲之學，儼然成爲揚州詞壇的領袖人物〔註78〕。當時，陳維崧躬逢其盛，「兩人相見便抵掌，坐上狂歌歌自若」〔註79〕，又邀請鄒祗謨、董以寧、彭孫遹諸子唱和。其中，廣陵女子余韞珠爲王士禛所繡《神女圖》、《洛神圖》、《浣紗圖》數幅，經王精心籌謀，成爲彼輩的熱門話題。據王士禛記述，余韞珠工仿宋繡，尤善繡仙佛人物，曲盡其妙，有「針神」之譽，亦曾爲王士祿繡製須菩提像〔註80〕。而王士禛初訪金陵布衣丁胤，聽其縷述明末秦淮馬湘蘭、沙宛在數位才女事蹟之後，倩人摹畫《青溪遺事》冊頁，陳維崧、董以寧等又題詩賦詞。

康熙元年（1662），一個名不見經傳的紅橋，迎來了最爲豐盛的文學盛舉，王士禛與陳維崧、杜濬、袁于令、張養重、陳允衡、蔣平階、杜濬、邱象隨、劉梁嵩、朱國禎等修禊於此；康熙三年（1664），此地又再次上演了文士宴飲唱和的一幕。原本僅爲賞玩勝地的「虹橋」，「自阮亭先生宴集後，改字曰紅橋，而橋始傳」〔註81〕。

文人修禊之舉由來已久。王羲之《蘭亭集序》言其在晉永和九年（公元353）與諸賢享受山水清音之樂。陳維崧跋《東溪修禊卷》曰：

> 夫以右軍逸氣浩浩落落，是其人固宜等萬物於芻狗；乃當斯會也，篇終而歎古今得喪之故，猶若不能已於言者，何耶？意者臨文寄慨，達人卒不免邪？今者茗酒之外，琴弈而已，談諧雜出，嘲詼萬端，飲酣少愒，佐以說鬼，不知大風蓬蓬然起於東溪之口，而溪水爲沸也。〔註82〕

一年一度精彩紛呈的文藝活動，成爲與會者畢生難忘的盛事，「人生適志耳，多憂何爲」〔註83〕，此正是陳維崧對於修禊的深刻體悟。

〔註77〕 吳梅村：《程崑崙文集序》，《吳梅村全集》，第 682 頁。
〔註78〕 蔣寅：《王漁洋與康熙詩壇》第四章，北京：中國社會科學出版社，2001 年，第 80 頁。
〔註79〕 陳維崧：《贈別王主客阮亭》，《湖海樓詩集》卷二，《陳維崧集》，第 603 頁。
〔註80〕 王士禛：《池北偶談》卷十二，王士禛著，袁世碩主編：《王士禛全集》，濟南：齊魯書社，2007 年，第 3122 頁。
〔註81〕 孔尚任：《湖海集》卷八。
〔註82〕 陳維崧：《陳迦陵散體文集》卷六，《陳維崧集》，第 149～150 頁。
〔註83〕 陳維崧《〈東溪修禊卷〉跋》。

據張宏生研究，王士禛吸取其在濟南大明湖秋柳唱和的成功經驗，即借助於文士群體的集體活動，更容易造就個人聲名，故順理成章地將此種模式移植揚州，邀請眾多聲名與秋柳唱和相媲美的文士參與盛會〔註84〕。事實證明，王士禛在揚州因政績卓著、文學創作超群，頗有「兩行小吏豔神仙，爭羨君侯斷腸句」〔註85〕之譽。而自王士禛官揚州始，陳維崧時常過從，「日與覽平山、紅橋諸勝，酒酣樂作，仰而賦詩，頗極杯酒倡酬之盛」〔註86〕。當聽聞陳維崧編撰《婦人集》，王士禛致信曰：

> 得來書，知近撰《婦人集》，採樂衛於宮閨，表殷、劉於蟫黛，文流佳話，快睹其成。家兄西樵向撰《燃脂集》，攬擷古今閨秀文章，殆無遺美，十年以來，至百六十卷。又撰閨中遺事，為《朱鳥逸史》一書，蓋取《漢武外傳》中語，亦十餘卷，正可與尊著相發明。幸錄一副本相寄，用致西樵，屬其以《逸史》副本南寄，各以見聞，佐其未逮，如何？〔註87〕

王士禛所述《燃脂集》僅「百六十卷」，《朱鳥逸史》為十餘卷。而王士祿撰寫《徵閨秀詩文書》，已明言《燃脂集》「約得一百七十餘卷」（詳見後文），可推知王士禛此封書札應不晚於康熙元年。時王士祿自里中歸京，掌教國學，故王士禛擬寄贈陳維崧《婦人集》，並囑託王士祿謄錄《朱鳥逸史》副本相寄。

王士祿（1626～1673），字子底，又字伯受，號西樵山人，又號負苓子、更生，山東新城人。其一生短暫，卻著述頗豐，有《十芴草堂集》、《焦山古鼎考》一卷、《讀史蒙拾》一卷、《司勳五種集》二十卷等。尤為人稱道的是，王士祿輯撰有關歷代女性事蹟和作品的著述數種，如《燃脂集》二百三十餘卷、《朱鳥逸史》六十餘卷以及《閨閣語林》〔註88〕，其中又以《燃脂集》影

〔註84〕 張宏生：《王士禛揚州詞事與清初詞壇風會》，氏著：《清詞探微》，上海古籍出版社，2008年，第194頁。

〔註85〕 孫言誠點校：《王士禛年譜》，第23頁。

〔註86〕 陳維崧：《〈南芝堂集〉序》，蔣寅：《王漁洋事蹟徵略》，第53頁。

〔註87〕 周亮工輯：《尺牘新鈔》卷一，周亮工輯，米田點校：《尺牘新鈔》，長沙：嶽麓書社，1986年，第41～42頁。

〔註88〕 關於王士祿的著述，王士禛《漁洋文集》卷十二《書先考功兄年譜後》有簡要記述。《王士禛全集》，濟南：齊魯書社，2007年，第1702頁。王士祿有關才女的著述，如《閨閣語林》稿本一卷，有道光王雲灌鈔並跋，《山東省博物館藏山東人著作目錄》、《中國古籍善本書目》、《山東文獻書目》均著錄。

響最著。康熙三年（1664），王士祿因禮部覆核河南鄉試卷，「指爲有疵」而下獄。是年冬杪，王士祿甫脫牢獄，即經王士禛勸說，來到揚州。陳維崧早年曾誦讀王士祿詩集，「歎爲河嶽之精英」〔註89〕，然始終未能相晤。聞知王士祿到來，喜出望外，伏道相迎，賦詩曰：

> 頗聞鄒陽脫奸狴，復報衛虎來江東。我時正作蜀岡客，大叫額手呼蒼穹。忽聞旌旆指隋苑，狂走伏謁迎王公。〔註90〕

此後，陳維崧與鄧漢儀、宗元鼎、孫枝蔚、雷士俊等諸多士子，前往王士祿所居罷提閣宴飲酬唱，「水木清幽，竹梧淡沱」，「蔬筍在旁，香粉在側，風流懶靜，幾不知夫景之欲昃而河之漸傾」〔註91〕，其情形與文士修褉相類。尤其是王士祿初遭移送刑部，「家人震怖雨泣」，「君（按：指王士祿）居之坦然」〔註92〕。其「蕭然物表，固已齊得喪爲一致，而泯喜慍於無形。蟻視王侯，蟬蛻軒冕」〔註93〕的曠達恬靜處世觀，令陳維崧歎服。在序王士祿詞集《炊聞卮語》時，陳維崧即比照其自身與王士祿身世經歷，重新詮釋「窮而後工」的文學命題。同爲遭遇困頓，王士祿卻能超然物外，故其所遇愈窮，爲詞愈工。相形之下，陳維崧本人則是「二十年舊事耿耿於

上圖爲王士祿像軸，下爲局部圖，張翀繪，絹本設色，現藏故宮博物院。

〔註89〕陳維崧：《祭王西樵先生文》，《陳維崧集》，第146頁。

〔註90〕陳維崧：《贈王司勳西樵》，《湖海樓詩集》卷一，《陳維崧集》，第593頁。

〔註91〕陳維崧：《祭王西樵先生文》。

〔註92〕孫言誠點校：《王士禛年譜》，第23頁。

〔註93〕陳維崧：《祭王西樵先生文》。

心」，「前者之泡影未能盡忘」，愁而未窮，故其詞「將老而愈不能工」〔註94〕。
而在王士祿看來，陳維崧「胸中有數千卷書」，「嫵媚可愛」〔註95〕。其作《送
陳其年歸陽羨歌》小序云：

> 其年索予送歸詩，數日未能捉筆也。十月十三夜中宵雨作，離
> 思沁心，覓詩不就，倦而伏枕，於夢寐間輒得四語。凌朝足成，以
> 遺其年。詞雖不工，然以見吾兩人交情眞摯，有殊尋常耳。〔註96〕

之所以說「交情眞摯，有殊尋常」，除了感歎不幸遭遇、欣賞彼此文學才華之
外，更重要的是，兩人均不約而同投身於輯刊女性著述的志業。然而，王士
祿早已著手編選《燃脂集》，其輯錄規模遠非陳維崧《婦人集》可比。對主要
依賴交往友朋提供訊息的《婦人集》而言，王士祿所掌握的資料，無疑最爲
豐富和詳實。事實證明，《婦人集》成書，王士祿亦廁身其中（見下表）：

王士祿襄助陳維崧編撰《婦人集》詳目表

敘　　　說	補說／補正	評鑒	補　　　注
王士祿妻；宗元鼎母親陳夫人；劉孔和妻王氏；數家女子題壁詩；三家賢媛詩；邢慈淨；湯文玉；琅玕女子；王菊枝；顧文婉；王素音	王朗；康郌；顧若璞；李因；宋蕙湘；湯畹生；周明媄；林四娘	闞玉	宋姬；蔣夫人；尼泉玉；顧若璞；康範生夫人

其一，品評詩文。比如，錢塘才女闞玉，容貌端麗，從小備受父母寵愛，
卻因明季弘光朝徵選宮女，誤爲賣菜傭欺騙，竟嫁其子，蓬頭垢面，鬱鬱而
卒。臨終，慟哭悲歌其坎坷身世，《婦人集》錄其詞，並載王士祿評語：「相
其語勢，殆是女中之左徒，徐淑、蔡琰無其矯矯。」〔註97〕

其二，校勘訛誤。如校改武林才女顧若璞著作《湧月軒稿》爲《臥月軒
稿》〔註98〕。秦淮女宋蕙湘題壁詩四首，陳維崧刊錄其中一首，詩云：「風動

〔註94〕陳維崧：《王西樵〈炊聞卮語〉序》，《陳維崧集》，第48頁。
〔註95〕宋犖：《筠廊偶筆》，轉引自陸勇強《陳維崧年譜》，第202頁。王士祿與陳維
崧之交往，在此年譜中有多處記述，如康熙三年除夕，陳維崧填詞懷王氏兄
弟；康熙四年，聞王士祿遊京口，陳氏填詞寄之。十月，又填詞寄之，有「才
子爲官休亦好，弟應荷篠兄攜杖」之句。康熙五年的紅橋修禊最具規模，時
冒襄、王士祿、曹爾堪、李長祥、宗元鼎、宋琬、朱一是、鄧漢儀、方孝標
等宴集填詞。後王士祿、王士禛兄弟又評校陳氏《烏絲詞》等。
〔註96〕王士祿：《上浮集》卷四，《四庫全書存目叢書補編》第79冊，第184頁。
〔註97〕陳維崧：《婦人集》。
〔註98〕同上注。

江聲羯鼓催，降旗飄揚鳳城開。君王下殿將軍死，絕代紅顏馬上來。」王士祿則補正，「絕代」應作「薄命」〔註99〕，而其他文獻史料，如計六奇《明季南略》、王端淑《名媛詩緯》、余懷《板橋雜記》等均錄為「薄命」。

其三，補壁拾零。金沙女子王朗詩詞書畫，靡不精工，尤長小詞。生平撰述甚多，然遭兵燹之厄，流失殆盡。陳維崧曾見其題扇詞【浪淘沙】《閨情》三首。王士祿進而增補王朗《春愁》、《浣溪紗》二詞，詞句「抱月懷風繞夜堂，看花寫影上紗窗，薄寒春懶被池香」〔註100〕，並不遜於李清照家喻戶曉的經典名句「綠肥紅瘦」。又如，江西康範生夫人擅畫竹，陳維崧收藏其一柄精美畫箑。王士祿依據朱遠山夫人《文江集》之《和康夫人〈寄外〉詞》，證實康夫人在繪畫之外，亦能作詞。至此，《婦人集》全面展現了康夫人的詩畫才藝。

其四，直接提供許多陳維崧不曾聞知的信息。例如，宗元鼎母陳夫人出身官宦之家，工詩文。其作品秘不示人，宗元鼎欲錄存，遭其嚴辭切責，「恐言之出於壼也」，臨終又盡行焚毀生平所作，故不傳隻字。因王士祿與宗元鼎交往甚密〔註101〕，故能知曉其中詳情，進而傳達給陳維崧。以此，《婦人集》集中刊錄了由王士祿筆述並注補的七條相關資料。此外如名士劉體仁贈送王士祿數種家刻本，其中有劉摺妻李氏《雲錦樓詩》、劉佐臨女《紉蘭軒詩》、劉振女《寶田堂詩》三種賢媛詩集。其他如臨邑邢慈靜善畫觀音大士、宿遷北司峿山有石刻湯文玉詩作《遊山》、濟南女子琅玕題詩德州旅壁、廣東王菊枝工小詩、無錫顧文婉與王仲英詩詞唱和頗多、長沙女子王素音遭遇喪亂而題詩古驛，等等。當然，最讓陳維崧感興趣者，則是明清之際女子寄寓哀愁的題壁詩或節烈女性事蹟，故趁與王士祿挑燈夜話之際，頻頻追問此類話題。王士祿自然樂於承應，歷數趙雪華題詩李家莊壁、署名「萬里女郎」者題詩鄒平西青羊店逆旅、女子題濟南東王舍莊壁、女子七夕題壁陽邱道盧氏店，一氣呵成。其中雖有「不記其詞」、「第二句不記」、「不記姓名」、「余不復記憶矣」〔註102〕之闕遺，但所提供的信息大抵無誤。至於講述明季士子劉

〔註99〕同上注。

〔註100〕同上注。

〔註101〕王士祿與宗元鼎之交往，如康熙三年十二月二十日，宗氏入郡城相訪，王士祿留之宴集，見周亮工輯《藏弆集》卷八宗元鼎《寄王西樵先生》。參閱蔣寅：《王漁洋事蹟徵略》，第120頁。

〔註102〕陳維崧：《婦人集》。

孔和夫婦事蹟，劉胸懷大略，投筆從戎，其妻室王氏亦善騎射；南渡時，夫婦各自領軍擊敵，王氏申嚴號令，整肅軍紀，令劉孔和自歎弗如；而當劉孔和慘遭督撫劉澤清殺害後，王氏萬念俱灰，出家爲尼──王氏的巾幗風采與悲慘結局，令陳維崧不禁潸然淚下。

上述例舉王士祿有功於《婦人集》的種種貢獻，並不是貶抑陳維崧的編刊成就。事實上，從王士祿《宮閨氏籍藝文考略》可知，《燃脂集》亦曾取資於《婦人集》刊錄的信息。其輯錄明代女性著述，僅逐錄一條關於「南都宮人」的史料，更多則是採擷有關清代女性的事蹟和作品，主要從兩方面引據：其一，採集作者姓氏、著述等基本信息。例如，京師女子丁自如「有才思，早卒」；夢珠，自名紅衲道人；秣陵崔秀玉著有《耽佳閣詩集》一卷；金沙王朗詩畫精工，尤長小詞；周璃「詩才清俊，尤長七言絕句」；吳琪「才情新婉，當其得意，居然劉令嫻」；章有湘工才調，與姊瑞麟、妹玉璜並擅詩名，妹迴瀾、掌珠俱以文章聞世；採藥女郎寫《會眞》詞曲，字法秀逸；才女張在貞歸適同邑吳綿祖，經史無不淹貫，喜臨《十三行》，如同王獻之復生。其二，抄錄《婦人集》評論及女性詩詞作品。如評論女詞人徐燦，援引陳維崧言：「蓋南宋以來閨房之秀一人而已。其詞娣親淑眞，姒畜清照。」〔註103〕王璐卿《詠舟前落花》一篇，陳評其「獨爲秀絕」；婁江女子《燈夕答人》一絕，陳許爲「清怨迢迢，耐人尋味」，均爲王氏採錄。

總體而言，陳維崧兩次加盟王士禛主導的紅橋唱和〔註104〕，在其引介下，終於結識仰慕已久的名士王士祿。《婦人集》之編選，經王士祿從旁襄助，迅速推進。而王士祿揚州之行，亦收穫頗豐，上述依據《婦人集》增補《燃脂集》，即是其例。在此之外，陳氏又與鄧漢儀編選閨秀詩卷互爲匡扶。

康熙四年（1665）冬杪，陳維崧執意離開水繪園，返回故里，意味著其與冒襄合作編撰《婦人集》暫告結束。此時，王士禛亦遷禮部，提督會同、四譯兩館，旋遭戶部郎中某氏彈劾而被罷官〔註105〕。康熙五年（1666）三

〔註103〕 王士祿：《宮閨氏籍藝文考略》。
〔註104〕 康熙四年（1665）三月，王士禛參加水繪園修禊，與冒襄、冒丹書、冒嘉穗、陳維崧、邵潛、毛師柱、許嗣隆宴飲唱和，結集爲《水繪園乙巳上巳修禊詩》一卷，刊錄詩作凡三十八首。後又在寒碧堂觀賞冒氏家班演出湯顯祖《紫玉釵》、《牡丹亭》數劇。
〔註105〕 王士禛遭彈劾一事，《漁洋山人自撰年譜》諱莫如深，不予記載。參閱蔣寅：《王漁洋事蹟徵錄》，第142頁。

月，王士祿自濟南復遊揚州，與鄧漢儀、陳維崧、吳嘉紀、汪楫、孫默、雷士俊、杜濬、程邃、宗元鼎、汪懋麟等十餘人結伴，數次暢遊平山堂、紅橋，並刊刻《紅橋唱和集》。這在鄧漢儀序王士祿《上浮集》中有細緻生動的描述：

> 先生之客遊廣陵也，僦居茅亭，蕭然襆被，庭多竹木，時則倚而樂焉。同人杳至，則開樽暢飲，極論古今不稍倦。客有置酒招先生者，先生亦輒往為盡醉。乘小艇往來紅橋煙水間，弔隋家宮闕舊處，與夫鮑照、歐陽、髯蘇之遺趾，流連久之。夜深人靜，則一燈熒熒，讀書之聲，時徹戶外。〔註106〕

既有與朋輩暢談古今之興致，也有怡然自適的幽居樂趣。無端遭受革職下獄厄運的王士祿，由此自號「更生」。其兩次揚州之行，與友朋唱和，無疑心懷劫後餘生的欣喜。詩作《答贈鄧孝威以選樓客舍歌見贈》、《季冬八月，邀顧庵、伯蜚、豹人、孝威、散木、介夫、汝受、方鄴，夜集寓園，同用燈字》、《送顧庵還武塘，方鄴還宣城，限人字，同散木、孝威、汝受、介夫賦》〔註107〕數首，頗見鄧漢儀與王士祿情誼。

　　鄧漢儀（1617～1689），字孝威，號舊山，別署舊山農，缽叟，江蘇吳縣人，著有《淮陰集》、《官梅集》、《燕臺集》、《甬東集》等。鄧漢儀輯刊《天下名家詩觀》（以下簡稱《詩觀》）〔註108〕，旨在「追國雅而紹詩史」，「紀時變之極而臻一代之偉觀」。不少別集罕傳者，頗賴此以存梗概。選本「閨秀卷」雖

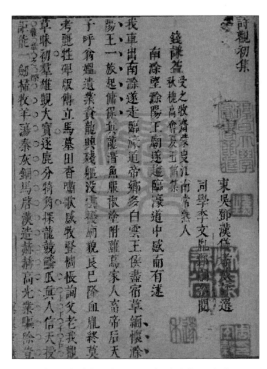

上圖為鄧漢儀輯《天下名家詩觀》，清康熙間南陽鄭氏慎墨堂刻本，復旦大學館藏。

〔註106〕 王士祿：《上浮集》卷四，《四庫全書存目叢書補編》，第 161～162 頁。

〔註107〕 王士祿：《上浮集》卷四。

〔註108〕《天下名家詩觀》初集十二卷，刻於康熙十一年（1672），二集十四卷，刻於康熙十七年（1678），三集十三卷附閨秀別卷一卷，刻於康熙二十八年（1689）。

篇幅短小，但敘說有據，去取嚴格，後被廣泛徵引。《詩觀》「凡例」云：「閨秀詩，另爲一帙，尤嚴贗本，已登《翠樓》諸集者不載。」〔註109〕因不滿以往的女性選本「遺大取小」，專採「花草風雲、釐祝飲宴、閨幃臺閣之辭」的輯錄旨趣，鄧漢儀著重選刊女子關於「鋪陳家國、流連君父之指」的文學創作。尤其是，鄧漢儀與諸多閨秀交往，或獲見女性詩集，著錄頗爲詳盡，可補王士祿《燃脂集》以及王端淑《名媛詩緯》等明清之際女性總集之不足。舉例而言，關於才女吳山，王端淑《名媛詩緯》的記述頗爲簡單：「字岩子，太平人，當塗卜氏妻。」〔註110〕王士祿亦僅寥寥數字介紹其字號、里籍：「字文如，號岩子，金陵人，卜氏婦，或云太平人」〔註111〕，並未作較多增補。鄧漢儀《天下名家詩觀》則作了詳細介紹，記其「昔與楚玉交」：

> 辛亥客維揚，岩子以《青山集》見貽，予成四截句題其上，岩
> 子覓見之喜甚。因論次其詩，付之剞氏。〔註112〕

通過親身交往獲得的學術信息，自然遠勝王士祿的道聽途說。又如閨秀商景蘭，《名媛詩緯》略記其：「字媚生，會稽人，吏部尚書周祚公女，太保忠敏祁公彪佳妻，封一品夫人。」〔註113〕《宮閨氏籍藝文考略》的記載與之相似：「字媚生，會稽人，明祁中丞彪佳夫人，吏部尚書周祚女，詩見《越郡詩選》等書。」鄧漢儀因得觀商景蘭詩集，輯錄祁氏一門閨秀工詩之勝事便更爲詳贍。

《詩觀》詳細記載了李仙原妻范姝、陳生妻蔣葵、黃衍妻邵笠三位閨秀的生平。范獻重曾攜其姪女范姝詩卷過吳陵，而蔣葵則是鄧氏受業門人蔣炤之女弟子，鄧漢儀於康熙十一年壬子（1672）春採擷並評點這兩位閨秀詩作。時王士祿遠在京師，後奔喪抵里，哀痛過度，自此病劇。也許因無力續撰，或僅由鄧氏相告，王士祿《宮閨氏籍藝文考略》極爲簡略地介紹了三人字號、里籍、歸嫁之人，並標注信息源自鄧漢儀《詩觀》。

《燃脂集》既有取於《詩觀》，亦對其頗具影響。現姑擇一二要者，略觀鄧漢儀如何凸顯自家面目。比如，關於明季女子宋蕙湘，王端淑《名媛詩緯》

〔註109〕鄧漢儀：《〈天下名家詩觀初集〉序》，《四庫禁燬書叢刊》「集部」，第1冊，第192頁。
〔註110〕王端淑：《名媛詩緯》卷十一。
〔註111〕王士祿：《宮閨氏籍藝文考略》。
〔註112〕鄧漢儀：《天下名家詩觀》卷十二，第640頁。
〔註113〕王端淑：《名媛詩緯》卷十一。

卷一「宮集」有「金陵宮人宋蕙湘」條，記爲：「南京人，金陵宮女，年十四，爲兵所獲，至鄞城，題店壁詩，凡四首。」王士祿《宮閨氏籍藝文考略》予以辨析，云：「以被掠，題詩汲縣壁，自稱秦淮難女，或作金陵宮人，誤印。」並援引《神釋堂脞語》爲證：「蕙湘『將軍不戰君王繫』之句，頗有花蕊對宋祖之風。世之誤傳爲宮嬪者，或以此。」質疑其宮人身份。鄧漢儀則在此基礎上模糊宋氏身世，僅作「金陵人」。對不知姓名的新城三家店題壁詩作者湘揚女子，王士祿主要辨正《名媛詩緯》的訛誤，《詩觀》則僅全文抄錄該女子詩自序。

綜括而言，紅橋修禊（唱和）爲王士祿、陳維崧、鄧漢儀各自編刊女性作品，提供了相互匡扶、信息共享的契機。在訂補陳維崧《婦人集》諸多信息的同時，王士祿亦據以增訂其染指已久的《燃脂集》。而鄧漢儀輯錄閨秀詩，則著重從目見的女性詩集中選刊，既避免蹈襲此前諸多女性刊本，也能彰顯自家刊本特點。

第三節　暝寫晨書的「豔歌」總集：《燃脂集》相關問題稽考

王士祿先世以勤儉起家，高祖母劉太夫人「曾佐高祖太僕公於寒素，以至大齍，教諸子姓登科第，爲名公卿」，曾祖大司徒公王之垣記其生平言行而成《閫範圖說》。此後，歷代相沿，曾祖母路太夫人、母孫太君均以此授訓後輩。一生感念母教的王士祿，終因「哭母得危疾，未及小祥」〔註114〕而去世。王士祿妻室張氏頗擅詞賦，王士祿常感歎：「有日歸兮，攜手同君賦五噫。」〔註115〕身處這種家庭氛圍，容易滋生對傳統中國女性的敬佩之情。

尤其是，王士祿、王士禛兄弟素好創作香奩體，常相唱和至數十首。王士禛《漁洋山人集外詩》中的「香奩體」二十五首，即順治十六年（1659）與王士祿、彭孫遹酬唱而成。王士祿《昨夕代友人作》一詩雖不涉藝語，卻也是風骨嫵媚。這種創作取向，無形中會增添其人對女性作品的偏好。在親朋好友襄助下，王士祿終於編就二百餘卷的《燃脂集》，其篇幅堪稱同類刊本

〔註114〕 王士禛：《漁洋文集》卷十《誥封宜人先妣孫太君行述》，《王士禛全集》，第1681～1683頁。

〔註115〕 王士祿：〔減字花木蘭〕《寄內》，《全清詞‧順康卷》，北京：中華書局，2002年，第4727頁。陳維崧《婦人集》載有張氏和王士祿《寄內》詩二句。

之最。

王士祿《燃脂集例》入選《昭代叢書》，予以刊布，且依《昭代叢書》的重刻而稍有變動，如國家圖書館藏有清乾隆間刻本一卷（刊《昭代叢書》乙集第五帙），清道光間吳江沈氏世楷堂刻本一卷（民國八年重修本刊《昭代叢書》乙集第四帙）。《燃脂集》未經刊印，只以稿抄本流傳。其存世版本，有如下三種：（1）上海圖書館藏《燃脂集》稿本〔註116〕，存二十九卷：「風雅」五卷；「賦部」第一、二、四、五、七卷；「詩部」第一、二、四至八、十四至十八、十九、二十一、二十三、二十四、二十六卷；「引用書目」一卷〔註117〕；「宮閨氏籍藝文考略」一卷。稿本有江標跋語，曰：

> 此冊僅有底稿，世無他本。……茲余所藏，僅十一冊，爲卷三十三。今冬書賈侯念椿攜四冊來，裝潢字跡，均出一手，爲塍上蔣氏物。索價過巨，不可得，悵然。……前余所見四冊，則詩餘類也。〔註118〕

頗富戲劇性的是，江標所言《燃脂集》四冊殘稿，後輾轉入藏北京大學圖書館。（2）北京大學圖書館藏稿本，四冊，題「新城王士祿子底撰輯」，不標卷次。前兩冊爲詩，分十四卷，每卷僅數葉。後兩冊爲詩餘，約分三卷〔註119〕。（3）清道光十五年新城王允豐抄本，存二卷，《山東通志·藝文志》、《山東

〔註116〕 此稿本鈐「汪鳴瓊印」、「靈鶼藏書」、「蕭江書庫」、「靜君長物」、「墨莊江標考藏」、「愚齋審定善本」、「愚齋圖書館藏」。汪鳴瓊（生卒年不詳），字靜君，江標妻。盛宣懷（1844～1916），字杏蓀，別署愚齋，嗜好收藏金石書畫。《愚齋圖書館藏書目錄》曰：「愚齋公壯歲即有縱窺書穴之志，從政餘閒，輒喜收集圖書，逮官京曹，收羅益富，最後收得元和靈鶼閣江氏（按：指江標），巴陵小玲瓏館方氏之書」（《愚齋圖書館藏書目錄·序》，上海：大成印務社鉛印本，民國二十一年）。可知，稿本《燃脂集》先後經江標、盛宣懷之手。

〔註117〕 《燃脂集》「引用書目」，乃王士祿次子啓浣（1648～1675）於順治十八年（1661）撰錄。王啓浣曰：「大人撰茲集成，命浣錄『引用書目』於首。浣淺陋無所知識，爰就集中鉤纂諸目，散見於大人之自注者，薈萃次第以成此卷。其偶略而不注者，浣固不能識其所出而修列之也。撰人名姓之詳闕，亦各本自注，而稍參以見聞之所及。其易知者，亦時略焉。辛丑秋杪男啓浣謹識。」

〔註118〕 江標：《〈燃脂集〉跋》，王士祿：《燃脂集》（上海圖書館藏殘稿本）。另參閱胡文楷編著《歷代婦女著作考》（增訂本），第909～910頁。

〔註119〕 北京大學圖書館藏本《燃脂集》前後字體不一，又多單篇起訖。稿經黃爲兆編訂，故王士祿署名後又題「古歙黃爲兆墨莊編次」。鈐有「墨莊」、「黃爲兆印」、「南昌彭氏」、「麐嘉館印」印記。另參閱杜澤遜撰：《四庫存目標注》，上海古籍出版社，2007年，第3634頁。

省博物館藏山東人著作目錄》、《山東文獻書目》著錄。

一、《燃脂集》成書過程

山東省博物館所藏《燃脂集》二卷載有王士祿自序，胡文楷據以鈔錄，云：

> 僕粵自髫齡，夙有彤管之嗜，辛巳以來，即勤編撰。……自後屢遭喪亂，頗有放失，然此意不衰，彌事排纂，諸季禮吉、子側、貽上輩，稔我此好，頗助搜採，歲月既積，充牣篋笥。己丑冬，與季弟貽上粗加部署，鈔爲二十大帙。自後東西奔走，未及專意於茲，然鉅鹿未忘，時多增益。乙未後戰影海郡，端居多暇，重事整此。釐爲四部，析爲八十二類，合序目附錄之屬，共得卷二百三十有奇。屬有小胥，書頗精楷，因俾繕寫一部，貯之寓堂，爲散愁消暇之資矣。順治戊戌中秋日，書於萊之十笏寓堂。康熙壬子歲七月上浣，重定於京邸。〔註120〕

由此可知，崇禎十四年辛巳（1641），王士祿始編撰《燃脂集》。是年，其出應童子試，補縣學生員，迎娶頗有詩賦才華的鄒平張氏。順治六年己丑（1649），王士祿與諸兄弟讀書家塾，祖父課之甚嚴，「兄弟四人每會食，輒談藝以娛母，夫人爲之解頤」〔註121〕。三月，王士祿赴禮部會試，下第。是年冬，與王士禛膽錄《燃脂集》，「粗加部署，鈔爲二十大帙」。順治十二年乙未（1655）五月，王士祿殿試及第，因此前官場傾軋受牽連〔註122〕，不得與館選，又不甘心爲折腰吏，乃投牒吏部，乞改教職。十二月，赴萊州府學教授。至順治十六年（1659），這段時間，端居多暇，且諸弟王士禛、王士祜、王士禧先後探訪，《燃脂集》才得以「舊事重提」。

〔註120〕 胡文楷：《歷代婦女著作考》（增訂本），上海古籍出版社，2008 年，第 909 頁。在《王考功年譜》中，王士禛記述順治六年己丑，王士祿「是歲始纂《燃脂集》，爲《序例》一卷、《宮閨氏籍藝文考略》九卷，目錄十八卷。」王士禛所述，指彙集抄錄女性作品，粗加編目。然王士禛按注云：「是集成於乙巳，先生病中猶有訂改。」不知何據。康熙四年乙巳（1665），王士祿尚未大病，故「乙巳」應誤。

〔註121〕 蔣寅：《王漁洋事蹟徵略》，北京：人民文學出版社，2001 年，第 16 頁。

〔註122〕 王士禛：《王考功年譜》記載，順治九年（1652）三月，王士祿中式，「舉禮部，受知學士武陵胡公此庵統虞、大名成公青壇克鞏、宮允陽城喬公白山映伍。會當軸修郤武陵，借磨勘以傾主司。會元程可則被黜，先生及蔣中和、戚藩等二十餘人皆停一科。」

其間，王士祿與王士禛輯選萊州詩人作品而成《濤音集》八卷〔註123〕，前三卷爲明人，後三卷爲本朝，並編作者小傳置於篇首。各詩篇均加評論，王氏四兄弟都參與其事，又以王士祿所評最豐。少則片言隻語，如卷一評郭東山《宿報恩寺次南皐韻》曰：「結涉易。」多則長篇大論，如卷二評孫鎭《擬漢橫吹曲十三首》。《燃脂集》的編排序列與之同出一轍，小傳冠首，在作家作品之後附有王士祿評論。《濤音集》之輯錄，秉承了王士祿一以貫之的編撰風格。因自古尙未有選本評贊每篇詩文之例，即使唐代殷璠《河嶽英靈集》與高仲武《中興間氣集》有品藻，然也僅及於作者，尙未逮全部作品。而明末以來，諸多纂輯者譁眾取寵，對作品每句均有圈點評語，「實於神理無涉」。故王士祿後來在《燃脂集例》中指出，其已將評語刪除殆盡：「僕始爲此書，加評過半，後悟此意，乃一切刳去，自以爲頗合於古。」〔註124〕是故上海圖書館所藏《燃脂集》手稿本載光緒七年江標題跋，云：「茲余所藏，僅十一冊，爲卷三十三。」「惟其中評贊及圈點均經塗抹，其例中有『黜評』一條，故確知爲子底手墨也。〔註125〕

康熙十一年壬子（1672），王士祿修訂序言，並鈔定全本。自序中所言「釐爲四部，析爲八十二類，合序目、附錄之屬，共得卷二百三十有奇」，是爲《燃脂集》部類、卷帙之最後定本。值得注意的是，王士祿在次年五六月間，「病少間，手定《燃脂集》『風雅』五卷。」儘管作者「工古篆、分隸，正書入歐陽率更之室」〔註126〕，《燃脂集》仍由善精楷的鈔胥謄錄。

王士祿自序，初寫於順治十五年（1658）中秋日。而據其《徵閨秀詩文書》可知，戊戌己亥間，其已取徐陵《玉臺新詠》「燃脂暝寫，弄墨晨書」之語，定書名爲《燃脂集》：

　　　已成《序例》一卷，《引用書目》一卷，《宮閨氏籍藝文考略》
　　五卷，《目錄》十二卷，《風雅》一卷，《賦部》六卷，《詩部》五十

〔註123〕王士祿選輯：《濤音集》，清乾隆五十七年掖縣儒學刻本。乾隆壬子（1792）夏，翁方綱爲《濤音集》撰寫題跋，云：「《濤音集》八卷，皆掖縣人，詩蓋西樵教授萊州，時阮亭省見於學舍，相與觀海賦詩，因撰次其邑人之作也。往往有兩先生繫評云。予訪此書三十年不得見，今按試於萊始見之。……是集之成，在順治十四年丁酉，正兩先生昆季盛年馳聲藝苑之時。其後漁洋作西樵年譜，於《燃脂》、《濤音》二集皆追敘及之，蓋已不能無陳跡之感。」
〔註124〕王士祿：《燃脂集例》「黜評」。
〔註125〕轉引自胡文楷《歷代婦女著作考》（增訂本），第909頁。
〔註126〕王士禛：《王考功年譜》。

四卷，《文部》四十二卷，《傳奇》□卷。其《志遺》、《待訪》二略，

尚未就合之，約得一百七十餘卷。〔註127〕

其中《賦部》之「七類」，《詩部》之「九言類」、「五言小律類」（即五言六句律詩），《文部》箴、對、辯、解、碑文、墓表等，均僅有綱目而無具體作品。說部更是闕失尤多，作者例舉從《說郛》、《嘉隆聞見紀》、《列朝詩集》、《續玉臺文苑》以及諸多別集中獲見的女性著述名目，如虞韙妻趙姬之《列女傳》、宋若昭之《女論語》、薛蒙妻韋之《續女訓》、見素女子胡愔之《黃庭內景》圖、丘坦妻劉之《花園牌譜》、梁小玉之《記事珠》及《諧史》等，都屬於亟需徵集的內容。

　　為此，王士祿開始大規模地徵求文稿。無論史源何處，郵亭驛壁、殘碑斷碣，抑或家乘、輿志、別集、朘錄，也不計篇幅長短，完帙全篇、片言隻語，均可投遞，並且保留供給者版權，將於《燃脂集》「引用書目」詳細注明獲自某人，出自某書。為徵集之便，王士祿還專門在三地設立了投寄處：吳門盛符升、崔華、王立極；廣陵孫默、許承宣、許承家；都門米漢雯。其中，盛符升、崔華、王立極三人為順治十七年庚子（1660）王士禛所取士。王士祿與之曾有交往，詩作《王我建遠訪邗上，兼問貽上消息。於其歸也，賦此贈之，並寄盛珍示、崔不雕、王元式、吳正求諸子》〔註128〕可資為證。是年冬，米漢雯亦歸京〔註129〕。由此可知，王士祿撰寫《徵閨秀詩文書》，以及文中言已寫就《燃脂集序例》，應作於康熙元年前後，時王士祿自里中歸京覆命，掌教國學，旋遷吏部考功司主事。

　　在廣發群帖徵集作品之餘，王士祿也直接游說閨秀個人。《眾香詞》記載

〔註127〕王士祿：《徵閨秀詩文書》。
〔註128〕王士祿：《上浮集》卷四，《四庫全書存目叢書補編》，第167頁。
〔註129〕盛符升：字珍示，號誠齋，又號贛石，崑山人。少從張溥、夏允彝，後從王士禛遊，佐編《漁洋山人精華錄》。崔華，字不雕，太倉人。性孤潔寡合，工畫，因「丹楓江冷人初去，黃葉聲多酒不辭」句得名而有「崔黃葉」之稱。順治十七年八月，王士禛充江南鄉試同考試官，得盛符升、王立極、崔華、黃裳、孫謙、郭士琦等九人。陳維崧《南芝堂集序》云：「始庚子、辛丑間，余在維揚，日與王先生阮亭遊。時珍示（盛符升）新舉省試，出王先生門。一時同出其門者，正求、元式、我建、不雕諸子，皆吳中雋望也。日與覽平山、紅橋諸勝，酒酣樂作，仰而賦詩，頗極杯酒倡酬之盛。」王士禛《阮亭詩選》自序云：「友人盛珍示、崔不雕輩請余丙申以後紀年之作，讎校而刻之吳中，予不能禁也。」卷十二有《高郵舟次逢繩東表兄歸淄川米紫來歸京師》。參閱蔣寅《王漁洋事蹟徵略》，第53～54頁。

女詩人吳胐精擅詩詞，兼具繪事，「福清魏惟度、新城王西樵皆不遠千里，郵乞其詩詞入選」〔註130〕。他也央請友朋幫忙，尤侗即是其中一例〔註131〕。其向受業弟子女詞人張蘩索取新作，因張氏固守「內言不出於閫」的教條，且認爲所作多滿腹牢騷之語，不宜與繡閣香奩爭奇鬥豔，故在【燭影搖紅】詞小注云：「尤悔庵太史索新詞刻《燃脂集》中，辭謝。」〔註132〕

而王士祿與諸多閨秀的直接交往，爲《燃脂集》提供了更爲切實具體的信息。才女王端淑曾向其索詩，王士祿因此有《映然子持冊子索詩賦贈》之作：

> 廿年林下想清風，那共尋常粉黛同。貌似麻姑還少女，境居忉利是天宮。夢中稱在衡無爽，懷裏茶傾樂不窮。我亦歲星能玩世，欲從朱鳥拭雙瞳。〔註133〕

讚歎王端淑不同流俗的文藝才能，更敬佩其輯《名媛詩緯》之功，並自表欲輯女性逸史（《朱鳥逸史》）之心跡。而關於著名才女吳山及其二女卞夢玨、卞德基，王士祿有《劉峻度夫人卞元文挽詩》四首〔註134〕，認爲卞氏「才高漱玉掩班徐」，尤歡賞其唱和吳梅村《西泠閨詠》的詩句「金屈戌邊聽絡緯，玉雕欄畔較拏孺」。在挽詩第一、四首中，王士祿分別有小注云：「卞母吳（吳山）亦能文」、「峻度將與夫人妹（卞德基）續婚」。雖對吳山「阿母閨中早授書」的才華早有所聞，但《宮閨氏籍藝文考略》卷八僅簡單記述了吳山之字、號。與卞德基的交往則相對要明晰許多。卞氏爲「金陵卞楚玉次女，好讀書，精筆箚。」〔註135〕據現存清初諸家贈王士祿的九頁畫冊，其中第六幅草蟲圖，淡墨畫土坡叢草，以深墨畫馬蜂，略著花青，清秀疏朗。右下角題詩云：「小草綠階碧，秋蟲入畫頻。」署款「卞氏基」，鈐長方「德基」朱

〔註130〕 徐樹敏、錢岳選：《眾香詞》「樂集·女宗」，民國二十三年（1934）上海大東書局影印本。

〔註131〕 尤侗與王士祿的交往情誼，康熙四年（1665），曾爲王氏《炊聞卮語》撰序。參閱蔣寅：《王漁洋事蹟徵略》，第131頁。

〔註132〕 女詞人張蘩，蔣景祁《瑤華集》評云：「採於師悔庵，亦復不愧其學。」【燭影搖紅】詞云：「檢點奚囊，牢騷半是窮途恨。漫勞收劍惜隋珠，白璧猶藏韞。未必青緗能領。敢齊驅、班紈竇錦。　採藥龐門，操舂皇廡，已拼淪隱。步障清談，料應不似當年韻。只將刀尺作生涯，硯匣塵盈寸。搔首青天難問。借宮商、聊舒幽憤。更何須向，繡閣香奩，爭奇矜勝。」

〔註133〕 王士祿：《上浮集》卷二。

〔註134〕 王士祿：《上浮集》卷三，《四庫全書存目叢書補編》，第168頁。

〔註135〕 湯漱玉：《玉臺畫史》卷三「名媛」下，清道光十七年振綺堂刻本。

文印。〔註136〕依據第一幅顧大申繪山水圖左上方款識「丙午初冬獲晤西樵年兄於邗溝，漫筆請正。弟大申」、第四幅山水圖右上角款識「丙午歲南呂為西樵先生。關中李寅」可知，九頁畫冊均應為丙午年（1666）間所繪贈。

　　此外，如前所述，友朋陳維崧《婦人集》、鄧漢儀《天下名家詩觀》「閨秀」卷，為《燃脂集》提供許多信息。順治十七年（1660），王士祿在京任國子助教，「合肥龔公芝麓以前御史大夫左遷國字助教，亦時有酬唱。」〔註137〕冒襄與王士祿更是世交，紅橋修禊、秋柳唱和，情深誼厚。康熙三年（1664），王士祿因禮部覆核河南鄉試卷，「指為有疵」，五月下刑部，全家陷入惶恐之中。中秋，龔鼎孳門生置酒，呼梨園演曲，龔氏愀然曰：「王西樵无妄在請室，吾輩可樂飲乎？」故而罷遣樂人，茗粥清談而已。冒襄亦曾多次去函慰問，並抨擊禮部處置不當。王士禛覆函致謝，稱：「家兄（在獄）近況頗好，填詞至二百首。」是年冬，王士祿冤白，流寓至揚州，冒襄即作《答贈王西樵司勳即步癸卯冬見懷原韻》撫之〔註138〕。基於此種情誼，龔鼎孳與顧眉、冒襄與董小宛之傳奇經歷，自然也成為《燃脂集》乃至王氏其他有關女性著述的絕佳史料。如《宮閨氏籍藝文考略》卷九記載：「董白，字小宛，金陵人，後歸如皋冒襄。嘗薈萃閨閣雜事為《奩豔》三卷。」陳維崧《婦人集》則進一步補注王士祿撰寫《朱鳥逸史》，往往取材《奩豔》的事實〔註139〕。徐士俊亦曾致信王士祿：

> 先生《燃脂集》之選，為閨閣主盟，將使香奩玉臺奔走筆墨，此千秋勝業也。弟生平所輯《紫珍》一集中，附閨秀詩三卷，間有一二近人，其詩未經剞劂，如御溝片葉，流出人間者，尤可珍惜。尚此呈上，惟先生採擇焉。尊製《西湖竹枝》，逸麗之極，愧拙序殊不稱，徒滋佛頭著穢耳，不一。〔註140〕

徐士俊熱心襄助，呈寄閨秀詩卷，就中存有一些稀見的女子詩作。

　　而論及《燃脂集》之輯撰，王士祿兄弟幾人厥功甚偉。王士禧、王士祜、王士禛從旁助其搜探，歷數年而不怠。王士禛更是出謀劃策，商計編排條例等，貢獻尤多。「己丑冬，與季弟貽上粗加部署，鈔為二十大峽。」

〔註136〕張茂榮：《清初諸家贈王士祿冊頁》，《文物》，1997年第6期。

〔註137〕王士禛：《王考功年譜》。

〔註138〕蔣寅：《王漁洋事蹟徵略》，第109、115頁。

〔註139〕陳維崧：《婦人集》，第19頁。

〔註140〕汪淇編：《尺牘新語二編》卷二十四「閨閣類」，清康熙六年刻本。

〔註141〕王士祿過世後，王士禛曾多次致信張潮，極力推揚長兄編撰是書之貢獻。因叢書涵括容量大，廊廟山林、天官地志盡可網羅，且有「分之各成一家之言，合之復亦大備八音之奏」的靈便，故張潮一生樂此不疲地匯輯刊刻時人著作。《檀几叢書》、《昭代叢書》風行於世，影響彌遠。《昭代叢書》旨在「務期有益於人生日用」，「凡可以廣耳目之風聞，備古今之考究者，咸為之纂錄」，而絕不「蹈膚說於殘編，襲陳言於囊簡」〔註142〕。而《檀几叢書》也是一編在手，迷亂愁鬱、憤激狂躁者都能從中對治病根，得以萬慮皆忘，安閒此日。陳軾為張潮《尺牘偶存》撰序，感歎其所刻書籍的社會反響：「每出一種，藝林必奉為拱璧。以故，世之求之者無虛日，雖千萬里外，爭走書幣購之。」康熙三十四年（1695），獲聞張潮輯刊《檀几叢書》，時任經筵講官、戶部左侍郎的王士禛便託孔尚任轉達其歡賞敬佩之意。孔尚任致張潮書札云：「特託者，阮亭先生久慕博雅，每對弟諮嗟，以未獲識韓為恨。近見《檀几叢書》，尤擊節不置。偶撿雜著數種，欲求續入。」「惟望早付梓人，借巨手以垂不朽。」〔註143〕正是有感於張氏刻書無遠弗屆的影響力，王士禛欲藉以刊布《長白山錄》等雜著小品。

康熙三十五年（1696）二月，王晫致張潮書信，商定《檀几叢書》選目之事，並附呈樣書十七種供其採擇，「加以《俗砭》、《仕的》，並先生之收藏及阮亭先生所寄，或可足五十之數。」書目已經約定，且「蒙諭今歲必刻《檀幾》二集」的緊迫性〔註144〕，使《燃脂集例》未能入選《檀几叢書》。這在後來張潮《與王阮亭先生》（康熙三十五年十月上旬）書札中有過解釋：

> 至來諭所云有西翁先生《宮閨待訪略》、《燃脂集凡例》二種，
> 未蒙頒到。其《燃脂集例》，武林王丹麓向曾郵寄到舍，因《檀几》
> 二集額數已完，故未授剞氏耳。

但在《檀几叢書》二集「凡例」中，張潮已經布聞，擬將王士禛所寄其他著述刊入《昭代叢書》乙集。

〔註141〕王士祿：《徵閨秀詩文書》。
〔註142〕張潮：《昭代叢書》「甲集」選例。在《檀几叢書》自序中，張潮不無得意地說：「吾知世之得是編者，迷者讀之而悟，儉者讀之而腴，愁者讀之而喜，狂者讀之而息，拘者讀之而曠，躁者讀之而靜，病者讀之而療，憤者讀之而平，倦者讀之而起，寂者讀之而偶，怯者讀之而壯。」
〔註143〕張潮：《尺牘友聲集》「辛集」，清乾隆四十五年張氏刻本。
〔註144〕張潮：《尺牘友聲》「壬集」。王士禛所寄，指《長白山錄》、《水月令》，後得以入選《檀几叢書》。

上圖爲王士祿《然脂集例》，清道光間吳江沈氏世楷堂刻本。

　　康熙三十五年（1696）九月，王士禎接張潮擬徵選著述入《昭代叢書》函，欣然允從，託孔尚任轉寄《皇華紀聞》、《廣州遊覽小志》、《蜀道驛程記》數種。其中亦包括了長兄王士祿的著作，因「說部數種，京邸無從尋覓」，而擇其《然脂集凡例》、《宮閨待訪略》兩種，祈求刊刻表彰。

　　爾後，《尺牘友聲》「壬集」載王士禎又致張潮書札一通：

　　　　前奉寄《皇華紀聞》、《廣州遊覽小志》、《蜀道驛程記》三書，不知尚可節錄以入尊撰否？又，先兄《然脂集凡例》亦求採取入集。其《宮閨待訪錄》，不記刻《凡例》之後否？並希留神，一加檢點，甚荷甚荷。

《檀几叢書》、《昭代叢書》所取，「非一卷之可以單行者勿錄；單行而連累卷帙者，亦勿錄。」〔註145〕故王士禎致信，詢問能否節錄。因《尺牘友聲》各集首頁均有小字標注「隨到隨刊，不分爵里」，故由王士禎與張潮函，可清晰辨知《燃脂集》之刊刻過程。《尺牘友聲》「新集」卷一刊載兩人往來書札數通：

　　　　先吏部兄《然脂集凡例》刻本，前曾屬孔東塘寄上，豈浮沉耶？
　　　　又所寄拙著《皇華紀聞》、《粵行三志》內《遊覽小志》，可先單刻。
　　　　《蜀道驛程記》數種，不知各有可採否？

〔註145〕張潮：《檀几叢書》「凡例」。

歲前遠承存注，即有數行報謝。想起居入春迪吉，副墨剞劂，
又當插架矣。……又先兄所著《然脂集例》一卷，前付孔東塘奉寄，
乃刻本，不知渠浮沉何所？今另寫一冊寄上，如宋人《打馬圖例》
之類，亦可刻入也。尚有《宮閨待訪略》、《志遺略》各四卷，容嗣
寫上，冗次不悉。

王士禛請託孔尚任相寄的兩種王士祿著作（《然脂集例》、《宮閨待訪略》）不
知所蹤。張潮所獲見者，乃王士禛再次煩請王丹麓所寄，不過僅《然脂集例》
一卷，且是時已經錯過了《檀几叢書》的編刊期限，因而《宮閨待訪略》為
此而遭受厄運，未能刊入《昭代叢書》。雖然如此，目前所見《昭代叢書》甲
乙集中，各種著述僅擇採一卷，《宮閨待訪略》即便刊刻，因卷帙過多，也將
形同節錄本《廣州遊覽小志》、《隴蜀餘聞》。其後，王士禛又致信張潮：「希
惠寄三四十本，以為家藏之秘，且識雅誼也。內首行『閨閣』二字有誤，祈
命改正。」〔註146〕（詳見附錄）索取《然脂集例》刊本作為家藏之秘，祈請
校改其中錯訛，王士禛刊布長兄著述之良苦用心，於此可窺。

　　從頻仍的往來書札中，張潮極欲借王士禛之盛名助長叢刻的聲勢，在致
孔尚任書札中，曾欣喜地寫道：「今蒙王先生惠書，將來正欲借光分入諸集壓
多寶船，其為慶幸當何似也。」〔註147〕《檀几叢書》付刊後，張潮有《與孔
東塘戶部》書云：「煩先生為我代懇王先生一序，暇時不妨先露此意，何如？」
故此，張潮為《然脂集例》撰寫題辭及跋語，也應成為向王士禛索序之「交
換籌碼」。

二、《然脂集》編撰體例

　　縱觀王士祿一生，《然脂集》的編撰，傾注了其畢生精力。目前雖已不
可見其全貌，然從此書之凡例、殘稿本及時人相關討論情況，仍能一窺大體
風貌。

　　明代中後期以來，輯錄女性作品蔚然成風，但精蕪雜陳，未能盡如人意。
此一現狀激發起王士祿重編女性作品的雄心。故在編撰緣起中，其先對此類
選本作了通盤梳理，保存了不少有價值的學術信息〔註148〕。不過因評價標準

〔註146〕張潮：《尺牘友聲》「新集」卷一。

〔註147〕張潮：《寄復孔東塘主政》，《尺牘偶存》卷五，清乾隆四十五年張氏刻本。

〔註148〕如關於《吟堂博笑集》作者，《四庫全書總目提要》「總集存目」類云：「不著
　　　　編輯者名氏。雜採隋唐以來閨閣之作，以死節、勸誡、奇遇、題詠、寄情，

持之苛嚴，難免有過度貶低之嫌，這也是當時輯錄各類詩文選本慣用手法的風氣使然〔註149〕。

在王士祿看來，明代中後期以來的女性作品選本存在諸多不足：（一）體量小。如認為江盈科《閨秀詩評》「篇幅短小」；錢謙益《列朝詩集》、季嫻《閨秀集初編》均「止為有明一代之纂」；沈宜修《伊人思》、蘇竹浦《胭脂璣》、鄒漪《紅蕉集》收錄時限更是短暫〔註150〕。（二）文類窄。許多選本專注於詩歌，而不暇旁及古文辭諸體。如批評鄭文昂《名媛匯詩》只零星附錄賦、頌、尺牘，缺乏記、序、雜文之類；方維儀《宮閨文史》也僅益以奏疏、《女誡》等十餘篇。（三）標準偏。如不滿於梅鼎祚《青泥蓮花記》述「北里之作」，高葵亭《吟堂博笑集》極為俚俗，池上客《名媛璣囊》「亦鮮僻秘」，江元祚《續玉臺文苑》未能別裁雅俗。（四）錯訛多。如指責《名媛詩歸》「似出坊賈射利所為，收採猥雜，舛訛不可悉指」；方維儀《宮閨詩史》因以《名媛詩歸》為底本，雖「區明風烈」，然無辨正舛訛之功，其《宮閨詩選》與趙世傑《古今女史》也是謬誤雜見。（五）體例雜。如評點酈琥《彤管遺編》、張之象《彤管新編》、田藝蘅《詩女史》因「書兼敘事」，而有「詩話紀事」之嫌。

王士祿聲色俱厲指謫上述選本，旨在為行將著手的浩大工程樹立一種全新的標杆。當然，客觀上也可使其持有警惕之心，以免「重蹈覆轍」。故在《燃脂集》的編纂過程中，作者力求有所突破。自言其輯錄範圍，「時則由皇古以迄當代，人則由宮閨以迄風塵，文則由風雅以迄雜著」〔註151〕，包羅萬象，卻又採擇謹嚴。

在編排上，《燃脂集》以《文選》、《文粹》及王世貞《弇州四部稿》等書為參照系，釐為賦、詩、文、說四部。具體細分為八十二類〔註152〕：「賦部」

分為五類。惟首二卷，尚有裨風教。然採擇亦頗疎舛，其後三卷則多鄙穢之詞，不出小說家言矣。」在王士祿《燃脂集例》中，明言作者為高葵亭，惜目前尚未查見該作者相關史料，待考。不過對著錄當時選本頗為審慎的王氏一家之言，可備一說。

〔註149〕謝正光對清初詩歌選本多抹殺前人功績的做法作了研究，可參閱氏著：《清初詩文與士人交遊考》，南京：南京大學出版社，2001年。

〔註150〕王士祿《燃脂集例》，湖北省圖書館藏清康熙刻昭代叢書本，《四庫全書存目叢書》「集部」，第420冊，第730頁。

〔註151〕王士祿《燃脂集例》「緣起」。以下本節中未標注的引文，均出自《燃脂集例》。

〔註152〕《燃脂集例》（《昭代叢書》本）所載《燃脂集例》六十四類，應為八十二

有賦、騷之別；「文部」有序、引、記、傳、論、說、贊等；「詩部」有古詩、三言詩等多種名目〔註153〕，並附錄雜謠、語偈、頌、咒、詩餘、詞餘等〔註154〕。其中，因不少女性詩歌僅爲殘篇斷簡，故作者專列五言闕句、七言闕句兩名目。「說部」則指「凡雜著之自爲一書者」。爲追求所輯著述的完整性，《補列女傳》則不入文部「傳」類、班昭《女誡》不入文部「誡」類、方維儀《宮閨詩評》不入文部「評」類、李清照《打馬例》不入文部「例」類，統歸之於「說部」。

闺秀創作的「傳奇」雖寥若晨星，卻也爲「才情所寄」，不可湮沒。王士祿於是倣仿徐渭《四聲猿》、湯顯祖《臨川四夢》附設於「集」（詩文）後之法，設「傳類」類，采其「尤雅」者，附錄於四部之末。故有葉小紈《鴛鴦夢》全本、梁小玉《合元記》一二齣入選。至於梁孟昭《相思硯》傳奇，王士祿閱讀畢拱宸詩文集時知悉，未能目睹劇本，故只列書目。

王士祿晚年絕筆之作《風雅》，乃「讀《禮》之餘所成，尤爲博綜精覈」〔註155〕，可見其對《詩經》素有研究。將其心得移注於《燃脂集》編纂，因謂「著書貴裨風教，《關雎》、《葛覃》諸什，實爲風化本原，取以弁冕群篇，關涉尤大」。故以《風雅》五卷置於《燃脂集》卷首，且不再細分卷次條目，以區別於賦、詩、文、說四部。針對自《昭明文選》以來對孔子所刪定的六經之文不予選錄的成例，王士祿亦努力爲《風雅》入集尋求一種理論支持和歷史依據。其說有二：一是《燃脂集》單錄女性作品，《詩經》「風雅」篇中作品出於女子之手者甚少，故不妨選錄，且近人張之象編《彤管新編》已移錄不少「風雅」篇目；二是嘉隆年間馮惟訥編《古詩紀》，也曾採摭《大學》

類，參見王士祿自序：《宮閨氏籍藝文考略》五卷，也應是九卷，詳後。王士祿在《徵閨秀詩文書》中已經明言，這種分類只是依據已經搜輯到的作品來劃分：「今先刻《序例》一卷，取正同人。就中諸類，亦僅即搜採所及，分部編次。」

〔註153〕 據編者自注：「古詩」乃涵括「自古逸迄隋，以時代爲敍，不分體」。「自三言詩以下十七類，皆斷自唐代。詩中不別立樂府一類者」，是因爲「陳、隋以前存詩頗少，既以時敍，不分樂府、四言、五言、七言、雜言諸類。唐以後擬作者又雜用長、短、古、律、絕諸體，樂府即散見諸體中。」

〔註154〕 之所以別爲附錄，是因爲如「偈頌」本身確實有四五六七言各體，但若放置在詩部正編中，則容易墮入「俚易不倫」的尷尬境地；有韻之「咒」也僅偶而採錄；「詩餘」是仿卓珂月《古今詞統》體例，且在每卷首注明字數多寡，不再標示小令、中調、長調之別；「詞餘」即「曲」。

〔註155〕 王士禛《王考功年譜》，《王士禛全集》，第2498頁。

之《盤銘》、《虞夏書》之《五子》、《禮記》之《狸首》等。但不同於張之象尊奉宋儒，王士祿認為朱熹之說「雖翊經，顧多臆斷，未可援以為據」，轉而推崇漢儒，「一本《詩小序》、《詩傳》諸書」。雖然劉向《列女傳》等書對《詩經》之《式微》、《大車》篇目的闡述頗有異辭，「最為舛駁」，但不會妨礙漢儒在解經方面「多專家之學」的整體形象。

　　由於作者極力推崇「風教」，故入選各家在各時代中均按身份尊卑來排列：「首宮披，次戚畹，次閨秀，次女冠，次尼，次妓。」有別於方維儀《宮閨詩史》、《宮閨文史》設正集、邪集之目，《燃脂集》則仿傚《詩經》中《柏舟》與《牆有茨》、《雞鳴》與《有女同車》篇章共存之先例，使「貞淫並列，美刺自昭」。但言語不雅者，仍予以嚴格裁剪，如梁小玉撰《合元記》，因劇中「多穢語，且韻腳多訛，僅摘錄一二齣，以備一種」。

《燃脂集》綱目

燃脂集	風雅（五卷）		
	賦部（八卷）	賦（六卷）	
		騷（二卷）	
	詩部（八十七卷）	古詩、三言詩、四言詩、五言古詩、七言古詩、雜言詩、騷體詩、五言律詩、七言律詩、五言排律、七言排律、五言絕句、七言絕句、六言古詩、六言律詩、六言絕句、五言闕句、七言闕句、雜謠語、偈頌、咒、詩餘、詞餘	
	文部（五十二卷）	《序引》九卷、《記》一卷、《傳》二卷、《說議問三體》一卷、《頌》一卷、《銘》一卷、《贊》一卷、《訓誡》一卷、《連珠》一卷、《列評讀》三體一卷、《題跋書後》一卷，《記事》一卷、《詔》一卷、《令》二卷、《判誥敕》三體一卷、《策批璽書榜諭批》五體一卷、《疏書》四卷，《卷》一卷、《牘啓狀檄》四體一卷、《書》七卷、《哀詞》二體一卷、《誄》一卷、《行狀》二卷、《墓誌銘墓碣》二體一卷、《祭文上樑文》二體三卷、《八股文四書論》二體一卷、《雜文》一卷、《附錄》一卷	
	說部（五十六卷）	班昭《漢書·異姓諸侯王》已下至《古今人表》凡十卷，班昭《漢書·天文志》一卷，班昭《補列女傳》一卷，班昭《女誡》一卷，班昭《幽通賦注》一卷，衛鑠《筆陣圖》一卷，蘇蕙《璇璣圖》一卷，宋若莘《女論語》一卷，侯莫陳邈妻《女孝經》一卷，預浩（或作喻浩）《女木經》一卷，李清照《打馬圖》一卷，沈俶《諧史》一卷，龍輔《女紅餘志》一卷，管道昇《墨竹譜》一卷，鄭氏《女教篇》一卷，明仁孝徐后《內訓》一卷，仁孝徐后《勸善嘉言》一、二、三卷，仁孝徐后《勸善感應》一卷，章聖蔣太后《女訓》一卷，楊慎妻黃氏《錦字書》一卷，王鳳嫻《東歸紀事》一卷，盧江王夫人《燈花占》一卷，張淑媖《刺繡圖》一卷，邢慈靜（邢太僕侗之妹）《黔途略》一卷，徐淑英《女誡雜論》一	

		卷，徐德英《革除紀》一卷，筆洞細君《花殿最》一卷，薛素素《花瑣事》一卷，方維儀《尼說七惑》一卷，方維儀《宮閨詩評》一卷，顧若璞《往生紀實》一卷，倪仁吉《宮意圖題語》一卷，陳結璘《牡丹亭牌譜》一卷，胡貞波《古牌譜》上下卷，季嫻《學古餘論》一卷，季嫻《前因紀》一卷，王端淑《詩緯序論》一卷，陶姁儀《放生約》一卷，董白《奩豔》上中下卷，尼超衍《密印語錄》一卷，尼濟印《仁風語錄》一卷，尼自如《語錄》一卷
	傳奇（五卷）	

在具體輯錄中，則遵循「核史」、「刊謬」、「存異」、「去取」等原則。

「核史」之義有二：首先是鉅細靡遺。詔、令、書、疏等鴻篇巨製自不待言，即使是「錫妻讓叔之語，訶婦遺父之詞，以及金床玉幾之歌，都亭曲水之句」，單辭短牘，亦並錄兼收。但在東漢明德馬皇后報封諸舅、三國文德皇后郭氏勑戒外家、東晉康獻皇后灑涕命辭、北魏靈太后手筆決斷之類有信史記載者之外，對其他真實性頗有爭議的詔令，則不予收錄。至於班昭續史等流聞傳說，也列之於編中，以備廣聞，但持論謹嚴。雖認可《後漢書》「列女傳‧曹世叔妻傳」所載班昭曾續《漢書》之「八表」、「天文志」，但摒棄《隋史》誤「八表」、「天文志」為「十志」之說。明代凌稚隆《漢書評林》認為《漢書》「王莽傳」敘事直遂而少檢制，不符合班固文風，而認定是班昭所寫。此種觀點因證據未詳，也未採信。其次為春秋筆法。如《漢書‧王莽傳》中比附王莽為周公的孝元皇后詔令、《魏書‧志》中顛倒黑白「以賊濟為非弒」的明元諸詔，以及宋齊之際勸奸獎篡諸文等，為了揭露王莽、司馬昭等人的險惡用心，均依原著，臚列不校。因此，對這類附於各「帝紀」的諸后詔令，王士祿均不憚繁瑣，詳注出自某史某書某篇；而其他見之本紀、志、傳者，僅略注出自某史某書。

而《彤管遺編》、《宮閨詩選》、《名媛詩歸》一類女性作品選本沿襲的常見謬誤，《燃脂集》則概行刪除。為避免有掛漏嫌疑，授人以柄，也對所刪作品予以注明。第一類是「考究不精者」。如《蘇武妻答外詩》一首，乃明人梅鼎祚作偽，在其《八代詩乘》中署名為蘇武妻作。清代紀容舒《玉臺新詠考異》卷二云：「魏文帝於清河見挽船士新婚與妻別一首，此詩《藝文類聚》作徐幹，蓋別有所據。明梅禹金《八代詩乘》署此為蘇武妻作，而題曰答外贈詩，可謂拙於作偽矣。」〔註156〕《名媛詩歸》不加辨析徑直襲用，卷一「蘇

〔註156〕紀容舒：《玉臺新詠考異》卷二，《文淵閣四庫全書》本。

武妻」條目云：「漢武帝太初四年，且鞮侯單于既立，遣中郎將蘇武厚幣賂，往遺單于。武乃作詩留別，其妻答之。」〔註157〕王士祿則依據《藝文類聚》，標注是徐幹爲挽船士與新娶妻別離作，又附錄《玉臺新詠》斷爲魏文帝之作的觀點。又《子夜歌》，《名媛詩歸》卷三「子夜」條目云：「子夜，晉女子也，嘗造曲，聲過哀苦，因有四時行樂之詞，謂之《子夜四時歌》。」實則《樂府詩集》所載《子夜四時歌》，涵括晉、宋、齊、梁之辭，也未明言盡出於女子子夜，故《燃脂集》不錄。類似者，如《木蘭詩》、《孟珠歌》、《蘇小小歌》，無人認爲是木蘭、蘇小小自作，也予刊落。此外，如《名媛詩歸》卷十將張籍詩「梧桐葉下黃金井」一首繫於姚月華名下、卷十五將劉禹錫詩「清江一曲柳千條」一首繫於周德華等訛誤，王士祿依據《唐詩紀事》、《才調集》、《雲溪友議》、《萬首唐人絕句》、《古今詞話》等史料，加以辨正剔除。第二類是荒誕不經者。如「粉面仙郎選正朝」一首，本唐代陸暢所作酬元和宮人詩。《名媛詩歸》不知陸暢乃人名，在卷十中係爲宋若憲詩，而以「暢酬」爲題。「深閨乍冷開香篋」一首，陳師道《後山詩話》已明確指出乃唐代裴說《寄邊衣》詩。《名媛詩歸》憑空杜撰人名裴羽仙，卷十二云：「裴羽仙，裴悅之妻。悅征匈奴不歸。思慕悲切，賦邊將詩以寫其意。」他如陶宗儀《南村輟耕錄》載楊煥然將汴梁宮人語錄改爲絕句，《名媛詩歸》卷十八則以筆記作者姓字作爲宮人姓名，曰：「汴梁宮人，姓陶，名九成，載十九首於《輟耕錄》，今選十五首。」《宋尚宮女論語》引班昭數語作爲緣起，趙世傑《古今女史》竟摘引其語，曰班昭作《女論語序》〔註158〕。諸如此類妄自拼湊的顯見錯誤，王士祿亦斷然刪汰。

　　諸多傳聞異辭由來已久，如《木經》作者，有李誡、俞皓、女子俞皓之說；《搗素賦》，有齊梁間人擬作之說，《古文苑》則認爲班婕妤所作。因各有引據，王士祿即採取「存異」原則，並加採錄，詳訂博證。（1）作者歧出，則「仍兩存其說於名氏上，注云『某書又作某人。』」例如，《雉朝飛操》一首，既採揚雄《琴清英》「衛女傅母作」之說，又補注《古今注》「犢牧子所作」的觀點〔註159〕。（2）同作異名，則在標題下附錄異說。如魯處女所作《女

〔註157〕蘇武妻《答外留別》詩，見梅鼎祚《八代詩乘》「漢魏」卷六，明萬曆三十三年刻本。署名鍾惺編《名媛詩歸》，清勉善堂刻本。王士祿曾指正《名媛詩歸》諸多訛誤，斷此作乃坊間射利所爲。

〔註158〕趙世傑編：《古今女史》，明崇禎元年刻本。

〔註159〕關於著名琴曲《雉朝飛操》，始著錄於揚雄《琴清英》。至東漢後期，蔡邕《琴

貞木歌》，題下標注曰：「一作《處女吟》，一作《貞女引》。」（3）題目與姓名均有異，無法分別標注者，則在題目下附注。如王金珠《子夜冬歌》，題下注云：「《玉臺》作梁武《秋歌》。」〔註160〕（4）詩文有字句出入，則擇其辭理優長者，錄爲正文，而附注別本之異文於後。如在孫瓊《箜篌賦》後注云：「『冉弱』一作『拂搦』」〔註161〕。杞梁妻《琴歌》「樂莫樂兮新相知，悲莫悲兮生別離。哀感皇天兮城爲隳。」王士祿依據《太平御覽》本採錄，後注：「《水經注》所載，止上二句。」〔註162〕如果辭句迥異，則先後並載各版本。如明德馬皇后《答群臣請封外戚詔》，《後漢書》、《東觀漢紀》、《列女傳》諸本所載各有不同，故王士祿均予採錄。至於當代名媛詩筆，往往因竄改修訂而有小異，則不再一一附注。

在上述依從基本史實、邏輯情理、版本、文辭優劣而刪削去取之外，王士祿又根據時效性、存世數量、內容雅俗來擇錄作品。時序上，仿傚梅鼎祚編《八代詩乘》「漢魏古詩，氣象混沌，難以句摘；晉以還方有佳句」的選輯策略〔註163〕，對隋以前作品，除時人誤收外，其他有援據者，雖片辭隻語，必予採錄。唐代剔什一，宋元刪什三，明代嘉隆以前汰什五。嘉隆之後的女性作品，則精加遴擇，所收少則僅什一，多則不過什三。數量上，常見作品，稍劣則刪；僻秘之文，成章即錄。對存世作品頗多且有專集者，則嚴加甄選，甚至僅錄數篇；對作品傳世稀少者，爲求以詩繫人，收錄尺度相對寬鬆。同一詞調創作多達千餘首者，則痛加篩選；僅有一二首，則詞雖不工，也予存錄，以備一調。例如宋代朱淑眞作品，《玉鏡陽秋》云：

> 唐宋以還，閨媛篇什流傳之多，無過淑眞者。然筆墨狼籍，苦

操》與應劭《風俗通義》亦予著錄。其中，《琴操》認爲此曲乃「齊獨沐子所作也」；晉崔豹《古今注》卷中「音樂第三」也沿用蔡說，只是作者名字有異，記爲「犢木子所作也」。（見《四部叢刊三編》影宋本《古今注》）《昭代叢書》刻印王士祿《燃脂集例》作「犢牧子」。

〔註160〕《樂府詩集》卷四十五載王金珠《子夜四時歌》八首，其中《冬歌》一首云：「寒閨周鮹帳，錦衣連理文。懷情入夜月，含笑出朝雲」。而《玉臺新詠》卷十載梁武帝《秋歌》四首，除首句作「繡帶合歡結」，餘三句大體相同（惟「懷情」作「情懷」）。

〔註161〕孫瓊《箜篌賦》，《藝文類聚》本作「冉弱以飄沉」，《初學記》本作「拂搦以飄沉」。

〔註162〕杞梁妻《琴歌》，分別見《太平御覽》卷一百九十二「居處部」二十、《水經注》卷二十六。

〔註163〕梅鼎祚：《八代詩乘》「總錄」。

不易讀，枳棘不荑，菁蕪且翳，世本濫收，亦奚以爲也。

王士祿在《燃脂集》中推崇詩話《玉鏡陽秋》與《神釋堂脞語》爲不二之選〔註164〕，故嚴加刪汰朱淑眞作品，「於唐宋以還閨媛詩，刪錄之嚴，亦無過淑眞者。」〔註165〕內容上，高雅之作，什每取九；里巷猥談，百不採一。至於荒誕不經的仙鬼詩，如《穆天子傳》之西王母《白雲謠》、《樂府詩集》之《青溪小姑曲》、《搜神記》崔女贈盧充詩作及紫玉答韓重書札、《眞誥》南嶽魏夫人作玄感之詠、《詩女史》夷陵女子詠明月之歌，以及《眞誥》、《賓仙》、《才鬼》諸書所載篇什，因憑虛幻設，徒以資談柄作狡獪，雖文采斐然，也予棄錄。

　　《燃脂集》主體是彙集女性作品，另有《宮閨志遺略》四卷與《宮閨待訪略》四卷附於卷末。諸多女性才智過人，「博士掌故家所不能及」，如管仲妾婧之諧逸詩（《列女傳》卷六「辯通傳」）、魯臧孫母之辨隱語（《列女傳》卷三「仁智傳」）、魯穆姜之論易卦（《左傳・襄公九年》）、韋母宣文君之傳周官（《晉書》「列傳」第六十六）、舜妹敤之善丹青（《漢書・古今人物表》）之類，雖不能如篇章文句可以編錄，然又關涉本旨，故別錄爲《宮閨志遺略》四卷。至於《宮閨待訪略》，顧名思義，指有傳記稱其能文，王士祿雖有聽聞而未逮者，故疏記名目，以俟訪求。

　　王士祿另撰有女性小傳《宮閨氏籍藝文考略》九卷，置於作品目錄之前〔註166〕，以便考索。除疏列姓氏、字號、里籍，遵從「以文不以事」之原則，《考略》亦間採關涉藝文的史料。人物小傳的撰寫，也各有別。太后、皇后標注諡號及姓氏，如宋代慈聖曹太后、宣仁高太后、仁懷朱后〔註167〕。帝王嬪妃之屬，兼書名、字，如明代郭國嬪愛，字善理；沈貴妃瓊蓮，字瑩

〔註164〕《宮閨氏籍藝文考略》中，王士祿對許多女性的評論均引自《玉鏡陽秋》、《神釋堂脞語》。惜目前這兩部詩話作者未知其名，不過，依王士祿援引的情況看，兩部詩話對王士祿同期的女性作者也有評論，故應成書於清代康熙年間，甚至即爲王士祿自撰，俟考。

〔註165〕王士祿：《宮閨氏籍藝文考略》「宋代」，見夏劍丞主編《藝文雜誌》，1936年第1～6期。

〔註166〕《燃脂集例》（《昭代叢書》本）所言《宮閨氏籍藝文考略》僅爲五卷。但在《王考功年譜》中，王士禛著錄《燃脂集》時，輯《藝文考略》爲九卷。目前得見1936年《藝文雜誌》刊載的《藝文考略》也是九卷。究其因，在家刻本《燃脂集例》之後，王士祿仍在增補，而《昭代叢書》即據家刻本刊印。

〔註167〕王士祿：《宮閨氏籍藝文考略》。

中。餘外則只書姓名，如李清照、柳如是。其名無考者，則書某人妻某氏，並其夫之名，如俞九思妻楊氏、邊貢妻胡氏。字無可考而有里籍可見者，則書某地某氏，如東昌蔣氏、丹陽來氏。一切悉無可考者，則不得不一仍舊貫，如易少夫人、蔣念二孺人等〔註168〕。

一般來說，作者對女性身份之定位，不冠以「安人」、「孺人」等名號，但因著錄逾千人，爲避免僅書某氏造成淆亂，偶而也有一二稱「夫人」、「孺人」，如明代「廬江王夫人」。

要之，王士祿著錄歷代女性作品，既推崇風雅，遵從史實，暗寓

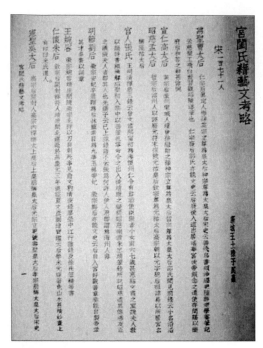

上圖爲王士祿《宮閨氏籍藝文考略》，1936年刊於《藝文雜誌》，北京大學圖書館藏。

春秋筆法，又採擇靈活，寬嚴有度，無怪乎張潮由衷讚歎《燃脂集》「於古今去取之間，咸得其當，誠可爲選家法程」。

三、《燃脂集》史料價值及後世影響

王士祿在對已刊女性作品選本進行辨僞、校正、取材的基礎上，憑一己之交往，廣泛稽考，廣泛搜輯，終於成就皇皇巨著。《燃脂集》之史料價值，可從以下兩方面考察。

（一）匯輯文獻之功：正如作者在凡例中所說，採擇視野，不計時限、身份、文類，故能成其大，尤其是輯錄了不少稀見女性作品。義烏倪仁吉，善寫山水，亦工篇什，王士祿曾得其詩集〔註169〕。關於李清照詩作，王士禛曾記載云：

> 其集名《漱玉》，而詩不概見。兄西樵昔撰《燃脂集》，採摭最博，止得其詩二句，云「少陵也是可憐人，更待明年試春草」，此外

〔註168〕易少夫人，王士祿據《彤管遺編》採錄。
〔註169〕王士禛：《池北偶談》卷十一，《王士禛全集》，第3076～3077頁。

了不可得。〔註170〕

王士祿係從朱弁《風月堂詩話》，輯出李清照詩「詩情如夜鵲，三遶未能安」及「少陵也自可憐人，更待來年試春草」兩句〔註171〕。受此影響，對陳士業《寒夜錄》所載李清照七言詩《和張文潛浯溪碑歌詩》二首，儘管並非佳作，且不明陳氏所據，考慮到出自婦人之手殊爲不易，王士禛在撰寫《浯溪考》一書時也予以抄錄。

　　王士祿素來重視金石碑刻。焦山有古鼎，乃京口縉紳家物，未見載於趙明誠《金石錄》、歐陽修《集古錄》諸著作。康熙四年（1665），王氏自廣陵渡江，途經於此，坐臥古鼎下，「數日辨其銘識，凡得七十八字，存疑八字，不可識者七字。」〔註172〕後央請程邃摹繪爲圖，自賦《焦山古鼎歌》以記之。因此嗜好，王士祿在搜集女性作品時，也不忘從金石碑刻中尋獲，並頗有成果，如從少林石刻得武則天《與寺僧書》。至於從旅壁輯錄女子之詩，更爲王氏所倚重。據陳維崧記述，王士祿曾抄錄諸多題壁詩，如鄒平西青羊店逆旅中自署「萬里女郎」者題壁詩；不知姓名者題濟南東王舍莊壁詩，因有小注「隨外北征作」，亦錄之；陽邱道上盧氏店中女子於七夕題壁絕句；宿遷北司峿山石刻女郎湯文玉《遊山》詩；濟南德州旅壁載女子琅玕一序二詩。諸如此類，雖因王士祿記憶不清或原文字句漫漶，導致女子詩作多缺字少句，卻均錄入《燃脂集》或《朱鳥逸史》。偶而也有轉引自其他著述的題壁詩，如孫廷銓《南征紀略》中所載女子趙雪華題李家莊壁詩三首。最奇者無過於抄錄長沙女子王素音題壁詩三首及小序。順治十二年冬（1655），王士禛應會試，偕同邑名士傅辰北上。夜宿白溝河，見壁間有和王素音詩作，而原題不見，乃爲牆邊高五六尺許積木所遮，眾人頗費周折搬移才得見。傅氏執炬，王士禛呵凍蘸筆鈔錄，並各抒和詩題壁。其後，王士祿路經此處，亦和韻，並抄錄王素音詩及小序全文二百餘字入諸《燃脂集》〔註173〕。儘管諸多女子題壁詩眞僞難辨，王士祿的努力尋繹，就匯輯女子遺佚作品而言，仍值得嘉許。

　　亦可見王士祿輯佚女性作品或事蹟之功。如東昌蔣夫人小詞《如夢令》一闋，頗爲人傳誦，王氏全文采錄。長洲湯畹生工詩善弈，詞佳者最多，王

〔註170〕王士禛：《香祖筆記》卷五，《王士禛全集》，第4568頁。
〔註171〕王士祿：《徵閨秀詩文書》。
〔註172〕王士祿：《王考功年譜》。
〔註173〕以上題壁詩，乃王士祿筆述，見陳維崧《婦人集》。

氏擇錄二十餘篇。莆田周明娛平生所作流傳不多，陳維崧曾覽其尺牘一卷，贊爲「清遙秀映，允爲玉臺之名構矣」〔註174〕；王士祿見其小箚《十七帖》，語語清儁，備錄《燃脂集》中，而其詩集《羹繡集》因宗竟陵，雖有百餘首，僅採一二。直隸邢臺黃更生妻康鄴著有《臨風閣集》，王士祿《贈更生詩》云：「殿前筆箚《凌雲賦》，樓上鶯花織錦妻。」稱譽康氏詩文才華，並輯其《菩薩蠻》、《玉樓春》等詞入《燃脂集》。

（二）辨正補校：對於諸多女性作品，《燃脂集》作了細微辨正校補。如謝道韞詩，孫承澤藏有硯臺：

> 銘云：「絲紅清石，墨光拱璧，資我文翰，玉砅堅質。」末有道韞字。家兄考功云：「詳其文句，可廻讀，然倒正皆殊不工。砅音屬，水激石聲，作冰字用尤誤，恐非謝筆耳。」〔註175〕

而在《宮閨氏籍藝文考略》中，王士祿採取了更爲審慎的態度，將「道韞」列於「未詳時代」，云：「有研銘，研藏孫退谷家，或以爲即謝道韞，恐未必然，故別載於此。」

王士祿在《燃脂集例》中勘誤《名媛詩歸》，且力證其爲坊間作僞。在《宮閨氏籍藝文考略》中亦校改了許多歷代女性小傳的訛誤。或依據各種筆記辨正，如葉夢得《岩下放言》記載了郭暉妻，明清諸多刻本卻誤列於元代；陳全之《蓬窗日錄》記段僧奴乃段功女，適建昌阿黎氏，錢謙益《列朝詩集》誤作段功妹；陳仁玉《賈靈華還魂錄》已明言賈靈華乃元行省賈平章女，陳繼儒《古今韻史》卻標注爲賈似道女。或依據不少方志校改，有時亦糾正方志之誤。如《太原府志》記載嘉靖祁人閻氏掘地得一枕，上有詞尾，乃宣和年間王夫人所題，《譚元春集》誤作右丞夫人，王士祿通過詞作本身進行了詳細考辨。蘇州女子沈清友，《姑蘇志·列女傳》將其列於黃由妻胡氏後，其爲宋人甚明，南宋陳世崇《隨隱漫錄》也曾著錄；而明清諸多女性選本失於詳考，誤列之元，或列之明，或作唐女郎；甚至本郡人許考酌撰《予懷集》亦列於明代之首；《花鏡雋聲》也誤作沈清。「黃書妻胡氏」條目記：「黃書，字子由，狀元」〔註176〕。《姑蘇志》也誤以字爲名，稱「狀元黃由夫人」。此外，《予懷集》也將宇昭妾薛非朝誤作唐非朝。《女才子四部集》誤疑郝婉

〔註174〕陳維崧：《婦人集》，第37頁。
〔註175〕王士禛：《池北偶談》卷十五「謝道韞硯」條，《王士禛全集》，第3213頁。
〔註176〕王士祿：《宮閨氏籍藝文考略》。

然即郝文珠。

　　《宮閨氏籍藝文考略》最爲集中地校改了《彤管新編》、《彤管遺編》、《名媛詩緯》三種女性作品刊本。《彤管新編》將宋代吳安持妻王氏誤爲唐人；《王直方詩話》記載世居京師的周仲美隨父宦遊成都，《彤管新編》依據其題壁詩序而誤列之於蜀。《彤管遺編》載錄宋代有「葉桂遺女，字非」，王士祿據劉攽《中山詩話》校改爲：「葉桂女，名桂女，字月流。」江南士人妻万俟蕙柔，宋末被掠，《彤管》卻書作「萬侯」。元代東平趙鶯鶯，《彤管遺編》誤認爲唐代名妓。《剪燈新話》曾記述嘉興名娼羅愛愛，工詩詞，色藝冠一時，《彤管遺編》卻將其與隋代羅愛愛誤爲同一人。著名才女王端淑歷經多年編撰而成的四十二卷《名媛詩緯》，也是體大思精之作，然其中亦不免有錯訛。湘揚女子題壁三家店詩，其先楚人，家廣陵，故自稱湘揚女子。本是御史之妾，先不容於嫡，後復迎之。依其小序，雖姓氏不傳而始末甚明。《名媛詩緯》卻直接援引楊元瑋所說：「蒙難被掠，賦詩三首，售於市，有楚人贈貲贖還。」〔註177〕清代閨秀陳結璘，字寶月，又字蘭修，《名媛詩緯》誤分陳結璘、陳蘭修爲二人〔註178〕。潘之恒《亘史》載金陵妓徐翩，名翩翩，字飛卿，一字驚鴻；後爲尼，號慧月〔註179〕。《名媛詩緯》卻將徐翩翩、徐驚鴻視爲兩人。無錫顧文婉，自號避秦人，多與王仲英酬唱，《名媛詩緯》誤記其「或丁姓，某大僚女」。《續豔異編》載陳太常女陳玉蘭，淳熙間人，《花鏡雋聲》誤作陳玉，《名媛詩緯》亦誤以爲即咸淳年間題壁詩「山上樓臺湖上船」的作者。王端淑《名媛文緯》記載鄧州人朱素瓊，工筆箚詞賦，以避寇家長沙，後藍山盜起，不知所終。王氏聲稱史料源於周亮工，後王士祿親自向周氏取證，云無其事，疑是僞託。

　　在輯佚女性作品方面，不管是來自金石碑刻、題壁詩，抑或是從時人選本中摘選，就卷帙而言，《燃脂集》無疑是集大成之作。而王士祿所作精細考辨，更增重了該書學術價值，爲世所珍。自清代中葉始，王士祿《燃脂集》便成爲文人士大夫競相尋訪的珍秘。姜慶成最初藏有此書三十餘卷，費廿餘

〔註177〕王端淑《名媛詩緯》卷二十一「新集」。
〔註178〕據謝巍《中國歷代人物年譜考錄》（北京：中華書局，1992年，第363頁）著錄瞿昌文編《陳夫人年譜》一卷，陳結璘，字寶月，別號松雲內史，常熟人。《海虞畫苑略》作陳璘，字結璘，或作陳璘，字蘭修。陳煌圖之伯姐，瞿元錫之妻。工詩，善畫山水。
〔註179〕潘之恒：《亘史·外紀》卷十九《徐翩傳》。

年之心血，終至一百八十卷。適逢其五十歲壽辰，姜慶成倩人繪製其勤勉搜求《燃脂集》的小照，遍請當時著名文士與才女題詩。沈善寶賦詩《題〈補書圖〉》曰：

> 平生久耳《燃脂集》，每向藏家訪斯笈。無奈傳聞名異詞，深嗟眼福修難及。榮名壽世誰能與，昔日西樵今白紵。若教彤管論功勳，黃金範像瑤龕貯。〔註180〕

晚清小說《孽海花》第二十回「一紙書送卻八百里　三寸舌壓倒第一人」中描述李慈銘、黎石農、莊小燕、汪蓮孫等一群所謂臺閣名賢觥籌交錯情狀：爲給李氏祝壽，成伯怡提議在座諸位將家藏珍物編成柏梁體詩一句，充當蟠桃之獻。一時有「華山碑石垂千年」、「《周官》精槧北宋鐫」、「經幢千億求之虔」次第而出。緊承莊小燕的「百石齋」，汪蓮孫吟誦「《然脂》殘稿留金荃」之句，立即引起擁有十幅馬湘蘭作品以自重的姜劍雲的豔羨：

> 你還提起那王士祿的《然脂集》稿本哩！吾先在琉璃廠見過，知道此書，當時只刻過敍錄，《四庫》著錄在存目內。現在這書朱墨爛然，的是原本。原來給你搶了去！〔註181〕

上述是小說描寫晚清嗜好書畫古玩的文人學者們相聚鬥珍玩的一幕。較之傳世僅三本的《西嶽華山碑》、宋刻十三行本《周官》、隋唐經幢石拓等稀世之藏，王士祿的手稿本《燃脂集》也不遑多讓，使汪蓮孫不致落敗。此一描述自可博人一噱，然素以影射晚清社會著稱的小說《孽海花》，這段情節仍有兩點值得注意：其一，王士祿的《燃脂集》稿本因「當時只刻過敍錄」，故朱墨批本的殘稿成爲至珍；其二，姜劍雲因持有十幅馬湘蘭畫，也避免了交白卷被罰酒。由此而及，無論《燃脂集》一類的女性選本，抑或馬湘蘭等才女繪畫作品，成爲晚清「名士」的談資。

而論及《燃脂集》於學術著述之影響，蕭道管《然脂新語》〔註182〕徑直沿用書名。王蘊章亦引據其名，撰寫《燃脂餘韻》。借助涵芬樓豐富的藏書，輯選範圍自清初以迄晚清。在「凡例」中闡明其書體例與《燃脂集》「集部之

〔註180〕沈善寶，《鴻雪樓初集》卷八，清道光年間刻本。

〔註181〕曾樸：《孽海花》，上海古籍出版社，1980年，第186頁。

〔註182〕蕭道管：《然脂新語》，著錄於陳衍《石遺室叢書》，但屬於未刊本。陳衍《石遺室文集》卷二《先室人行述》云：「素善鉤稽，喜考之學，成《說文重文管見》一卷，《列女傳集解》十卷，《蕭閒堂札記》四卷，《然脂新話》三卷，《平安室雜記》一卷，遺詩文、長短句各一卷。」

宏編」略異，僅錄詩話之作，間采詩餘、雜文，但正如邵瑞彭序中所說，兩
書「體例小異，取捨匪殊」〔註183〕。王蘊章廣泛甄採節烈之作的旨趣，在
《燃脂集》中也早已顯現。《宮閨氏籍藝文考略》將方維儀置於清初之冠，緣
其「文章風烈，特為較著，誠閨閣之靈光，簪笄之碩果，始末曉然」。至於棄
錄仙乩鬼怪之作、浮靡豔蕩之詞，則傚仿《燃脂集例》「里巷猥談，百不採
一」、「《眞誥》、《賓仙》、《才鬼》諸書所載篇什，雖復文采煒然，並從割愛」
等採擷標準。

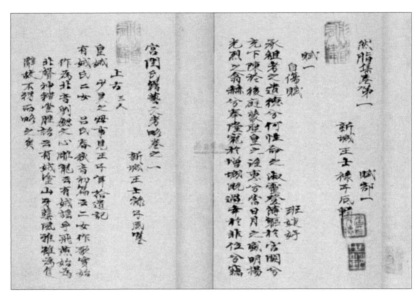

上圖為胡文楷迻錄《然脂集》及《宮閨氏籍藝文考略》，鈔本。

　　胡文楷編著《歷代婦女著作考》，幾近抄錄王士祿《宮閨氏籍藝文考略》
全文。如著錄一代才女柳如是，胡文楷僅引據此書，而於其他著述中關於柳
如是的傳記資料均付闕如。胡氏亦曾以稿本《燃脂集》校補浙江圖書館所藏
明末刊本《戊寅草》的殘缺字，並推許王士祿的選擇眼光，對《燃脂集》選
錄柳氏《戊寅草》之《別賦》、《男洛神賦》二篇以及詩作《劍術行》等十
首，由衷讚歎「為集中最佳者」〔註184〕。而胡文楷裒輯明清之際才女詩文，
《燃脂集》洵為最重要的參閱文獻。例如方維儀詩歌，胡文楷因未能尋獲原
刻本《清芬閣集》，遂從殘稿本《燃脂集》中抄錄《清芬閣集》三十四首、

〔註183〕邵瑞彭：《〈然脂餘韻〉序》，王英志主編：《清代閨秀詩話叢刊》，第 621 頁。
〔註184〕胡文楷：《歷代婦女著作考》（增訂本），第 431 頁。

《楚江吟》一首。此外，從《伊人思》、《紅蕉集》、《翠樓集》、《擷芳集》、《柳絮集》、《香奩詩泐》等其他女性作品刊本中輯錄三十七首，共計七十二首，都爲一冊〔註185〕。同樣，《黃媛介詩輯本》，胡文楷據《燃脂集》輯錄詩作二十五首，其中包括《越遊草》十五首、《湖上草》六首，又有《燃脂集》所附《扶輪續集》一首、《詩源》一首、《詩媛十名家選》二首〔註186〕。至於黃媛介的文章，胡文楷從《燃脂集》輯錄六篇：《寫懷賦》、《閒思賦》、《秋懷賦》、《竹賦》、《蘭花賦》、《琴賦》，彌足珍貴。《薛素素詩輯本》，原本《南遊草》已佚，胡氏據《列朝詩集》及《燃脂集》錄存詩二十九首，輯爲一卷。《王修微詩輯本》的成書，亦因詩集原刻本亡佚，胡文楷據王士祿《燃脂集》、周之標《女中七才子蘭咳集》，具體輯錄出王氏《未焚稿選》、《遠遊篇選》、《間草選》、《期山草選》四種詩歌選本中數量相當可觀的詩作〔註187〕。《吳岩子詩輯本》，其《青山集》原書已佚，鄒斯漪《詩媛十名家集》存錄三十三首，胡文楷據《燃脂集》增補四首，又爬梳《擷芳集》、《伊人思》等其他文獻，凡六十四首〔註188〕。至於援據《燃脂集》，著錄歷代女性作家別集，則不勝繁舉，詳見附錄一。

　　總而言之，王士祿編撰《燃脂集》，在當時立即引起很大反響。諸多選本競相援引，以之爲據；或有意避開，轉而著錄其他內容。後世更不諱言，直接襲用《燃脂》書名，無論是「新語」、「餘韻」，抑或全文抄錄《宮閨氏籍藝文考略》，均可見《燃脂集》在傳統中國女性作品選本罕有其匹的地位和影響。

結　語

　　綜述如上例舉的三種女性著述刊本，陳維崧寓居水繪園八年，與冒襄合作編刊《婦人集》，基本上仰仗居恒水繪園的文人與才女提供相關信息。作爲水繪園唱和的主盟者，冒襄與數位才女的各種因緣，成爲編刊《婦人集》絕佳素材。而當王士禛司理揚州期間，藉兩次頗具規模的紅橋修禊，以及其他的文士雅集活動，陳維崧亦增補《婦人集》有關女性事蹟或作品的內容。尤其是，王士祿流寓揚州，與陳維崧把酒暢談，互爲匡扶，《婦人集》之編刊得

〔註185〕同上書，第 83 頁。
〔註186〕同上書，第 664 頁。
〔註187〕同上書，第 89 頁。
〔註188〕同上書，第 298 頁。

以迅速告捷。此時，鄧漢儀亦時常與王士祿宴遊，紅橋唱和依然風行不衰。《天下名家詩觀》「閨秀」卷，多係鄧漢儀獲見才女詩作而集錄，頗爲詳盡，能彌補王士祿編刊女性總集之不足。就輯撰《燃脂集》而言，此次揚州之旅，王士祿獲益甚夥。

其實，始自崇禎末年，面對明代中後期以來輯選女性作品風氣的彌漫，王士祿有時不我待之感，著手編撰《燃脂集》。此書在編撰體例上別出心裁，彌補了此前選本的諸多缺陷。洋洋二百餘卷的規模，使其在同類選本中有「一覽眾山小」之概。而對諸多選本所作的精細辨正，更令該書成爲同代或後世相關著述的搜討之源。時人輯選各類女性選本，受惠於是書的同時，也因積極參與其事，對《燃脂集》的成書貢獻良多。著重考察《燃脂集》，不僅能凸顯王士祿在傳統中國女性文學研究史上的地位，更能呈現清初眾多文士有意重塑傳統女性面貌的志業。

附錄一：《歷代婦女著作考》引據《燃脂集》細目

一、漢魏六朝（一人）：班昭：《補列女傳》一卷

二、宋代（一人）：何師韞：《何師韞詩》【《燃脂集》作「董師韞」】

三、元代（三人）：管道昇：《墨竹譜》一卷；鄭允端：《肅雝集》；
龍輔：《女紅餘志》二卷

四、明代（七十一人）

作家	著作	作家	著作	作家	著作
文　氏	《君子堂集》	王　微	《宛在篇》、《名山記》	王鳳嫻	《東歸記事》
吳坤元	《愁添集》	王　朗	《斷腸草》	田玉燕	《玉樹樓草》
吳　柏	《柏舟集》	吳令儀	《戲佩居遺集》	朱桂英	《閨閤窮玄集》
李今蓮	《縮雲集》	武　氏	《交愛軒集》	朱德樹	《弄珠集》
李貞麗	《韻芳集》	王兆淑	《嵐墅詩草》	何　氏	《戔戔閣草》
王夫人	《燈花占》	沈宜修	《鸝吹集》、《伊人思》	徐德英	《革除紀》
李　璧	《介庵集》	張如玉	《楚嶼集》、《謝塵詩》	黃　鴻	《閨晚吟》
沈蕙端	《晞髮集》	張淑媖	《刺繡圖》	黃雙蕙	《閨禪剩詠》
劉　氏	《集古詩》	徐淑英	《女誡雜論》	趙彩姬	《青樓集》

周　瓊	《比玉新聲》	梁　頎	《難遊草》	趙賽濤	《曲江鶯囀集》
閩　女	《花樓吟》	屈　淑	《韓安人遺詩》	劉玄芝	《劉玄芝宮詞》
楊　宛	《鍾山獻》	鄭　氏	《女教篇》	筆洞細君	《花殿最》
葉小紈	《鴛鴦夢》	葉小鸞	《返生香》	葉紈紈	《愁言》
郝婉然	《調鸚集》	黃　峨	《錦字書》	羅　氏	《拾翠閣草》
高　氏	《玉英草》	黃淑德	《遺芳集》	謝　氏	《鵜鶘集》
梅　生	《梅生集》	徐　氏	《耿夫人詩鈔》	鄭　妥	《寒玉齋集》
許景樊	《聚沙元倡》	孟淑卿	《荊山居士詩》	錢莊嘉	《鶴牖道人集》
孫瑤英	《琴瑟居集》	陳　氏	《陳氏詩》	錢　氏	《錢氏詩》
孫瑤華	《遠山樓稿》	陳　氏	《二思齋詩》	薛素素	《花瑣事》
徐皇后	《文皇后詩》	陸夢珠	《夢珠詩》	薛瓊瓊	《琅玕集》
陳德懿	《陳德懿集》	項蘭貞	《詠雪齋遺稿》	虞淨芳	《鏡園遺詠》
沉靜專	《郁華樓草》《適適草》	張嫻婧	《綠窗遺韻》、《竹經》、《鶴史》、《遺疾草》	夏雲英	《端清閣詩》、《女誡衍義》
邢慈靜	《芝蘭室非非草》、《黔塗略》	章有湘	《澄心堂詩》、《望雲草》、《再生集》、《訴天雜記》		
方仲賢	《楚江吟》、《閨範》、《清芬閣未刻稿》	梁小玉	《琅嬛集》、《千家記事珠》、《詠史錄》、《諸史》、《山海群國志》、《草木鳥獸經》、《古今女史》、《古詩集句》、《樂府驪龍珠》、《合元記傳奇》	梁孟昭	《墨繡軒吟草》、《山水吟》、《山水憶》、《相思研傳奇》

五、清代（七十九人）

作家	著　　作	作家	著　　作	作家	著　　作
方　珪	《梅就集》	方　瑛	《白桃集》	左　媛	《織素堂稿》
吳　玗	《斷蘭集》	李似姒	《繡佛齋井臼吟》	王　蓀	《大家風範》
吳　氏	《冰玉堂集》	王慕貞	《青芝閣詩》	王　瑩	《一草亭詩》
李國梅	《芬子集》	李　貞	《迴雲閣詩餘》	李　氏	《隱秀軒詩》
張　粲	《適燕雜詠》	周宗姜	《夢餘軒新編》	周　炤	《藥房偶吟》
林文貞	《韞林偶集》	邵　氏	《問梅閣詩》	邵　氏	《玉瑛堂詩》
姚鳳儀	《蘭東初集》	鍾　青	《寒香集》	俞　桂	《瓊英遺集》
胡貞波	《古牌譜》	范　姝	《貫月舫集》	范滿珠	《繡餘草》

范雲	《秋痕》	唐彥徽	《詞鼙》	徐元端	《粉奩新詠》
徐淑秀	《閨闈雅頌》	徐瑤光	《南樓偕隱詩》	徐簡	《香夢居集》
秦芳洲	《零膏集》	秦昭	《秦昭詩》	徐爾勉	《偕隱居詩集》
康鄴	《臨風閣集》	馬淑祉	《遂閒居遺草》	周氏	《董夫人詩詞》
張在貞	《月窗詩稿》	張姒音	《張姒音詩文》	崔秀玉	《耽佳閣詩集》
張芝芳	《張芝芳詩》	張昊	《趨庭詠》	章有渭	《淇園集》
郭玉瑛	《郭玉瑛詩》	郭鍾芳	《雪亭詩稿》	郭蘭	《雪窗繡餘吟》
柳如是	《戊寅草》、《柳如是詩》	陳璘	《晙喜堂漫稿》、《牡丹亭牌譜》	陶婉儀	《白苧吟》
陸瑤英	《霞亭集》	傅兩玉	《寒梅集》	陶姮儀	《放生約》
彭琰	《閒窗集》	黃修娟	《芙蓉軒集》、《琴譜》	楊氏	《母范初錄》
黃媛介	《南華館古文詩集》、《越遊草》、《湖上草》	顧諟	《青藹樓集》、《群玉山頭天孫詩》	季嫻	《近存集》、《百吟篇》、《學禪謔語》、《前因紀》
鄒淑	《語華亭牋》	劉氏	《紉蘭軒詩》	董白	《奩豔》
劉氏	《寶田堂詩》	鄭瑾娥	《女紅餘志》	葉星	《五葉園草》
錢敬淑	《錢敬淑詩》	隋芝英	《隋芝英詩》	龐蕙纕	《唾香閣集》
龔淑英	《冰玉堂紉蘭集》	龔靜照	《鵑紅集》、《梅花百詠》	高氏	《繡閣炊餘草》
申蕙	《縫雲閣集》、《花下吟》、《繡餘草》、《滌硯亭帖》	王端淑	《吟紅集》、《留篋集》、《無才集》、《宜樓集》、《恒心集》、《名媛文緯》、《歷代帝王后妃考》	朱中楣	《隨草》、《隨草續編》、《亦園嗣響》、《石園隨筆》、《文江倡和集》、《鏡閣新聲》
印月	《伏龍印月禪師語錄》	自如	《福祿院自如禪師語錄》	顧長任	《謝庭香詠》
神一	《杜關語錄》、《昇略問答》	超衍	《吳山密印衍禪師語錄》	采人	《採雲閣怨言》
濟印	《玉峰靈岵仁風禪師語錄》				

六、合刻書、總集（二十種）

編者	書目	編者	書目
冒愈昌	《秦淮四姬詩》	張夢徵	《青樓韻語》
鄒漪	《詩媛十名家選》	卓人月	《女才子四部集》
新安邃覺生	《女騷》	池上客	《名媛璣囊》

趙世傑	《古今女史》	江盈科	《閨秀詩評》
梅鼎祚	《青泥蓮花記》	蘇毓眉	《胭脂磯》
方維儀	《宮閨文史》	方維儀	《宮閨詩史》
王端淑	《名媛詩緯》	鄒漪	《紅蕉集》
許定泰	《予懷集》	無名氏	《名媛新詩》
無名氏	《閨秀逸詩》	徐士俊	《內家吟》
王矞來	《婁江名媛詩集鈔》	沈宜修	《伊人思》

注：下劃線者，爲胡文楷《歷代婦女著作考》另參閱了其他文獻，予以著錄。

附錄二：王士禛與張潮往來書札輯存

時　間	作者	內　　　容	文獻來源
康熙三十四年乙（1695）十一月	孔尚任→張潮	「特託者，阮亭先生久慕博雅，每對弟諮嗟，以未獲識韓爲恨。近見《檀几叢書》，尤擊節不置。偶撿雜著數種，欲求續入。其無擇可否，一聽尊裁。惟望早付梓人，借巨手以垂不朽。」	《友聲後集》「辛集」
康熙三十五年丙子（1696）　正月初七日	張潮→王士禛	「拙選《檀几叢書》初集，原與武林王丹老共事。後聞侍衛中有欲進呈者，因以己意更選《昭代叢書》一部，發凡起例，與前本略有異同。擬於今歲仍與丹老有《檀幾》二集之役，適蒙頒賜種種大著，益足爲此書增重，其爲感佩，何可勝言。內□《劍俠》一篇，借光選入《虞初新志》中，不必更入叢書也。」	《尺牘友聲偶存》卷五《與王阮亭先生》
正月二十二日	王士禛	王士禛接函，未及回覆，只是託孔尚任帶《皇華紀聞》、《廣州遊覽小志》、《蜀道驛程記》等數種。	《友聲前集》「壬集」
八月二十六日	張潮→王士禛	寄候近祉，並贈兩種刻書予王士禛。	《尺牘友聲偶存》卷五《寄少司徒王阮亭先生》
九月	王士禛→張潮	「頃聞老年世翁僑寓廣陵，銳志著述，心殊嚮往。向承垂注，惠以瑤音，因檢家塾所刻小書數種，付東塘奉寄典簽。未幾有秦蜀祭告之役，間關萬里，逾返經年，久乖鱗羽。適拜良書，兼頒大刻，慰藉無量。其中，《長白山錄》止三葉，似未刊完，伏祈留神將此卷全刻，庶有可觀。且所載二碑皆《集古》、《金石》諸錄之所未睹者，亦足以廣異聞也，惟加意焉。如刻竣，每種祈印百本寄下。先長兄西樵所著說部數種，京邸無從尋覓，故僅以笥中所存《然脂集凡例》、《宮閨待訪略》請正，並祈留神表章之。臨池溯洄，不盡。」	《友聲後集》「壬集」

		孔尙任→張潮	「新城公見代刻雜著，甚感，尙怪寥寥，尤切囑免加刪削，恐似《說郛》，有剪頭截尾之憾。」	
	九月二十四日	張潮→王士禛	「仲秋二十六日一函寄候近祉，並拙刻二種附呈臺教，想已久達典籤矣。《檀几叢書》二集借光大著，簡帙增輝，大約今歲仍可成書，明春發印。今又得刊樣數頁附到，尙未校勘訛字也。茲以許子柔舍親之便，肅候新禧，伏惟崇鑒。臨函馳企，曷勝主臣。」	《尺牘友聲偶存》卷五《寄少司徒王阮亭先生》
	十月上旬	張潮	收到王士禛九月函書，《檀几叢書》所刊王氏著作悉遵原本，未曾刪削。	《尺牘友聲偶存》卷五《與王阮亭先生》
		王士禛→張潮	「前奉良書，兼寄示刻樣，隨有數行報謝雅誼，當久達典籤矣。再承手教，並讀新制泊《長白山錄》續刻數紙，深用慰藉。近有《隴蜀餘聞》、《秦蜀驛程後記》二書刻成，請正。前奉寄《皇華紀聞》、《廣州遊覽小志》、《蜀道驛程記》三書，不知尙可節錄以入尊撰否？又，先兄《然脂集凡例》亦求採取入集。其《宮閨待訪錄》不記刻《凡例》之後否？並希留神，一加檢點，甚荷甚荷。」	《友聲後集》「壬集」
康熙三十七年戊寅（1698）	正月	張潮→王士禛	「獻春以來，恭惟老先生大人新祉勝常，宸眷優渥。遙望龍門，曷勝手額。客多拜領琅函，遠承鼎誨，殷勤啓迪，有加無已。捧讀再四，感愧彌潨。《叢書》二集，今已告竣。大著《水月令》、《長白山錄》，又大集中《論選詩》一卷，敢並借光，暨《華山經》、《鴿經》裝繕成帙，各五十卷，分爲百冊。又《叢書》二集一部，一併奉寄，乞命典籤檢入。其《紀恩錄》、《琉球入太學紀》諸種續圖報命。《燃脂集例》及《宮閨待訪略》未蒙頒到，仍祈賜覽。至《二戎志》內有前朝備邊之語，又中間遺去一葉繪畫，亦欠精工。若再加一番臨摹，恐愈非本來面目。所謂焉三寫而成烏，貽誤後來不少，是以未敢載入也。新著《隴蜀餘聞》、《秦蜀驛程後記》二書，千希惠讀，切禱切禱。王丹老未到揚州，已郵筒代達臺意矣。臨械悚仄，不知所云。」	《尺牘友聲偶存》卷五《寄王阮亭先生》
	八月	張潮→王士禛	「春月一函，寄候新禧，想呈座右。續聞老先生大人榮膺總憲，天寵優隆，曷勝手額。薄具不腆，聊致鄙私，伏祈不鄙是荷。大著種種陸續授梓，先以樣本數葉並《檀几叢書》二集一部、《讀書論世》一部郵呈台覽。又拙句一首，統希俯賜教定，慨頒回示，切禱切禱。新著《隴蜀餘聞》、《秦蜀驛程後記》二書，並舊日《傳聞四談》大著，又西翁老先生《宮閨待訪略》及種種藏稿，祈惠讀，萬懇萬懇。臨函悚仄，不知所云。」	《尺牘友聲偶存》卷六《寄賀王阮亭先生》
	十二月	王士禛→張潮	「每奉手教，輒如昔人所云「舉篇見字，聽然獨笑」；矧重以佳刻之頒，觸目皆琳琅珠玉乎！至於小品頭屑，藉以流通於世，尤心佩之。不佞以孤蹤，蒙上特	《尺牘友聲新集》卷一《與張山來》

			達之知，復此峻擢，益難報稱，汲深綆短，幸年兄惠而教之。先吏部兄《然脂集凡例》刻本，前曾屬孔東塘寄上，豈浮沉耶？又所寄拙著《皇華紀聞》、《粵行三志》內《遊覽小志》，可先單刻。《蜀道驛程記》數種，不知各有可採否？……《隴蜀餘聞》無副本，即以篋中底本寄上。《秦蜀驛程後記》，吳中印來，亦止一冊，亦並奉正。」	
康熙三十九年庚辰（1700）	正月	王士禛→張潮	「歲前遠承存注，即有數行報謝。想起居入春迪吉，副墨剞劂，又當插架矣。比來從故簏中尋出淮上鄦門人張力臣《瘞鶴銘》、《昭陵六駿圖》二辯，又閩中門人林吉人《漢甘泉宮瓦圖記》及增益愚兄弟《焦山周鼎圖釋文》，凡四種，皆足資博雅，廣見聞。又先兄所著《然脂集例》一卷，前付孔東塘奉寄，乃刻本，不知渠浮沉何所？今另寫一冊寄上，如宋人《打馬圖例》之類，亦可刻入也。尚有《宮閨待訪略》、《志遺略》各四卷，容嗣寫上，冗次不悉。」	《尺牘友聲新集》卷一《與張山來》
	正月十五日	張潮→王士禛	「上元日，遠承渠誨，兼領縹囊，典冊高文，增輝衡泌。獻春以來，恭惟老先生大人臺福履勝常，頻膺天寵，欣賀無既。大著《皇華紀聞》內《劉（龍+天）墓辨》，已借光梓入拙選《虞初新志》中。此書不日可成，嗣容寄呈台覽。《昭代叢書》乙集今已足額，其《兩漢東西水辨》存爲丙集之用，先此布聞。但此段文字，首尾尚須酌定。今特將原文鈔錄呈上，伏乞老先生親加訂正擲下，以便遵用爲荷。便鴻肅候，曷勝主臣。」	《尺牘友聲偶存》卷七《寄總憲王阮亭先生》
	五月	張潮→王士禛	「琅函三錫，兼拜五種奇書，貧兒驟獲珍珠船，感戢匪可言喻。亟欲借光，因將乙集已定編目，裁去數種，以便增入，蓋欲使諸同人早睹琅嬛，非特阿私所好也。內惟《甘泉宮瓦圖記》首幅尚費經營，別楮呈覽。《隴蜀餘聞》已經梓就，印樣附呈外，鑲杯十二副，聯以伴函，希賜莞存是禱。臨池悚仄，曷任瞻依。」	《尺牘友聲偶存》卷七《寄復王阮亭先生》
	六月	王士禛→張潮	「暮春復奉手書，極荷垂注。雜著多承採撫入大刻表章，尤爲感也。頃奉寄有《隴蜀餘聞》刻本一卷，請正，想入記室。昨又從王庶常楚士郵中奉寄先兄《然脂集例》，又《昭陵六駿圖》、《焦山瘞鶴銘二辯》、《焦山周鼎圖釋文》、《漢甘泉宮瓦圖記》，凡五種，似皆可備採錄者。不知己到否？惟向其家一詢之。《東西二漢水辯》已稍加增刪，來人行太迫促，須鈔寫另報。匆匆附候，並謝非一。」	《尺牘友聲新集》卷一《與張山來》
		王士禛→張潮	「向有數行，憶是夏間所寄。尋遭悼亡之戚，比來精神惝忽，不復記憶作何許語，唯彷彿記是從常王年兄處所郵遞也。愁病中拜手示，足當《七發》。先兄《然脂集例》極承表章，感且不朽。《瘞鶴銘辨》並得表章，可備將來金石考證，而力臣老友數十年稽古苦心，亦不湮沒矣。其《昭陵六駿圖》，亦望便付剞劂尤妙。至《焦山古鼎》二種，不知亦可採入否？鄙作《兩漢水	

			辨》，稍改訂錄上。頃大宗伯張敦老作《飯有十二合說》，偶以相示，不侫因言可奉寄刻入叢書，宗伯遂另錄一本相託，今並附到。不盡。」	
	十二月	王士禛→張潮	「梓工來，又拜手教，兼枉雅惠，心銘道義之愛多矣。新刻拜教。頃寄張力臣《昭陵六駿圖辨》，似亦即當付梓也。《焦山古鼎》、《未央宮瓦》二刻，既第二幅刻圖，其首幅空二三行，亦無不可，惟酌定之。先兄《然脂集例》，希惠寄三四十本，以爲家藏之秘，且識雅誼也。內首行「閨閣」二字有誤，祈命改正。再謝，再謝。《東西二漢水辨》昨已奉寄，想發函時尚未至耶？」	《尺牘友聲新集》卷一《與張山來》
康熙三十九年庚辰（1700）	正月	張潮→王士禛	「仲冬捧接琅函，不啻親承提命。續聞老先生大人新膺帝簡，榮耀秋官，曷勝手額。行見刑措，圄空以裏，堯舜之治，何快如之。敬賀敬賀！承示種種藏書，俱已次第梓就。緣月內風雪頻仍，不能刷印，容俟春暖，各裝繕五十冊，郵呈台覽也。其《燃脂集例》首行訛字已經改正，附上《六駿圖》及桐城相國《飯有十二合說》刻樣，祈照入相國處。向未通名，不敢遽爲修候。倘荷老先生齒芬及之，即拜嘉惠於無既也。臨函懼忙，曷任翹瞻。」	《尺牘友聲偶存》卷七《寄賀大司寇王阮亭先生》
	四月	張潮→王士禛	「初夏拜領琅函，不啻躬承提命。側聞老先生大人鼎祖多福，天寵頻仍，懼忙之私，曷其有極。拙選《昭代叢書》乙集，借光大著種種，幸已成書，謹郵奉一部恭呈台覽。又諸大著各五十帙，又桐城相國《飯有十二合說》五十帙，並拙選一部、賤名一通，敢祈鼎呂叱致是荷。茲以敝鄉黃山僧人之便，肅候崇禧。黃山有未了因緣，欲藉輦下貴人共襄勝舉。倘荷齒芬及之，皆無量功德也。臨穎，曷勝悚仄。」	《尺牘友聲偶存》卷八《寄大司寇王阮亭先生》
	五月	張潮→王士禛	「前月下浣一函，寄候臺安，附有《燃脂集例》，並大著《隴蜀餘聞》、《廣州遊覽小志》、《紀恩錄》、《諡法考》、《琉球入太學始末》、《東西二漢水辨》、《焦山古鼎釋文》、桐城相公《飯有十二合說》諸種，各五十帙，又拙選《昭代叢書》乙集，係附敝鄉黃山僧克己上人水路入都，到日，伏惟檢入是荷。顧（潮）闇陋無似，祇以性之所好，妄事丹鉛。苟非有大人先生爲弁冕而表章之，恐未足以爲重於當世。竊不自揣，欲拜懇大序以冠其前，庶觀者震於鴻文，並拙選可藉以生光。老先生大人以嘉與後學爲心，量有所不惜也。孔東老以詩酒受累，爲歎惜，此日想已南來，不復另候。臨函悚仄，曷勝主臣。」	《尺牘友聲偶存》卷八《與王阮亭先生》

注：1、關於王士禛與張潮書札往來時間之勘定，基本依據蔣寅《王漁洋事蹟徵略》。氏書一些編年條目，彌補了筆者在閱讀過程中的疏漏，謹致謝忱。

　　2、爲完整呈現《燃脂集例》刊刻背景及過程，筆者不憚繁瑣，全文抄錄王士禛與張潮之間往來書札數通。在康熙三十九年五月之後，兩人仍有頻繁書信往來，因無關本旨而不採。